안인희의
북유럽
신화
2

일러두기

1. 우리 책에 나오는 고유명사는 카를 짐로크(Karl Simrock)의 도이치 표기와 발음을 기준으로, 우리말 외래어 표기법에 따랐다. 북유럽 신화의 출전문서인 《에다》에 사용된 고대 북게르만어는 오늘날 사용하는 사람이 없는 말이다. 그나마 도이치 말은 같은 뿌리에서 나온 게르만 언어권에 속하는 것으로서, 영어보다 훨씬 더 원어에 가깝다.
2. 보통명사가 그대로 고유명사로 변한 것들 중에는 원래의 뜻이 살아있는 경우가 있다. 이럴 때는 짐로크 텍스트와 다른 텍스트의 용례에 따라 고유명사로 쓰거나 아니면 뜻을 받아들였다. 또는 일부에서는 두 가지를 모두 제시하였다.
3. 도이치 말 표기도 책에 따라 조금씩 다르다. 《에다》에 나오는 일부 낱말들이 보통의 도이치 사람들이 발음하기 어려운 철자를 포함하기 때문에 중요한 이름들이 일부 변형되었다. 변형된 형태를 받아들인 경우에도 가능한 원어 표기를 '용어 설명'에 싣고 우리말 발음도 함께 실었으니, 누구든 그것을 참고할 수 있을 것이다.

안인희의
북유럽
신화
2

종말의 예언, 그리고 라그나뢰크

웅진 지식하우스

저자의 말

낯설고도 친숙한 세계,
북유럽 신화로의 여행

| 1 |

　그리스 신화는 알프스 산맥 이남 지중해 지역에서 매우 일찍 생겨난 신화고, 북유럽(게르만) 신화는 그와는 별개로 알프스 산맥 이북의 광범위한 유럽 지역에 옛날부터 퍼져 있던 종교이며 신화다. 시기적으로 그리스 신화가 훨씬 앞서 있다. 북유럽 신화에 등장하는 신들도 기원전부터 이미 여러 게르만족들 사이에서 섬김을 받았을 것으로 생각되지만, 아주 뒤늦게야 문자로 정착되었다.

　그리스 신화는 기독교보다 훨씬 먼저 생겨나 문자로 표현되었고, 기원전 8세기 이전에 쓰여진 호메로스의 서사시《일리아스》,《오디세이》, 헤시오도스의《신들의 계보》를 주요 출전으로 삼는다. 북유럽 신화는 기독교가 북유럽에 널리 전파되기 이전에 수많은 게르만족들이 발원했던 스칸디나비아 반도와 덴마크 지역을 중심으로, 아이슬란드, 독일, 브리튼 섬, 프랑스 등 광범위한 지역에 퍼졌고, 또 그곳을 무대로 삼고 있다. 신화의 일부에는 러시아와 동유럽 지역도 등장한다.《옛 에다》(800~1200년)와《스노리 에다》(13세기)가 주요 출전이다. 다만

《에다》를 쓴 시인들이 기독교로 개종한 지식인들이라 기독교의 영향이 에다에도 스며들었다.

 호메로스의 서사시에는 수많은 신들이 등장하지만 근본적으로 그것은 인간의 이야기다. 잔인하면서도 고귀한 영웅들과 아름다운 여인네들의 행위와 감정이 이야기의 궁극적인 핵심을 이룬다. 신들의 혈통을 다룬 헤시오도스의 글은 양이 얼마 되지 않는다.
 북유럽 신화는 인간 영웅들이 본격적으로 등장하기 이전 신들과 거인들의 다툼을 주로 다룬다. 신들과 거인들이 인간의 특성을 일부 보이기도 하지만 근본적으로 온갖 초인적 존재들의 이야기다. 그들이 몰락하고 난 뒤에 비로소 본격적인 인간들의 세계, 곧 중간계의 이야기가 시작되는 것이다.
 북유럽 신화에는 죽기까지 서로 대립하는 세력들, 수많은 형태의 내기와 지혜 겨루기, 보물, 모험, 맹세, 독특한 세계 공간, 예언과 싸움과 몰락 등이 등장한다. 오늘날 게임이나 애니메이션, 영화 등에 흔히 나타나는 것과 동일하거나 아주 비슷한 기본 구조이다. 곧 북유럽 신화에는 현대 문화산업 콘텐츠의 기본 골격들이 상당수 포함되어 있다는 말이다. 북유럽 신화가 오늘날 우리의 관심을 사로잡는 가장 큰 이유가 바로 이것이다.

| 2 |
 북유럽 신들은 전혀 완벽한 존재들이 아니다. 이미 몰락이 정해진 신들이 완벽할 리가 없다. 지혜의 신이자 최고신 오딘은 애꾸눈이다. 생각해보라. 지혜가 외눈뿐이라면 대체 그 지혜가 어떤 것이겠는가?

그가 외눈이 된 사연이 무엇이든 이런 서술에는 짓궂은 심술과 비꼬기가 숨어 있다. 오딘 신이 거느리고 다니는 까마귀 두 마리와 늑대 두 마리도 마찬가지다. 이들은 모두 불길한 짐승들이다. 오딘이 전쟁의 신이기 때문에 불길함을 받아들인다 해도 늑대 두 마리는 끝 모르는 욕심을 나타낸다. 이 또한 신의 모습으로는 매우 부정적이고 비도덕적이다.

지혜 자체를 상징하는 거인 미미르는 나중에는 몸통은 다 버리고 머리만 남는다. 또는 민회의 신으로서 재판과 맹세의 신인 티르는 맹세할 때 쓰는 오른손을 잃어버린 외팔이 신이다. 사랑의 여신 프라야는 잃어버린 남편을 찾아 온 세상을 돌아다니고, 결혼을 수호하는 여신 프리크는 남편 오딘의 바람기로 애를 태운다. 평화의 신 프라이는 거인 여자에게 구혼하느라 하나뿐인 칼을 내주어서 칼도 없다. 가장 아름다운 신 발더를 남편으로 얻고 싶었던 스카디 여신은 신들 중에서 가장 나이가 많은 뇨르트를 남편으로 얻는다. 거인을 때려잡는 신 토르는 자기 자신이 거의 거인과 같은 모습이다. 《삼국지》의 장비처럼 우직하고 많이 먹고 많이 마시고 의리도 있고 힘이 좋다. 이렇게 사내 중의 사내인 토르가 베일을 쓰고 거인에게 시집가는 이야기도 있다.

북유럽 신들이 아무리 몰락을 앞에 두고 이미 추락한 존재들이라고는 해도, 이들은 우리 자신과 동일시하기에는 너무나도 강력하고 거대하고 낯선 존재들이다. 그래서 이따금 신들의 행동에 공감을 느낄 수도 있겠지만 동시에 신들에 대한 거리두기 역시 미리부터 성취되어 있다. 친근하다고 말하기에는 너무 먼 것이다.

그러나 그들의 이름이 낯선 것뿐이지, 북유럽 신들이 활동하는 세계 공간이나 그들의 행동 패턴이나, 줄거리 유형은 그렇게까지 낯설지는 않다. 낯선 이름만 극복하고 보면 그들은 우리에게 꽤나 친숙하다. 영화, 애니메이션, 게임 등에서 이미 그런 구조를 자주 보았기 때문이다.

북유럽 신화가 비록 아이러니로 가득 찬 것이라 해도, 게임과 영화보다는 훨씬 더 진지한 장르다. 북유럽 신화는 진지한 문학작품이라는 그릇에 담긴 것으로, 오늘날 이른바 콘텐츠라 불리는 것들의 중요한 원천 중 하나이기 때문이다. 인류 공통의 근원적 사유형식인 원형(Archetypen)들을 여기서 만날 수 있고, 수많은 문학작품의 기본 골격과 주제를 이루는 모티프들도 여기서 만날 수 있다.

| 3 |

그리스 로마 신화는 몇 년 전부터 우리나라에서 큰 인기를 누리다 못해 아예 일반교양으로 자리 잡았다. 그런데도 그에 못지않게, 아니 그보다 더욱 재미있는 북유럽 신화는 널리 알려지지 않았다. 요즘 영화와 게임과 만화 등 문화 콘텐츠를 요구하는 분야가 큰 관심을 얻으면서 북유럽 신화에 대한 사람들의 궁금증이 더욱 커지고 있는데도 사정은 그리 달라지지 않았다.

나는 2003년에 출간된 《게르만 신화 바그너 히틀러》를 준비하는 과정에서 북유럽 신화에 깊은 관심을 갖게 되었다. 바그너의 안내를 통해 접하는 북유럽 신화는 정말 재미가 있었다. 하지만 국내에 소개된 책들은 무엇보다 수가 얼마 안 되고, 읽어도 얼른 이해가 되지 않았다. 뜻밖에도 영어나 도이치 언어권 책들도 크게 다르지 않다는 사실을 알게 되었다.

원래는 바그너에서 다음 단계의 도이치 문화현상으로 탐색 대상을 넓혀갈 생각이었지만, 도이치 문화의 중요한 원천인 북유럽 신화를 정리하지 않고는 여기저기서 어려움을 겪게 된다는 것을 깨달았다. 그래서 북유럽 신화로 거슬러 올라가 본격적인 탐색을 시작하였다. 다행히 독일에서도 최근에 새 책들이 나오고 또 옛날에 만들어진 신화 관련 책들도 다시 발간되고 있었다.

하지만 북유럽 신화를 본격적으로 탐색하면서 영웅들의 이야기는 빼고 신들의 이야기만 해도 매우 거대한 스케일을 가진 것임을 더욱 분명히 깨닫게 되었다. 게다가 가장 중요한 출전 텍스트인 《옛 에다》에는 이야기들이 앞뒤 맥락 없이 다짜고짜 늘어 놓여 있다. 다만 《스노리 에다》 제1부는 시간의 흐름에 따라 시작과 끝이 분명히 갈라져 있지만, 시작과 끝을 빼고는 또 다시 이야기들이 상당히 멋대로 늘어 놓였다. 그것 말고도 출전 문서의 이곳저곳에 흩어져 있는 내용들을 모아 하나의 배경이나 이야기로 구성해내기가 쉽지 않은 경우도 많았다.

이렇게 힘들게 모은 이야기들을 하나의 큰 틀로 묶는 과정이 아직 남았다. 처음에는 다른 책들처럼 나도 신들을 중심으로 이야기들을 나란히 이어놓았다. 하지만 출판사 편집자들은 그런 방식을 좋아하지 않았다. 편집자들의 의견을 받아들여 주제를 나누고 이야기를 전체적으로 새로 배치하였다. 그러자 전에는 미처 생각지도 못했던 수많은 요소들이 새로 발견되었고, 내용이 전보다 훨씬 재미있어졌다.

그래서 1권의 키워드를 '보물'과 '모험', 2권의 키워드를 '예언'과 '종말'로 정하고 지금처럼 두 권으로 나누었다. 보물, 모험, 예언, 종말은 실제로도 북유럽 신화를 가로지르는 키워드들이다. 여기에 딱 들어맞지 않는 신들의 이야기 일부를 2권에 넣었는데, 그것이 주제를 해치기보다는 오히려 무겁고 진지한 2권의 분위기를 잠시 밝게 만들어 주는 효과를 내고 있다.

내가 재미있게 읽은 이야기들을 독자 여러분도 재미있게 읽기를 바라는 마음뿐이다. 이 책이 나오기까지 함께 애써주신 웅진 지식하우스의 최윤경 님과 김형보 님께 감사드린다.

2007년 1월
안인희

차례

✢ 저자의 말 : 낯설고도 친숙한 세계, 북유럽 신화로의 여행 · · · · · · · 4

1 불길한 예언

북유럽 신화의 아홉 공간 · 15
어두운 운명과 여자 예언자들 · 26
불행을 몰고 오는 로키의 불길한 자식 · · · · · · · · · · · · · · · · · · · 38
최후를 준비하는 오딘의 전사들 · 48

✢ 북유럽 신화, 죽은 신들의 이야기 · 68

2 못다 한 이야기

전쟁과 파괴에 밀린 풍요와 평화의 신 · · · · · · · · · · · · · · · · · · · 75
이둔 여신과 젊음의 사과 · 86
늙은 신랑을 맞이한 스카디 여신 · 95
사랑에 눈이 먼 프라야 · 99
짝사랑에 애태우는 오딘 · 104

| 멩글라다와 스빕다크르의 사랑 노래 · · · · · · · · · · · · · · · 109
| 인간의 신분을 만든 신 하임달 · 119
| 우여곡절 많은 외팔이 신 티르 · 123
| 신들의 어머니, 지혜로운 여신 프리크 · · · · · · · · · · · · · 127

✤ 반지 모티프 · 138

3 라그나뢰크, 신들의 최후

| 아름다운 신 발더의 죽음 · 145
| 로키의 욕설 · 160
| 영원히 계속되는 전투 · 171
| 니플룽겐족의 최후 | 반지 이야기 2 | · · · · · · · · · · · · · · 175
| 신들의 황혼 · 197

✤ 2권을 마치며 · 208

✤ 니벨룽의 반지 · 210

✤ 부록
 ◆ 용어 설명 · 242　◆ 출전에 대하여 · 265　◆ 참고문헌 · 270　◆ 색인 · 272

로키와 앙그르보다 사이에서 태어난 자식들은 신들에게 가장 적대적인 존재이다. 토르 신이 맞서 싸운 거인들과 여기서 나오는 괴[물] 지만 토르 신이 묠니르를 던져 때려죽일 수 있다. 그에 비해 로키의 불길한 자식 셋은 완전히 다른 종류의 괴물이다. 먼저 이들은 라그[나로크] 물이다. 아무도 그들을 죽일 수 없다. 그들은 아주 분명하게 신에게 대립하는 적대세력이다. 토르도 그들을 죽이지 못한다. 다만 토르[는] 늑대 펜리스, 깊은 바다 속에 웅크리고 있는 미트가르트 뱀, 죽은 자의 나라를 다스리는 명부의 여신 헬은 모두 미움과 어둠과 죽음[을] 한다면 괴물은 무질서와 혼란을 불러들인다. 또 다른 늑대들이 태양과 달을 뒤쫓고 있다는 말도 이미 했다. 라그나뢰크의 때가 [되면] 괴를 지향하는 사악한 거인 사이에 벌어지는 최후의 일전이다.

1

불길한 예언

르다. 산악거인이나 서리거인, 얼음바다 거인 들은 모두 거친 자연의 힘을 나타낸다. 그들은 태초거인 이미르의 후손들이다. 크고 사납 이다. 물론 헬은 명부의 여신으로서의 기능을 갖지만 펜리스늑대와 미트가르트 뱀은 오로지 라그나뢰크의 때가 오기만을 기다리는 괴 스의 거인은 라그나뢰크의 시간에 괴물 편에 서게 된다. 신들이 빛의 존재라면 로키의 자식들은 어둠의 세력이다. 깊은 땅속 바위에 묶인 오딘과. 미트가르트 뱀이 토르와 대립한다는 것은 이 괴물들이 오딘 및 토르에 반대되는 특성을 갖고 있음을 나타낸다. 신이 질서를 수호 에게 먹히고 만다. 최고신 오딘과 민회의 신 티르도 늑대와 싸운다. 라그나뢰크는 빛과 질서와 생명을 수호하는 신과, 어둠과 혼란과 파

북유럽 신화의 아홉 공간

 세계의 처음에 오딘(Odin)과 형제들이 태초거인 이미르(Ymir)의 몸으로 온 세상을 만들었다. 신들이 세계의 질서를 만들기 이전에 벌써 신들과 거인들이 생겨나 있었다. 신들은 태초암소 아우둠라(Audhumla)가 핥은 돌에서 나온 부리(Buri)의 후손이고, 거인들은 이미르의 후손이었다.

 이미르의 몸으로 우주를 만들고 난 다음 신들은 난쟁이와 인간을 만들었다. 이렇게 중요한 종족들이 생겨나니, 이제는 그들에게 저만의 공간을 주어야 했다. 이에 신들이 세계의 질서를 정했다.

 세계 한가운데에 인간들이 자리를 잡았다. 그래서 그곳의 이름이 '가운데 세계'라는 뜻의 '미트가르트(Midgard, 중간계)'이다. 신들은 인

아스가르트에는 오딘 신의 궁전 발할이 있다. 오딘은 전쟁의 신으로, 발할은 전쟁터에서 용감하게 싸우다 죽은 전사들의 집이다. 아스가르트와 중간계 사이에는 비프뢰스트가 가로놓여 있다. 막스 브루크너의 그림, 1896년.

간들의 나라 위쪽 하늘에 자리를 잡았다. 하늘나라 한가운데에 아제 신들(Asen)이 사는 아스가르트(Asgard)가 있다. 바네 신들(Wanen)이 사는 바나하임(Wanaheim)도 하늘에 있었지만, 시간이 흐르면서 그곳은 실질적인 의미를 잃었다. 중요한 바네 신들이 아스가르트로 옮겨왔기 때문이다. 그리고 빛의 알프(Alb, 요정)들이 사는 알프하임(Albheim)도 하늘에 있다. 그러나 북유럽 신화에서 알프하임은 그다지 중요한 역할이 없다.

그러므로 하늘나라에서 정말로 중요한 것은 아스가르트이다. 아스가르트는 '아제 신들이 사는 세계'라는 뜻이지만, 결국 신들의 나라라는 뜻이다. 인간들이 사는 중간계와, 신들이 사는 하늘나라(아스가르트) 사이에는 '흔들리는 하늘길(비프뢰스트 Bifröst)'이라는 다리가 놓여 있었다. 인간의 눈으로 보면 그것은 무지개였다. 인간은 무지개를 잡을 수 없다. 무지개를 보고 가까이 가봤자 아무것도 없기 때문이다. 그래서 하늘나라로 가는 길은 '흔들리는 하늘길'이다. 인간은 이 다리를 건너 아스가르트로 올라가지 못한다. 오로지 신들만이, 그리고 이따금 거인들만이 비프뢰스트를 건너 아스가르트로 들어간다.

신은 거인에게서 인간을 보호하기 위하여 이미르의 눈썹과 속눈썹으로 중간계 가장자리에 성벽을 쌓았다. 이 성벽 바깥에 거인들이 살게 되었는데, 그곳의 이름은 '요툰하임(Jotunheim)'이다. 요툰하임에 있는 거대한 성채의 이름은 우트가르트(Utgard)이다.

인간의 세계 아래쪽 땅속에는 검은 난쟁이들이 사는 나라인 '스바르트알프하임(Swartalbheim)'이 있다. 그들은 땅속에 사는 대장장이이다. 그들은 원래 '빛의 알프(요정)', 또는 '하얀 알프'와 같은 종족이다. 양쪽 모두 체격이 작은 난쟁이 족속이다. 하지만 하얀 알프는 얼굴이 태양보다 아름답고, 검은 알프는 역청보다 더 시커멓고 못생겼다. 그리고 한쪽은 하늘나라에 살고, 다른 쪽은 땅속에 산다. 검은 알프들이 땅속에 살기는 하지만 그들 또한 인간과는 다른 초인적인 존재이다.

땅속에서도 북쪽으로 가장 깊고 어두운 곳에 죽은 자들의 나라인 '헬(Hel)'이 있다. 이곳의 여신 이름도 '헬'이다. 헬은 명부(冥府)의 영역에서 아홉 세계의 정령들을 다스리는 강력한 여신이다. 곧 죽은 자들의 영역이다. 이곳은 신들의 아버지 오딘도 마음대로 할 수 없는 영역이다.

하늘나라 셋(아스가르트, 바나하임, 알프하임)과 인간들이 사는 중간계(미트가르트), 거인들이 사는 요툰하임, 난쟁이들이 사는 스바르트알프하임, 죽은 자들의 나라 헬 등을 모두 합치면 일곱 개의 영역이 드러난다. 여기에 세계가 생겨나기 이전부터 존재하던 북쪽의 추운 안개 세계 니플하임(Niflheim)과 남쪽의 더운 불꽃 세계 무스펠하임(Muspelheim)을 합치면, 이들이 곧 북유럽 신화에 등장하는 아홉 세계이다.

북유럽 신화에서 세계의 공간과 질서는 뒤죽박죽 엉켜 있어 이따금 혼란을 일으킨다. 아홉 세계도 정리한 사람에 따라 각기 조금씩 차이가 있다. 그래도 전체적으로는 큰 문제가 없다. 궁극적으로 신화의 세계는 옛사람들이 나름대로 현실 세계를 이해하고 설명하기 위해 만들어낸 것이다. 이것이 진짜 현실과 달리 이따금 일부 겹침과 혼란이 일어나도 전체 내용에는 큰 손상이 가지 않는다. 신화의 공간은 상상력의 영역에 자리 잡은 것이기 때문이다.

더구나 북유럽 신화는 시인들이 남긴 시와 이야기에 토대를 둔 것이다. 시인은 전해지는 이야기를 다룰 때, 자신의 상상력에 따라 그것을 어느 정도 변화시킬 수 있는 일종의 특권을 지닌다. 현실의 세계를 다루는 것이 아니라 상상의 세계를 다룬다는 점을 생각해보면 이것은 당연한 일이다. 대신 시인은 전해지는 이야기들을 신비로운 운율과 아름다운 언어로 감싸서 전해준다. 우리는 이 책에서 그들이 전하는 이야기를 주로 살펴보지만, 원문은 신비롭고 투박한 언어와 운율로 이루어져 있다.

오딘 신이 운반해온 시인의 꿀술을 마신 현명한 옛 시인들은, 이야기 말고도 운율과 언어에 대한 관심이 아주 컸다. 대부분의 노래에서 이를 알 수 있다.

신화 속에서도 시간은 흐른다. 북유럽 게르만 신들의 이야기는 더욱 그렇다. 이야기는 신들의 탄생으로 시작되어 그들의 종말로 끝난다. 그러니까 신 또한 인간처럼 탄생과 젊은 시절을 거쳐 차츰 늙어가다가 마침내 죽음을 맞이한다. 물론 자연적인 죽음은 아니지만. 신들의 모습은 등장할 때마다 조금씩 달라진다. 시간의 흐름과 더불어 계속 변하고 있는 것이다.

북유럽 신화에서는 세계의 질서와 공간이 유동적일뿐더러, 시간이 계속 흐르고 있다는 사실도 기억해야 한다. 그러면 내용이 조금씩 달라지거나 약간 혼란스러운 부분도 받아들이기가 더 쉬워진다. 곰곰 생각해보면, 수많은 이야기들이 합쳐진 북유럽 신화에서 공간과 시간의 질서가 함께 존재한다는 사실이 경이롭다. 세계 공간에 시간을 포함시키는 것은 인도-게르만 사유의 특성이며, 나아가 인류의 특성이다. 우리는 세계 속에 살면서, 앞으로 언젠가 반드시 닥쳐올 우리 자신의 죽음(시간)을 운명으로 의식하는 존재이기 때문이다.

신들의 이름이나 공간 이름의 원어 표기도 나라에 따라 조금씩 달라진다. 영어와 도이치 말의 차이도 있다. 우리 책은 도이치 말의 표기와 발음을 기준으로 삼았다. 이 또한 어느 정도 유동적인 것임을 기억하기 바란다. 같은 《에다》에서도 동일한 인물이 텍스트에 따라 다르게 표기된다.

이그드라실의 가지와 뿌리는 아홉 세계에 모두 연결되어 있다. 그래서 세계나무이다. 이 세계가 하나의 생명나무라고 해석할 수도 있다. 온갖 생명체가 서로 엉겨서 살고 있는 우리의 세계는 하나의 거대한 나무라고 말이다. 1847년.

✤ 세계나무 이그드라실

세계의 중심, 인간들이 사는 중간계 한가운데에 세계나무 이그드라실(Yggdrasil)이 자란다. 이그드라실은 북유럽 사람들이 귀하게 여기던 거대한 물푸레나무이다. 나무 꼭대기는 하늘의 세계인 아스가르트 위로 올라가 있고, 가지들은 중간계와 요툰하임으로까지 펼쳐지고, 뿌리는 멀리 세 개의 샘으로 뻗어 있다. 세계나무와 연결된 샘은 아스가르트(우르트의 샘, 운명의 샘), 요툰하임(미미르의 샘, 지혜의 샘), 니플하임(흐베르겔미르의 샘, 질투의 샘)에 있다.

우르트의 샘은 거룩한 샘이다. 여기서는 고니(백조) 두 마리가 우아한 자태로 헤엄쳐 다니고, 또 샘가에는 세 명의 노르네들(Nornen)이 산다. 그들은 나무가 마르지 않도록 뿌리에 계속 샘물을 적셔준다. 이 세 여신 우르트(Urd), 베르단디(Werdandi), 스쿨트(Skuld)는 신과 인간의 운명의 실을 잣고 있으며, 모든 존재의 수명을 결정한다. 노르네 여신들이 잣고 있는 운명의 실이 끊어지면 그 존재의 생명도 끝난다. 아스가르트의 신들은 매일 이그드라실 아래 운명의 샘가에 모여 회의를 하고 또 재판도 한다.

미미르의 샘가에는 거인 미미르(Mimir)가 살면서 샘물을 지킨다. 이 샘물에는 지혜와 분별력이 담겨 있는데, 매일 이 물을 마시는 미미르는 세상에서 가장 지혜로운 존재이다. 지혜로운 거인 미미르는 맨 처음에는 온전한 몸이었다가, 나중에는 머리만 살아남는다. 1권 〈외눈박이 지혜의 신 오딘〉에서 그가 머리만 남게 된 사연을 다루었다.

마지막으로, 질투의 샘가에는 커다란 뱀 니트회크르(Nidhöggr)가 이그드라실의 뿌리를 씹어먹고 산다. 니트회크르는 세상에 시기와 질

커다란 뱀 니트회크르는 니플하임에 있는 질투의 샘에서 이그드라실의 뿌리를 씹어먹으며 산다. 이 뱀은 세상에 시기와 질투를 만들어낸다. 곧 악의 원천이다. 나무 조각, 8세기.

투를 만들어낸다. 곧 세계의 악의 원천이다. 니트회크르 말고도 질투의 샘에는 아주 많은 뱀이 산다.

그러니까 세계나무의 뿌리는 거룩함과 지혜와 시기심의 원천에 닿아 있다. 좋은 것과 나쁜 것, 거룩함과 악이 이 나무와 한데 뒤엉켜 있다. 이 나무는 곧 생명의 나무이기도 하다. 생명이란 본디 선으로만 이루어진 것이 아니다. 우리가 살아가기 위해서는 다른 존재를 희생으로 삼지 않을 수 없다. 곧 우리 자신의 생명을 유지하기 위해 우리는 끊임없이 다른 생명(동물과 식물)을 훔치거나 죽이고 있다. 생명에는 이런 희생의 원리가 자명하게 이미 들어 있다. 그뿐 아니라 살아 있는 것들끼리는 서로 다툼과 미움을 피할 수 없다. 생명의 나무인 세계나무는 이런 삶의 양상을 그대로 보여준다.

거대한 세계나무 이그드라실에는 온갖 짐승이 산다. 벌이 날아다니며 잎사귀에 맺히는 꿀이슬을 먹고 산다. 강한 가지들 사이로는 네 마리 사슴이 뛰어다니면서 새순을 뜯어먹는다. 나무 꼭대기에는 세상에서 일어나는 모든 일을 알고 있는 똑똑한 독수리 한 마리가 둥지를 틀었는데, 독수리의 두 눈 사이에 매 한 마리가 자리 잡고 산다. 이그드라실 꼭대기에 사는 독수리와, 질투의 샘에 사는 뱀 사이를 잽싸게 오가며 양쪽에 나쁜 말만 전하여 싸움을 부추기는 다람쥐도 있다. 그는 '갉아먹는 이빨'이라고 불린다. 이 다람쥐 탓에 독수리와 뱀은 언제나 불화를 일으킬 수밖에 없다. 이는 우리의 이성과 육체적 갈망이 서로 갈등을 일으키는 것과 마찬가지다.

이그드라실의 가지와 뿌리는 북유럽 신화에 등장하는 아홉 세계 모두와 닿아 있다. 그래서 세계나무다. 또는 이 세계가 하나의 생명나무라고 해석할 수도 있다. 온갖 생명체가 서로 엉겨서 살고 있는 이 세계가 하나의 거대한 나무라고 말이다.

세계나무를 둘러싸고 온갖 존재가 살고 있고, 또 그들이 나무의 이곳저곳을 갉아먹어도 나무는 언제나 싱싱하다. 그러나 거대한 이그드라실이 심하게 흔들리면 세계의 종말인 라그나뢰크(Ragnarökr)가 시작된다. 세계의 종말에 이그드라실은 이글이글 불타는 무스펠의 불길에 삼켜져 다 타버리고 말 것이다.

✢ 오딘이 인간을 만들다

어느 날 오딘과 빌리(Willi)와 베(We) 삼 형제가 바닷가를 걸어가다 나무 두 그루를 발견하였다. 그들은 이 나무로 남자와 여자를 만들었다. 오딘 신이 그들에게 생명의 숨결을 불어넣어 살아나게 하고, 빌리

신이 이성과 움직임을, 베 신이 청각과 시각과 언어를 주었다. 그리고 의복과 이름도 주었는데, 남자를 아스크르(Askr), 여자를 엠블라(Embla)라 불렀다. 신들은 이들을 중간계에 살게 해주었다. 이들이 바로 인간의 조상이다.

신이 나무로 인간을 만들었다는 이야기는 재미있는 상징성을 지닌다. 비록 규모는 작아도 인간과 세계나무는 같은 계통이기 때문이다. 그러므로 인간의 내면은 아홉 세계의 요소들을 모두 건드리고, 또한 운명과 지혜와 시기심의 원천과도 닿아 있다. 신화에 등장하는 존재들의 행동방식은 인간의 내면에 이미 들어 있는 어떤 특성들을 반영한 것이라고 해석할 수 있다는 뜻이다. 우리가 살고 있는 대우주(마크로코스모스)에 견주어 인간을 소우주(미크로코스모스)라고 부르던 서양 사람들의 사유가 여기서도 나타난다.

신들의 이야기에서 인간의 역할은 별로 크지 않다. 북유럽 신화의 두 번째 부분, 영웅설화의 핵심인 영웅 지구르트(Sigurd)와 니플룽겐(Niflungen)족의 이야기에서야 비로소 인간이 본격적으로 등장한다. 이는 게르만 종족이 이동하던 5세기에, 종족 하나가 전멸한 역사가 변형되어 신화 속으로 들어간 것이다. 그래서인지 여기 등장하는 인간들의 행동과 속성은 그야말로 몰락과 죽음을 향하고 있다. 여러 신이 지닌 온갖 불길한 속성은 무엇보다도 인간의 행동에서 가장 적나라하게 드러난다.

그런 의미에서 보자면 신들의 최후는 인간 종족의 타락과 몰락이 신화 속에 반영된 것이라고 할 수 있다. 조상 할머니들이 들려주는 신들의 이야기 속에는 옛날에 몰락한 인간 종족의 역사가 숨어 있는 것이다. 그리고 신들의 미래에 대한 온갖 불길한 예언 속에는, 인간의 불길한 속성에 대한 경고의 목소리도 감추어져 있다.

어두운 운명과
여자 예언자들

✤ 운명의 세 여신 노르네

아스가르트의 우르트 샘가에는 세 명의 노르네가 산다. 그들은 우르트, 베르단디, 스쿨트이고, 우리는 이들을 가리켜 운명의 세 여신이라 부른다. 운명의 세 여신은 주로 신과 인간의 수명을 결정하는 역할을 한다. 이들은 아제 신에 속한다. 스노리(Snorri Sturluson)에 따르면, 운명의 여신인 노르네들은 실제로는 셋이 아니라 그보다 더 많다.

이들이 인간에게 나누어주는 운명은 불공평하기 짝이 없다. 어떤 이는 권력과 여유를 누리고 살지만, 어떤 이는 행운도 명성도 없이 산다. 또 어떤 이는 오래 살지만, 어떤 이는 일찍 죽는다. 그것이 아무리 불공평해도 누구도 운명을 피해갈 수는 없다. 신조차도 정해진 운명을 피해갈 수는 없었다.

 아무것도 모르는 무지한 사람도 자신의 운명에서 한 가지만은 분명히 안다. 언젠가 자기가 죽을 것이라는 사실. 그것이 우리에게 주어진 가장 큰 운명이다. 아스가르트의 신들도 마찬가지였다. 그들도 자기가 죽을 운명임을 알고 있었다. 우리 인간과 달리 신은 언제 어떻게 종말이 다가올지를 예언으로 미리 알았다. 그러나 운명의 여신인 노르네는 그 누구에게도, 심지어 오딘 신에게도 운명을 미리 가르쳐주지 않았다. 진짜 운명의 여신은 누구에게도 주어진 운명을 가르쳐주지 않기 때문이다.

 우르트의 샘에 사는 노르네 여신들은 신과 인간의 운명을 정하는 일 말고도 세계나무 이그드라실을 보살폈다. 이들은 샘에서 거룩한 물을 퍼 나무를 적셔주고, 샘 주변에서 거름을 찾아내 뿌리에 뿌려주며 정성껏 나무를 보살핀다. 이들 덕분에 이그드라실의 가지들은 마르거나 썩는 법이 없다. 노르네들이 나무에 뿌려준 거룩한 샘물 중 일부가 꿀이슬이 되어 골짜기로 떨어져 내리고, 꿀벌들이 그 이슬을 먹고 산다. 우르트 샘에는 아름답고 고귀한 고니들이 우아하게 헤엄쳐 다녔다.

 그러고 보면 노르네는 우리의 운명을 결정할 뿐만 아니라, 세계나무를 보살펴 마르지 않게 하는 여신이다. 곧 세계 전체를 살아 있게 한다. 각 개인이 노르네 여신에게서 받는 운명은 불공평해도, 이 여신들은 생명 전체를 보살피고 있다. 개인의 수명이 다하여도 세계가 끄떡없이 계속되는 것은 노르네 여신들 덕분이다.

우르트의 샘가에는 세 명의 노르네 여신이 산다. 그들은 나무가 마르지 않도록 뿌리에 계속 샘물을 적셔준다. 또한 신과 인간의 운명의 실을 잣고 있으며, 모든 존재의 수명을 결정한다. 운명의 실이 끊어지면 그 존재의 생명도 끝난다. 아서 래컴의 그림.

하지만 이들 말고도 노르네는 더 있다. 어떤 노르네는 아이의 탄생에 관여하고, 또 어떤 노르네는 태어난 아기의 죽음을 결정하기도 한다. 노르네는 원래 여러 출신이 섞여 있다. 그들 중 일부는 알프(요정) 출신이고, 일부는 난쟁이 종족 출신이다. 우리는 그 중 아스가르트의 노르네들을 운명의 여신으로 여기지만, 사실 나쁜 운명은 고약한 노르네들에게서 오는 것이라고 한다.

여신들 중 혼자서 활동하지 않고 이렇게 여럿이 힘을 합쳐 동일한 기능을 하는 이들도 있다. 북유럽 신화에서는 이런 이들을 '디제 여신들(die Disen)'이라 부른다. 가장 대표적인 디제 여신은 여기 나오는 노르네와 뒤에 나오는 발퀴레들(Walküren)이다.

디제 여신들은 이렇듯 복수(複數) 형태로 등장하기 때문에 다른 여신들에 비해 개별적으로는 그 신격(神格)과 품위가 조금 떨어진다. 특히 발퀴레 여신들 중 일부는 아예 여신의 지위를 빼앗기고 인간 세계로 떨어지기도 하였다. 이들은 대개 영웅의 애인이 된다. 그 중에서 가장 대표적인 이가 바로 영웅 지구르트의 생애에 등장하는 브륀힐트(Brynhild)이다. 또한 영웅 스빕다크르(Swipdagr)의 아내가 되는 멘글라다(Menglada)도 원래 발퀴레 아니면 요정 출신의 노르네로, 디제 여신 중 하나였을 것으로 짐작된다.

북유럽 신화나 게르만 전설에 요정이나 여신 들이 인간과 사랑에 빠지거나 결혼하는 경우가 있는데, 이들은 대개 요정 출신 노르네이거나 발퀴레이다. 이런 노르네나 발퀴레는 대부분 젊고 아름다운 처녀 여신이다.

✦ 죽은 여자 예언자 발라

이들과는 상당히 다른 여성 존재가 있다. 이들은 흔히 발라(Wala)라고 불린다. '여자 예언자' 또는 '여자 마법사'라는 뜻인데, 특이하게도 발라는 이미 죽은 예언자를 가리킨다. 이들은 북유럽 신화 세계에 등장하는 어둡고 음침한 세력 중 가장 어두운 존재에 속한다.

발라는 아주 오랜 옛날, 세계의 시작부터 신의 종말에 이르기까지 과거와 미래의 일을 모두 알고 있다. 신의 혈통은 물론, 영웅의 혈통까지도 자세히 외고 있다. 게다가 아홉 세계 구석구석을 모두 꿰고 있으며, 그곳에서 일어나는 일도 모두 안다. 그러니까 엄청난 지식과 지혜를 지닌 존재들이다. 또한 용사를 위험에서 보호할 수 있는 마법도 지니고 있다. 다시 말해 발라는 지혜의 원천이라고 부를 만한 존재들이다.

이들은 하도 엄청난 지식을 지녀서 이 세계 질서에 커다란 위협이 될 수도 있다. 그러나 이들은 살아서 자신의 욕망을 추구하는 보통의 존재가 아니다. 이미 죽었거나 아니면 죽은 듯이 아주 깊이 잠들어 있어서 세상과는 거의 관계가 없는 존재들이다. 실제로 그들은 이 세상의 일에 별로 관여하고 싶어하지도 않는다. 다만 전쟁과 지혜의 신 오딘은 이들을 죽음이나 깊은 잠에서 불러낼 마법을 지니고 있어 이따금 이들에게서 억지로 지식과 지혜를 얻어낸다. 그 밖에 프라야(Freyja) 여신도 발라를 불러낼 마법을 지니고 있다. 너무 큰 지식과 지혜가 이승의 영역에 속하지 않는다는 사실은 대단히 중요한 의미를 가진다.

오딘 신의 마법에 불려나오는 발라는 신의 질문에 마지못해 답변을 한다. 그들은 무협지의 용어를 빌리자면 '천기누설'이 못마땅하다. 《에다》에서 이들 발라의 말을 통해 우리는 북유럽 신들의 과거와 세계의 창조에 대한 많은 이야기를 듣는다. 또 수많은 다른 이야기도 듣는다. 아스가르트의 세계, 신과 거인과 영웅 들의 혈통, 신들의 모험 이야기 등.

하지만 오딘 신은 자기가 만든 세계의 미래를 가장 궁금해한다. 오딘 신이 발라에게 끈질기게 물어보고 발라가 답변하는 과정에서 우리는 신의 세계의 종말인 '라그나뢰크' 이야기를 듣는다. 《에다》에서 죽은 여자 예언자 발라의 가장 큰 기능은, 신과 사악한 괴물 사이에 벌어지는 최후의 전쟁과, 신들의 최후인 '라그나뢰크'에 대한 예언이다.

가장 대표적인 발라는 《옛 에다》 제1번 〈여자 예언자의 예언〉에 등장한다. 이 노래에서 발라는 세계의 시작과 종말을 모든 시편 중 가장 포괄적으로 서술한다. 오딘 신의 세계 창조, 아제 신·거인·난쟁이들의 이름, 인간의 창조와 이그드라실에 대한 이야기 등을 여기서 볼 수 있다. 또한 아제 신과 바네 신의 전쟁 이야기도 실려 있다. 하지만 길이가 매우 긴 이 시편의 절반 이상이 '라그나뢰크'에 대한 예언이다. 이 시편에서 우리는 라그나뢰크에 대한 가장 자세한 설명을 들을 수 있다.

전체 《에다》를 시작하는 첫 번째 시편이 곧 신들의 세계의 종말에 대한 예언이다. 북유럽 신화 전체의 특성과 분위기가 이로써 가장 분명하게 드러나는 셈이다. 이것은 곧 종말에 대한 이야기다. 그것도 장중한 서사시 형식을 빌린 예언을 토대로 한다. 그것은 어둡고도 어두운 저승, 그 중에서도 가장 깊은 골짜기에서 올라온 발라의 예언이다. 곧 신화 전체를 관통하는 예언으로서 저승의 목소리가 맨 먼저 울려나오는 것이다.*

이어서 제5번 〈벡탐(Wegtam)의 노래〉에 다시 발라가 등장한다. 오딘의 아들 아름다운 신 발더(Balder)가 나쁜 꿈을 계속 꾸자 오딘은 미래를 알아보러 죽은 자들의 거처인 헬의 나라로 찾아간다. 그러나 그

---

* 바그너는 〈니벨룽의 반지〉에서 대지를 뜻하는 에르다(Erda)라는 이름을 발라에게 주고 있다. 에르다는 〈라인의 황금〉에 직접 등장하여, 절대반지에 저주가 걸려 있으니 반지를 거인들에게 내주라는 충고를 보탄(오딘)에게 한다. 이어서 보탄은 세계의 미래가 궁금하여 에르다를 찾아가 그녀와 사랑을 나누는데, 그렇게 해서 태어난 여신들이 발퀴레로 설정되어 있다. 〈발퀴레〉에서 이 이야기는 보탄이 발퀴레인 브륀힐데에게 들려주는 회상으로 처리된다. 그리고 〈지크프리트〉에서도 보탄은 이미 죽은 발라를 무덤에서 깨워 무대에 등장시킨다. 그녀는 마지못해 나타나 그의 최후가 바로 눈앞에 다가왔음을 예언한다.

는 헬의 나라에 머물지 않고 그곳을 지나쳐 동문으로 간다. 그곳에서 오딘은 지혜로운 사람들을 깨우는 마법의 노래를 부른다.

"그는 북쪽을 바라보고 지팡이를 두드리면서 지식을 알려달라는 주문을 읊었다." 그녀가 마지못해 무덤에서 일어나 앞으로 다가올 불행을 예언하였다.

깨어난 발라는 오딘에게 발더는 결국 죽을 것이며, 오딘의 다른 아들 회두르(Hödur)가 그를 죽일 것이라고 예언한다. 그리고 오딘이 복수를 하게 된다는 사실도 알려준다. 이 일은 뒷날 실제로 일어나며, 우리도 뒤에 나오는 〈아름다운 신 발더의 죽음〉에서 이것을 자세히 다루게 될 것이다.

오딘 때문에 마지못해 무덤에서 깨어난 발라는 먼저 이렇게 묻는다.

"게 누가 이 험한 길을 달려와 나를 깨우느냐? 나는 이미 오래전에 죽었건만."*

그리고 오딘의 질문에 억지로 대답하면서 그것이 못마땅해 다음과 같은 말을 반복한다.

"마지못해 대답은 했거니와 이젠 침묵하고 싶구나."

그러다가 말끝에 오딘의 신분을 눈치 채자마자 서둘러 자신의 무덤으로 돌아가버린다. 여기서도 발라는 세상의 종말과 관계되는 발더의 죽음을 예언한다.

---

* 오구대왕의 일곱째 딸로 태어나 부모에게 버림을 받았다가, 저승에서 약수를 구해와 부모를 살리는, 우리의 무가(巫歌)에 등장하는 베리데기의 노래 한 구절과 비교해보라.
"게 누가 날 찾는가, 날 찾으리(찾을 이) 없건마는 어느 누가 날 찾는가."

⚜ 죽은 여자 마법사 그로아

13번 노래 〈그로아가 무덤에서 깨어나다〉에서도 여자 예언자 또는 여자 마법사가 등장한다. 이번에는 앞의 경우들과는 약간 차이가 있다. '발라'라는 총칭 대신 '그로아(Groa)'라는 개인의 이름이 나타나기 때문이다. 그리고 앞의 발라들은 오딘 신이 찾아가 예언을 청하였다면, 그로아의 경우는 아들 스빕다크르가 무덤으로 찾아와 죽은 어머니를 간절히 부른다.

그로아는 《스노리 에다》의 〈토르와 흐룽니르(Hrungnir)의 싸움〉에 등장하는 여자 마법사이다. 토르 신의 이마에 박힌 숫돌 조각을 빼는 주문을 읊다가, 남편이 곧 집으로 돌아오리라는 기쁜 소식에 그만 마법의 주문을 잊어버린 바로 그 여자다.

하지만 그녀는 뒷날 외르반딜(Oerwandil) 말고 솔비아르트(Solbiart)라는 남자와의 사이에서 아들 스빕다크르를 얻었다. 스빕다크르가 아직 어릴 적에 그로아는 죽었다. 그녀는 죽으면서 아들이 자라 청년이 되거든 자신의 무덤을 찾아오라는 유언을 남겼다. 청년이 된 스빕다크르가 무덤을 찾아와 죽은 어머니를 부르자, 약속대로 그로아가 무덤에서 깨어났다. 스빕다크르는 어머니에게, 자신이 아직 어려 경험도 없고 앞길도 험하니, 자신을 보호해줄 마법의 노래를 불러달라고 청한다. 그녀는 아들을 위해 아홉 개의 마법 노래를 불러준다. 그것을 간추리면 다음과 같다.

1 | 거룩한 힘을 주는 노래. 어렵다는 생각을 버리고 자신을 믿게 한다.
2 | 먼 길에 길을 잃을까 두려워 우르트의 막대가 너를 지켜주게 하는 노래.

3 | 사납게 날뛰는 강을 만나면 그 두려운 강물이 네 앞에서 사라지게 하는 노래.

4 | 교수대가 있는 외진 길에서 원수를 만나면 그들의 용기가 사라지게 하는 노래.

5 | 쇠사슬에 팔다리가 묶이면 그 쇠사슬이 손과 다리에서 풀리게 하는 노래.

6 | 바다가 험하게 날뛰어도 파도를 잠재워 네가 편안히 항해할 수 있게 하는 노래.

7 | 암벽에서 추운 서리가 너를 둘러싸도 너의 팔다리나 근육이 얼어붙어 뻣뻣해지지 않게 하는 노래.

8 | 안개 자욱한 길에 밤이 닥쳐도 죽은 여자가 너를 해치지 못하게 하는 노래.

9 | 칼을 든 거인을 만나 이야기를 하게 될 때 너의 재치가 넘치게 하는 노래.

그로아는 젊은 스빕다크르를 위해 이런 보호의 노래들을 불러준다. 이는 이그드라실에 아흐레 동안 매달렸던 오딘 신이 터득한 열여덟 가지 비법과 비슷한 성격을 지닌다. 이런 노래들은 당시 용사들이 두려워하는 것을 막아주거나, 그 밖에 중요하게 여기는 항목들을 담은 것이라고 보면 될 것 같다.

어머니의 마법 노래로 무장한 스빕다크르는, 곰 가죽을 뒤집어쓰고 오딘 신을 숭배하는 베르제르커(Berserker) 용사가 된다. 그는 젊은 시절 흐롤프 크라키(Hrolf Kraki) 왕을 따르는 열두 명의 영웅 중 하나로 널리 이름을 남겼다. 영웅으로 유명해진 다음 그는 어린 시절부터 자기에게 주어졌던 또 하나의 예언을 좇아 신부(新婦)를 찾으러 간다. 스뷥다크르가 멘글라다를 만나는 이야기는 뒤에서 더욱 자세히 하기로 한다.

여기 등장하는 죽은 여자 마법사 그로아는 라그나뢰크를 예언하는 발라가 아니다. 그녀는 죽은 다음에도 아들을 염려하는 어머니일 뿐이다. 그리고 앞의 발라들에 비해 그 능력의 한계도 분명하게 나타난다. 남편이 살아 있다는 기쁜 소식에 마법 주문을 잊어버리는 여자이기 때문이다. 그녀는 토르 신을 고통에서 구하지 못하였다.

하지만 죽은 다음에도 무덤에서 다시 일어나 청년이 된 아들을 위해 마법의 노래를 불러준다는 측면에서 죽은 여자 예언자들의 계열에 들어간다. 다른 발라에 비해 상대적으로 덜 불길한 모습이기는 하지만, 그래도 여전히 무시무시하다. 생각해보라, 깊은 밤 무덤에서 일어나 아들에게 마법의 주문을 읊어주는 죽은 여자 마법사의 모습을.

✤ 잠자는 여자 예언자 힌들라

《옛 에다》의 16번 〈힌들라의 노래〉에서도 '힌들라(Hyndla)'라는 발라가 등장한다. 이번에는 프라야 여신이 애인 오타르(Ottar)를 수퇘지로 변신시켜서 동굴까지 타고 와 힌들라를 깨운다. 다양한 모습을 지닌 프라야는 '바네 신들의 디제 여신'이라고도 불린다. 이로 보아 프라야는 여러 여신의 집합을 가리키는 총칭이었을지도 모른다.

어쨌든 힌들라를 찾아온 프라야 여신은 그녀를 "나의 친구여, 자매여"라고 부른다. 발라가 신적 존재인 것만은 분명하다. '죽은 여자 예언자'라는 설정 자체가 대단히 흥미롭다. 힌들라도 다른 발라들처럼 엄청난 지식을 소유한 채 동굴 속에서 끝도 없는 잠에 빠져 있다. 일종의 죽음 상태에 있는 것이다. 오딘 신이 세계의 미래를 알고 싶어서 발라를 깨운다면, 프라야 여신은 애인에게 힌들라의 지식이 필요해서 그녀를 깨운 것이다.

힌들라는 얼른 동굴로 돌아가 다시 잠들고 싶은 생각뿐이다. 세상일이 번거롭고 관심도 없는 것이다. 이 이야기는 뒤에 나오는 프라야 여신의 사랑 이야기에서 조금 더 자세히 다루기로 한다.

《옛 에다》의 시편에 등장하는 발라는 오래 묵은 땅의 정령과 비슷한 존재이다. 유익한 것을 속에 간직하고 있지만 신이나 인간에게 잘 내주려 하지 않고 무엇보다도 무심하다. 죽은 나뭇등걸처럼 또는 돌처럼 이미 어느 정도 석화된 존재이다. 그런데도 실질적으로 이들이 가장 큰 지식과 지혜를 보존하고 있다는 점에서 그 상징하는 바가 심상치 않다.

발라는 지혜의 신인 오딘보다도 그 속이 더욱 깊고, 훨씬 지혜롭고, 정말로 세상일에서 물러나 있다. 그들이 신들의 최후인 라그나뢰크에 대한 지식을 갖고 있고, 또한 무덤에서 올라와 예언을 들려주기 때문에 대단히 무시무시한 것이 사실이지만, 실은 이들이야말로 《에다》의 원천이다.

'에다'는 '증조(조상)할머니'라는 뜻을 지녔다. 많은 신화학자가 《에다》 시편에 어째서 '에다'라는 제목이 붙었는지 이리저리 연구를 하였다. 하지만 그 까닭은 비교적 분명하다고 본다. 신들의 최후를 예언하는 이 발라들이 곧 《에다》의 원천이기 때문이다. 이들은 많은 지혜와 이야기를 간직한 채 땅속에 잠들어 있는 우리의 조상 할머니와 비슷하다. 옛날에 우리는 얼마나 많은 지혜와 옛이야기들을 할머니에게서 들었던가. 이름도 없이 그냥 '할머니'로 기억되는 수많은 여인이 긴 세월을 두고 손자 손녀 들에게 겨울밤 옛이야기를 들려주었다.

《옛 에다》중 신들의 이야기의 시작과 끝인 1번과 16번이 바로 발라의 노래이다. 그리고 5번과 13번도 발라의 노래로 되어 있다. 이들이 바로 에다의 '할머니'가 아니고 무엇이겠는가. 《에다》의 시편들에는 '죽은 여자 예언자'라는 모습으로 등장하지만, 상징을 꿰뚫어보는 눈길이라면 이들이 바로 《에다》의 이야기와 지혜의 원천임을 어렵지 않게 알 수 있다.

불행을 몰고 오는 로키의 불길한 자식

로키(Loki)는 아내 지긴(Sigyn) 여신과 함께 아스가르트에 살았다. 지긴은 말썽 많은 로키가 다른 신들과 여러 가지 문제를 만들어내도 별다른 말없이 언제나 극진하게 남편을 보살피는 조용한 여신이다. 로키는 지긴과의 사이에 두 아들을 두었다. 하지만 그는 '앙그르보다'라는 거인 여인과 상종한 적이 있었다. 앙그르보다(Angrboda)는 '두려움을 만드는 여인'이라는 뜻이다.

대부분의 남신은 아스가르트에 아내를 두고도 이따금 모험을 떠나 거인 여인과 사랑의 행각을 벌이곤 하였다. 프라이(Freyr)는 아스가르트에 온 뒤로 거인 여인 게르트(Gerd)에게 반해 숫제 아내로 맞아들였다. 그 이야기는 뒤에서 하기로 한다. 어쨌든 남신이 거인 여인과 사랑에 빠지는 일은 드문 일이 아니라 그냥 보통 있는 일이었다. 다만 로키가 관계한 거인 여인은 그 이름부터가 심상치 않았다.

로키 신과의 관계에서 앙그르보다는 세 아이를 낳았다. 불의 신과 두려움을 만드는 여인 사이에서 태어난 자식들은 하나같이 세상에서 가장 무시무시한 괴물이었다. 첫째는 늑대, 둘째는 뱀, 셋째는 소녀였다. 이들은 무엇보다 크기가 엄청나고 또 그 모습이 범상치 않았을 뿐 아니라 실제로도 두려운 힘을 지닌 존재였다.

늑대 펜리스(Fenris)는 엄청나게 컸다. 이글이글 불타는 눈길과 세계를 삼킬 것 같은 거대한 아가리를 가졌다. 둘째인 뱀은 끔찍한 독을 내뿜는, 역시 엄청나게 큰 놈이었다. 그리고 셋째인 헬은 절반은 희고 절반은 검은 무시무시한 얼굴에 아주 냉혹한 성품을 지녔다. 신들은 이 괴물들을 그대로 놔둘 수 없었다. 오딘 또한 그들이 아주 빠른 속도로 자라나 걱정이 되었다.

모든 예언은 바로 이들이 세계의 종말을 불러올 것이라 말하고 있었다. 로키의 자식들이 태어난 지 얼마 되지 않아 아직 어렸는데도, 신들이 그들을 죽일 수 없다는 것이 분명해졌다. 모든 것의 운명은 미리 정해져 있는 법, 신들도 그 운명을 피해갈 수는 없었다. 불길하기 짝이 없는 이 괴물들은 신에게 종말을 가져올 존재였으니, 신의 손에 죽을 리가 없었던 것이다.

그들의 이야기를 들어보자.

✤ 위험한 늑대 펜리스

신들은 이 형제들 중 첫째인 늑대 펜리스를 데려다가 길렀다. 아스가르트에 있는 호수의 섬에서 길렀는데 늑대가 너무 사나워 어느 누구도 가까이 가지 못했다. 오직 용감한 티르(Tyr) 신만 그에게 먹을 것을 갖다줄 용기가 있었다. 신들은 그가 날마다 얼마나 빨리 자라는지 보았다. 그것을 보고 두려워진 신들은 그를 죽이지는 못하더라도 단단한 사슬로 묶어두기로 결정하였다. 그냥 풀어놓기에는 너무 위험한 존재였기 때문이다.

신들은 튼튼한 사슬(로이팅)을 늑대에게 가지고 가서 힘을 한번 시험해보자고 제안하였다. 늑대는 사슬이 별로 강하지 않음을 알아채고 신들의 말에 동의하였다. 신들이 그를 사슬로 단단히 묶었다. 하지만 늑대가 몸을 힘껏 뻗치자 사슬은 단번에 끊어지고 말았다.

신들은 그보다 두 배 강한 사슬(드로마)을 늑대에게 가지고 가서, 만일 이번에도 사슬을 끊는다면 그 강한 힘으로 유명해질 것이라고 말했다. 늑대가 보니 이번 사슬은 지난번보다 훨씬 강해 보였지만, 그동안 자신의 힘도 더욱 강해졌을 것 같았다. 게다가 몇 가지 시련을 이겨내야 명성을 얻는다는 신들의 말은 사실이었다. 그래서 신들의 제안에 동의하였다. 신들이 묶는 일을 끝내자 늑대는 몸을 강하게 흔들어 쭉 뻗치더니 사슬을 땅에 메다꽂았다. 그러자 사슬은 부서지고 말았다.

신들은 늑대를 묶을 수 없을 것 같아 두려웠다. 오딘 신은 프라이 신의 하인인 스키르니르(Skirnir)에게 대장장이 난쟁이들이 사는 '스바르트알프하임'으로 가 세상에서 가장 튼튼한 사슬을 만들어 오라고 명령하였다. 난쟁이들은 오딘 신을 위해, 여섯 가지 재료를 모아서 특별한 사슬 글라이프니르(Gleipnir)를 만들어주었다. 여섯 가지 재료란 고양이 발자국 소리, 여인네의 수염, 산의 뿌리, 곰의 인대, 물고기 숨결, 새의 침 등이었다. 난쟁이들은 이것들을 섞어서 아주 가는 끈을 만들었다. 이 끈은 마치 비단실처럼 매끈하고 부드럽지만 아주 튼튼해서 절대로 끊을 수 없었다.

난쟁이들이 사슬을 만드는 데 써버린 다음부터 산에는 뿌리가 없고, 여인네들은 수염이 없고, 고양이는 발소리를 내지 않았다. 그 밖에도 곰의 인대나 새들의 침을 보거나 물고기의 숨결을 느낀 사람이 있던가?

펜리스 늑대는 땅속 깊은 곳에서 묶여 지내다가 라그나뢰크의 시간이 오면 글라이프니르를 풀고 오딘과 싸움을 벌인다. 이 싸움에서 오딘을 잡아먹긴 하지만, 그의 아들 비다르에게 찢겨 죽는다. 8세기.

난쟁이들에게서 튼튼한 사슬을 얻은 신들은 부드럽고도 약하게 보이는 그 끈을 가지고 늑대에게로 갔다. 그들은 늑대에게 끈을 보여주면서 이것으로 묶을 테니 한번 끊어보라고 제안하였다. 영리한 늑대는 이 제안 뒤에 속임수가 숨어 있음을 눈치 채고 거절하였다. 신들이 계속 조르자 늑대가 대답하였다.

"이 끈을 보니, 이렇게 허약한 사슬을 끊고 자유를 얻었다고 내게 특별한 명예가 될 것 같지도 않다. 그러나 만일 이것이 간계와 술책으로 만들어진 것이라면, 비록 허약하게 보여도 내 그렇게 호락호락 너희들에게 몸을 내맡길 수는 없다."

늑대의 말에 신들이 대답하였다.

"너는 먼저도 튼튼한 쇠사슬을 두 번이나 끊었으니 이 가는 비단끈쯤이야 쉽게 끊겠지. 하지만 만일 네가 이 사슬을 끊지 못한다면 신들은 너를 두려워할 필요가 없을 테니 너를 풀어주겠다."

"너희가 나를 단단히 묶어서 만일 내가 풀려나지 못한다면 너희는 나를 비웃을 것이고, 그때는 너희에게 도움을 청해도 이미 늦은 일이지. 그러니 나로서는 이 사슬에 몸을 맡길 생각이 없다. 하지만 만일 너희가 비겁하지 않다면 너희 중 하나가 담보로 손을 내 입 안에 집어넣어 봐라. 그러면 이 일이 거짓이 아니라고 믿겠다."

신들은 당황하였다. 아무도 늑대의 입 안에 담보로 팔 하나를 집어넣고 싶지 않아 서로 눈치만 보았다. 그러자 아제 신 중 가장 겁이 없고 용감한 티르가 앞으로 나서더니 오른팔을 늑대 아가리 속에 집어넣었다. 늑대는 그 팔목을 아프지 않게 이빨로 살짝 물었고, 신들은 늑대를 글라이프니르로 묶었다.

그런 다음 늑대가 끈을 끊으려고 몸을 쭉 뻗었다. 그러자 끈이 그의 몸을 조였다. 그가 몸을 강하게 움직일수록 끈은 더욱더 조여들었다. 늑대의 입에 오른손을 넣고 있던 티르만 빼고 나머지 신들은 좋아라 하고 웃음을 터뜨렸다. 늑대는 자기가 완전히 묶인 것을 알아차렸다. 그는 티르의 오른 팔목을 꽉 물어서 으스러뜨리고 삼켜버렸다.

신들은 세 번을 시도하여 늑대를 묶을 수 있었고, 용감한 티르 신은 오른팔 절반을 잃었다. 티르는 전쟁의 신이자 고대 게르만 종족의 중요한 관습인 민회를 관장하는 신이었다. 게르만 종족은 민족의 중요한 일을 민회에서 결정하였고, 또 여기서 중요한 판결을 내리곤 하였다. 사람들은 민회를 열 때면 오른손을 들고 티르 신에게 맹세하였다. 그런 티르 신이 맹세할 때 쓰는 오른손을 펜리스 늑대에게 잃은 것이다.*

신들은 글라이프니르의 끝을 커다란 바위에 묶어서 늑대를 바위에 고정시키고는, 늑대와 바위를 땅속 깊은 바닥으로 가져가 그곳에 붙박아놓고 또 다른 바위를 버팀목으로 대놓았다. 이렇게 사로잡힌 늑대는 무시무시한 아가리를 벌린 채 신들을 물어뜯으려고 덤볐다. 그러자 신들은 칼 하나를 늑대의 주둥이에 세워넣어 늑대가 주둥이를 마음대로 놀리지 못하게 했다. 늑대는 무시무시한 소리로 울부짖었고, 그 주둥이에서 흘러내린 침은 '반(Wan)'이라는 강이 되었다.

세계의 종말인 라그나뢰크의 시간이 올 때까지 펜리스 늑대는 이렇게 땅속 깊은 곳에 묶여 울부짖었다.

✤ 바다 괴물 미트가르트 뱀

로키의 불길한 세 자식 중 첫째인 늑대 펜리스를 가두는 일이 가장 힘들었다. 신들은 로키의 둘째와 셋째를 늑대보다 먼저 처리했다. 로키의 세 아이가 모두 요툰하임에서 자라고 있을 때 이미 신들은 예언을 통해 이들이 큰 재앙을 불러올 존재임을 알았다. 오딘 신은 이들 삼남매를 자기에게 데려오라고 명령했다.

신들이 세 아이를 데려오자, 오딘 신은 먼저 둘째인 뱀을 온 세계의 나라들을 둘러싸고 있는 세계바다 속에 집어던졌다. 이 뱀은 깊은 바다

---

*이것은 북유럽 신화에 나타나는 전형적인 아이러니의 하나이다. 지혜의 신 오딘은 눈이 하나뿐이고, 가장 지혜로운 거인 미미르는 머리만 남았고, 민회의 신 티르는 민회에서 중요한 맹세를 할 때 들어올리는 소중한 오른손을 잃어버렸다. 북유럽의 신들은 자신의 속성을 나타내는 가장 중요한 것을 잃고 찾아헤매는 존재이기도 하다.

세계바다 속에서 중간계를 몸으로 감싸고 있는 미트가르트 뱀은 요르문간트르라는 이름으로도 불린다. 이 그림에서는 토르가 미끼로 던진 황소 대가리를 물려고 한다. 《스노리 에다》의 삽화, 1760년.

속에 가라앉아 땅을 한 바퀴 휘감고 나서 입으로 제 꼬리를 물었다. 그래서 이 뱀은 중간계 뱀(미트가르트 뱀 Midgardsomr), 또는 요르문간트르(Jörmungandr)라는 이름으로 불렸다.

늑대 펜리스가 오딘 신의 적수라면, 미트가르트 뱀은 토르 신의 적수이다. 토르는 젊은 시절에 낚시로 미트가르트 뱀을 잡아 올렸다가 놓치고 말았다. 그것은 1권 거인 히미르(Hymir)의 이야기에서 이미 설명하였다. 그 밖에도 토르 신은 우트가르트-로키와 시합을 할 때도 고양이 모습을 한 미트가르트 뱀의 허리를 들어올린 적이 있었다.

기독교가 들어온 뒤로 미트가르트 뱀은 가끔 성서에 나오는 바다 괴물 '리바이어던'과 동일시되기도 하였다. 미트가르트 뱀은 이따금 바다에서 사나운 요동을 치기는 해도, 제 꼬리를 물고 바다 속에 머물면서 때가 되기를 기다렸다.

명부의 여신 헬

오딘 신은 로키와 앙그르보다 사이에서 셋째로 태어난 딸 헬을 춥고 안개가 자욱하게 낀 니플하임으로 보냈다. 그리고 그곳에서 아홉 세계를 다스릴 권한을 주었다. 이것은 아홉 세계에서 온 자들에게 머물 곳을 정해주는 권한이 그녀에게 있다는 뜻이다. 늙거나 병들어서 죽은 자들은 그녀의 나라로 보내졌다. 이들만이 아니라 죽은 아제 신도 헬의 나라에 머물렀다. 아스가르트도 아홉 세계의 하나였으니 당연한 일이었다.

북유럽에서 죽은 자들의 세계는 약간 복잡하게 나뉜다. 전쟁터에서 죽은 용감한 병사들은 오딘의 명령을 따르는 발퀴레 여신의 안내를 받아 아스가르트에 있는 오딘의 궁전인 발할(Walhal)로 들어가게 된다. 그들은 죽었지만 죽지 않은 병사, 곧 아인헤리(Einheri)가 되어 최후의 전투를 위해 발할에서 훈련 받는다. 바다에 빠져죽은 자들은 바다거인 에기르(Ägir)의 아내인 란(Ran)의 세계에 속하게 된다. 란은 이따금 뱃사람들과 배를 그물로 잡아 거두어들이곤 한다. 이 용감한 전사들과 뱃사람들을 뺀 나머지 사람들이 죽으면 헬로 가게 된다.

헬은 언제까지나 밤이 계속되는 곳으로, 로키의 무시무시한 딸이 명부의 세계인 헬을 다스리는 여신이 되었다. 그리고 그녀 자신도 헬이라는 이름으로 불린다. 여신 헬은 얼굴의 반은 희고 나머지 반은 검다. 그녀는 헬의 나라에 커다란 궁전을 갖고 있는데 높은 울타리와 쇠창살이 그 궁전을 둘러싸고 있다.

그녀의 궁전은 비참이요, 그 열쇠는 배고픔이며, 칼은 욕심, 하인은 게으름, 하녀는 느림, 문지방은 무너짐, 침대는 근심, 커튼은 만성적인 재앙이다.

로키와 앙그르보다 사이에서 태어난 자식들은 신들에게 가장 적대적인 존재이다. 1권에서 토르 신이 맞서 싸운 거인들과 여기 나오는 괴물들은 그 종류와 특성이 다르다. 산악거인이나 서리거인, 얼음바다 거인 들은 모두 거친 자연의 힘을 나타낸다. 그들은 태초거인 이미르의 후손들이다. 크고 사납지만 토르 신이 묠니르(Mjöllnir)를 던져 때려 죽일 수 있다.

그에 비해 로키의 불길한 자식 셋은 완전히 다른 종류의 괴물이다. 먼저 이들은 라그나뢰크를 위해 태어난 존재이다. 물론 헬은 명부의 여신으로서의 기능을 갖지만 펜리스 늑대와 미트가르트 뱀은 오로지 라그나뢰크의 때가 오기만을 기다리는 괴물이다. 아무도 그들을 죽일 수 없다. 그들은 아주 분명하게 신에게 대립하는 적대세력이다. 토르도 그들을 죽이지 못한다. 다만 토르가 죽인 거인들 같은 대부분의 거인은 라그나뢰크의 시간에 괴물 편에 서게 된다.

신들이 빛의 존재라면 로키의 자식들은 어둠의 세력이다. 깊은 땅속 바위에 묶인 늑대 펜리스, 깊은 바다 속에 웅크리고 있는 미트가르트 뱀, 죽은 자의 나라를 다스리는 명부의 여신 헬은 모두 미움과 어둠과 죽음과 관계가 있다. 펜리스가 오딘과, 미트가르트 뱀이 토르와 대립한다는 것은 이 괴물들이 오딘 및 토르에 반대되는 특성을 갖고 있음을 나타낸다. 신이 질서를 수호한다면 괴물은 무질서와 혼란을 불러들인다. 또 다른 늑대들이 태양과 달을 뒤쫓고 있다는 말도 이미 1권에서 했다. 라그나뢰크의 때가 오면 태양과 달은 이 늑대들에게 먹히고 만다. 최고신 오딘과 민회의 신 티르도 늑대와 싸운다. 라그나뢰크는 빛과 질서와 생명을 수호하는 신과, 어둠과 혼란과 파괴를 지향하는 사악한 거인 사이에 벌어지는 최후의 일전이다.

최후를 준비하는 오딘의 전사들

 ✤ **오딘의 궁전 발할**

오딘은 전사(戰士)들의 신이다. 그는 전쟁의 판결을 내리고, 무엇보다도 전쟁터에서 용감한 전사들을 보호하는 신이다. 용감한 전사들은 늘 죽음을 각오하고 있어야 하며, 그들에게 죽음이란 곧 일상의 현실이기도 하다. 그래서 오딘은 전쟁의 신이며, 전쟁에서의 죽음과 관련된 신이다.

그런 만큼 용감한 바이킹 전사들이 오딘을 자기들의 신으로 섬겼다는 것은 어찌 보면 아주 당연한 일이다. 842년 바이킹족이 프랑스 북서부의 낭트 시를 약탈했을 때, 주민 상당수를 죽여서 나무에 걸쳐놓았던 일은 바로 오딘 신에 대한 야만적인 숭배의식으로 보인다. 이것은 역사상 '도끼와 칼의 시대'가 모습을 드러낸 하나의 예였다.*

전쟁과 죽음의 신인 오딘은 세계를 창조한 신이기도 했다. 그는 자신이 창조한 세계, 신과 인간의 세계에 질서를 부여했다. 그리고 이 세계를 보호하기 위해 온갖 노력을 다하였다. 오딘 신이 할 수 있는 일은 곧 자신의 지식과 지혜를 동원하여 세계에 대한 정보를 모으고, 그 정보를 바탕으로 전쟁에 승리하는 것이다.

오딘은 아제 신 중 마법에 가장 능했다. 오딘은 프라야 여신에게 마법을 배우기도 했지만, 자신이 이그드라실에 매달려 루네 마법과 죽음의 비밀을 완전

발할은 540개의 문 각각으로 한 번에 800명이 드나들 정도로 엄청난 규모를 자랑한다. 《스노리 에다》의 삽화, 1760년.

* Arthur Cotterell, *Die Enzyklopädie der Mythologie*, S. 215.

히 터득하였다. 그는 이렇게 얻은 마법의 힘으로 죽은 예언자 발라를 불러내 신의 세계의 최후에 대한 예언을 듣는다. 모든 운명은 이미 정해져 있었다. 그리고 피할 수 없는 종말이 신들을 기다리고 있었다. 게다가 이미 신들의 황혼을 불러올 로키의 무시무시한 자식들도 태어났다. 모든 것은 때가 있는 법, 종말의 시간이 피할 수 없이 다가오고 있었다.

그러나 전쟁의 신 오딘은 절대로 지레 포기하지 않았다. 그는 최후의 전쟁을 위한 준비를 시작하였다. 이길 수 없다 해도, 죽는 순간까지 최선을 다하는 것이 용사의 길이다. 이기지 못한다면 싸우다 죽는 길만이 남아 있었다.

✤ 발할의 용사 아인헤리

아스가르트에 있는 오딘 신의 궁전 이름은 발할(Walhal)이다. '발(Wal)'이란 말은 전쟁과 관계가 있으며, '발퀴레'에도 들어 있다. 발할은 '전쟁터에서 용감하게 싸우다 죽은 전사들의 집'이라는 뜻이다. 발할에는 오딘 신의 옥좌가 있어, 그는 그곳에 앉아 아홉 세계에서 일어나는 일을 내려다볼 수 있었다. 이 궁전에는 문이 540개나 되고, 각각의 문으로 한 번에 800명씩 드나들 수 있을 정도로 엄청난 규모였다.

오딘 신은 이 거대한 궁전에 죽은 용사들의 혼령을 데려오게 하였다. 발퀴레 여신들이 용사를 데려오는 임무를 맡았다. 발퀴레 여신에게 선택되어 발할로 안내되는 용감한 용사를 아인헤리라고 부른다. 이들은 이미 죽었으면서도 죽지 못하는 독특한 존재이다. 아인헤리는 '죽지 못하는 자들(die Untoten)'이라는 뜻이다.*

아인헤리들 중 절반은 발할에 머물고 나머지 절반은 프라야의 궁전 폴크방(Folkwang)에 머물렀다.* 오딘은 신들이 최후를 맞이하기 전에 치를 거인들과의 전투에 대비하여 아인헤리들을 훈련시켰다. 뒷날 신들이 거인들과 전쟁을 벌일 때 아인헤리는 신들의 편에서 싸운다. 오딘 신은 시간이 날 때마다 양쪽 어깨에 까마귀 후긴(Huginn, 생각)과 무닌(Muninn, 기억)을 앉히고, 늑대 게리(Geri, 욕심 많은 자)와 프레키(Freki, 탐식하는 자)를 거느리고 전사들 사이를 돌아다니며 군사 훈련을 감독하였다.

아인헤리들은 날마다 심각한 전투 훈련을 벌여 서로를 죽이곤 하였다. 하지만 그들은 저녁 때가 되면 모조리 도로 살아나 일어섰다. 그리고 시문학의 신 브라기(Bragi)가 부르는 노래를 들으며 성대한 만찬을 즐겼다. 만찬에서 요리사 안드림니르(Andhrimnir)가 요리하는 제림니르(Sährimnir, Serimnir)라는 돼지고기를 먹었다. 이 돼지는 저녁마다 도살되어 용사들의 식탁에 오르지만 식사가 끝나면 되살아나곤 하였다. 또 금빛으로 번쩍이는 발할의 지붕 위에서는 염소 하이드룬(Heidrun)이 이곳으로 뻗은 이그드라실 나뭇잎을 먹고 살았다. 발할의 용사들은 하이드룬의 젖으로 만든 꿀술을 마셨는데, 그 덕분에 언제까지나 죽지 않고 아스가르트에 머물 수 있었다.

오딘 신도 자주 아인헤리들과 함께 저녁 식탁에 앉곤 하였지만 그

---

* 죽어서도 죽지 못하는 자들의 이야기는 게르만 신화와 전설에 이따금 등장한다. 널리 알려진 인물로는 예수가 처형될 때 웃었던 탓으로 죽지 못하고 세상을 떠도는 '영원한 유대인'과, '방황하는 네덜란드인' 등을 꼽을 수 있다. 전사한 다음 오딘 신의 궁전으로 안내되어 전투 훈련을 받는 아인헤리도 같은 계열이다.
* 프라야 여신은 자주 오딘의 아내인 프리크(Frigg)와 뒤섞이는 모습을 보인다. 여기서도 그런 특성을 엿볼 수 있다. 아인헤리는 오딘과 그 아내가 이끄는 것이 더욱 자연스러운데, 프라야 여신의 궁전에 머물고 있다. 이야기에 따라서는 프라야 여신과 오딘 신이 마치 부부처럼 다정한 모습으로 함께 등장하기도 한다.

아인헤리들은 날마다 강도 높은 훈련을 받았고, 저녁이 되면 발할에서 시문학의 신 브라기가 부르는 노래를 들으며 성대한 만찬을 즐겼다. W. B. 드랙의 그림, 1900년.

들의 음식을 먹지는 않았다. 대신 늑대들에게 제림니르 돼지고기를 주었다. 오딘 신은 오로지 포도주만으로 살았기 때문이다.

달리 표현하면 아인헤리는 유령에 더 가깝다. 오딘 신은 발할의 궁전에서 유령의 군대를 양성하고 있는 것이다. 이들 유령은 훈련을 위해 서로를 죽여도 도로 살아나고, 그들이 잡아먹은 돼지 또한 식사가 끝나면 도로 살아난다. 오딘은 될 수 있으면 많은 용사들을 모으려고 하였다. 그래서 이따금 일부러 전쟁을 부추기거나, 아니면 어느 한편을 도와주기로 약속해놓고 다른 편도 도와주는 방식으로 배신을 하기도 했다.

한번은 아름다운 프라야 여신에게 "왕을 두 명 찾아내서 그들 사이에 전쟁이 일어나도록 끔찍한 미움의 씨앗을 뿌려라."는 명령을 내린 적도 있었다. 또 한번은 유명한 덴마크 왕 하랄트에게 승전 전술을 가르쳐준 적도 있었다. 하랄트는 오딘이 가르쳐준 전술을 이용하여 수많은 승리를 거두었다. 하지만 마지막에 하랄트가 스웨덴과 대규모 전투를 하게 되었을 때, 오딘은 변신한 모습으로 적에게 다가가 동일한 전술을 가르쳐주었다. 양편이 동일한 전술을 쓴 이 전투에서 하랄트와 더불어 양쪽에서 수많은 용사가 전사해, 오딘은 만족스럽게 그들을 발할로 데려갈 수 있었다.

전쟁터에서 오딘 신이 이렇게 변덕스러운 모습을 보이는 것은 아마도 결말을 예측하기 어려운 전쟁의 속성을 반영한 것으로 보인다. 이따금 의외의 결말이 나타나면, 사람들은 전쟁 신 오딘이 변덕을 부리거나 사람들을 기만한 것으로 해석했다.

여기서 볼 수 있듯이, 특히 전투에서의 죽음은 오딘 신과 직접 관계가 있었다. 오딘 신의 지혜는 이미 삶의 영역만이 아니라 죽음의 영역까지 넘나들지만, 특히 전쟁터에서의 죽음은 그가 직접 결정한다.

이렇게 불길한 요소를 포함하는 신이기에, 사람들은 오딘 신의 이름을 따서 작명하는 경우가 거의 없었다고 한다. 하지만 그 자신은 엄청나게 많은 이름을 지녔다. 지역마다 종족마다 나라마다, 오딘을 각기 자기들의 이름으로 불렀다.

예를 들면 《옛 에다》 2번 〈그림니르의 노래〉에 나오는 이름만 꼽아도 한참이다. 그림니르, 강글레리, 헤리안, 히얄름베리, 테크르, 트리디, 투드르, 우드르, 헬블린디, 하르, 사트르, 스비팔, 산게탈, 헤르자

오딘 신의 명을 받고 발퀴레 여신들은 전쟁터에서 죽은 영웅들을 발할로 데려온다. 그들은 죽었지만 죽지 않은 병사, 곧 아인헤리가 되어 최후의 전투를 위해 훈련받는다. W. T. 모드의 그림, 1890년경.

이트르, 호니카르, 빌라이그르, 발라이그르, 뵐베르크르, 퓰니르, 그리무르, 글랍스비드르, 지트회트르, 지트스케그르, 승리의 아버지, 호니쿠드르, 전능한 아버지, 전쟁의 아버지, 아트리드르, 파르마티르……. 세계나무 '이그드라실'에 들어 있는 '이그'도 오딘의 수많은 이름 중 하나이다.

오딘, 또는 보단(Wodan), 보탄(Wotan)은 영어의 수요일(Wednesday)에 그 이름을 물려준 신이다. 즉 수요일은 '오딘의 날'이다.

발퀴레 또한 노르네와 마찬가지로 혼자가 아닌 여럿이 동일한 기능을 하는 디제 여신이다. 그들은 하늘을 나는 말을 타고, 보통 셋이나 아홉, 열둘로 무리를 이루어 함께 다닌다.

✢ 아름답고 용감한 처녀 전사 발퀴레 여신

이들은 원래 자연의 정령이었다가, 뒷날 번쩍이는 갑옷을 입고 사나운 말을 타고 공중을 날아다니는, 아름답고 용감한 처녀 전사로 신분이 바뀌었다. 발퀴레 여신은 오딘의 명을 받고 지상의 싸움에 개입하여 전쟁터에서 죽은 영웅을 발할로 데려오는 역할을 한다. 발퀴레 여신은 보통 셋이나 아홉, 열둘이 무리를 이루어 함께 다니는 디제 여신이다. 그들은 용감하고 아름답고 무시무시하다.

스노리에 따르면, 노르네 여신 중 가장 젊은 스쿨트도 발퀴레 여신

북유럽 신화나 게르만 전설에서 요정과 여신이 인간과 사랑에 빠지거나 결혼을 하는 경우가 있는데, 이들은 대개 노르네이거나 발퀴레이다. 이들은 대부분 젊고 아름다운 처녀 여신이다. G. 폰 레케의 그림, 1870년.

과 함께 전쟁터를 돌아다니면서 싸움의 운명을 결정하였다고 한다. 이런 설명으로 보아 노르네와 발퀴레가 이따금 뒤섞이기도 했던 모양이다. 어차피 이들은 혼자가 아닌 여럿이 동일한 기능을 하는 '디제' 여신이라는 점이 공통적이다. 그리고 노르네가 인간의 운명과 수명을 결정하는 여신이라면, 전쟁터에서의 죽음을 결정하는 발퀴레 여신과 기능이 부분적으로 겹칠 수밖에 없다.

발퀴레 여신은 죽은 용사를 발할로 안내하였다. 그리고 발할에서 아인헤리를 위해 큰 잔치가 베풀어질 때면 브라기 신이 노래를 하는

동안 용사에게 음식과 술을 날라다주는 일도 맡았다. 이들은 아름다운 처녀 여신이었다. 아름다운 처녀 여신이 용감한 영웅과 함께 어울리고 있는 셈이다. 그래서인지 발퀴레 중 몇 명은 인간으로 격이 떨어져 인간 영웅의 애인이나 아내가 되기도 하였다. 이름이 널리 알려진 발퀴레 여신으로는 볼켄트루트(Wolkentrut, 구름의 힘)와 미스트(Mist, 안개)가 있다.

'발퀴레'라는 이름은 특히 바그너의 〈니벨룽의 반지〉 중 두 번째 작품인 〈발퀴레〉를 통해 널리 알려졌다. 4부작 오페라 전체에서 가장 중요한 여성 인물인 브륀힐데는 원래 발퀴레 여신이었다. 발퀴레가 전쟁터에서 전사할 운명에 있는 용사를 가려내 그들의 혼령을 발할로 데려가는 여신이라는 사실을 안다면, 바그너 오페라에서 〈말 타는 발퀴레〉의 음악이 그토록 음산하면서도 극적이고 격정적인 까닭을 쉽게 이해할 것이다.

이런 맥락을 알고 있다면, 프랜시스 코폴라 감독의 유명한 영화 〈지옥의 묵시록〉에서 미군기가 베트남 상공에서 무차별적으로 네이팜탄을 터뜨리는 장면에 이 음악이 쓰인 의미도 더욱 정확하게 이해할

발할에서 아인헤리들을 위해 잔치가 베풀어질 때면 브라기 신이 노래를 하는 동안 발퀴레 여신들이 음식과 술을 나르기도 했다. 은제 장식, 6세기.

수 있을 것이다. 이것은 바로 잔혹한 죽음의 댄스를 위한 음악이다. 전쟁터에서 죽은 용사들의 혼령이 하늘나라로 날아가는 중이니 말이다.

그러나 실은 〈지옥의 묵시록〉에서 이 음악은 매우 아이러니한 맥락으로 이용된다. 서핑광인 미군 지휘관이 파도 좋은 해변을 확보하기 위해 민간인에게 폭탄을 떨어뜨리기 때문이다. 그리고 바로 이 지휘관이 바그너의 팬이다. 그는 〈말 타는 발퀴레〉의 음악에 맞추어 폭격을 지휘한다. 이 전쟁터에서 용감하게 죽은 병사는 없다. 미군의 잔혹한 공격으로 희생 당한 가엾은 민간인들이 있을 뿐. 죽음의 음악에 맞추어 죽은 민간인의 영혼은 어디로 가나? 베트남 전쟁에 숨겨진 부조리가 이 장면에서 배경 음악을 통해 더할 수 없이 선명하게 폭로되고 있다.

✤ 프라야의 궁전 폴크방

원래 바네 출신인 프라야 여신은 아스가르트로 온 다음 아제 신에게 마법을 가르쳐주었다. 그 중 오딘 신이 마법을 가장 잘 익혔다. 오딘 신은 창으로 옆구리를 꿴 채 이그드라실에 매달려 죽어 있다가, 아흐레 만에 땅으로 떨어져 도로 살아난 적이 있었다. 이그드라실에 매달린 채로 그는 삶의 지혜와 루네 마법을 모두 익혔다. 그 중 루네 마법은 주로 전쟁의 여러 기술을 포함하는데, 죽은 자들을 되살리는 마법도 여기 포함되었다.

오딘은 이미 죽은 미미르의 머리를 되살려서 요툰하임에 있는 미미르의 샘가에 가져다둔 적이 있었다. 죽은 용사들 아인헤리가 발할에서 그렇게 되살아나 매일 훈련을 받는 것은 오딘의 이런 비법이 없이는 생각할 수도 없는 일이었다.

오딘 못지않게 마법에 능한 여신이 바로 프라야다. 프라야는 황금의 여신이기도 하고 사랑의 여신이기도 하다. 하지만 그녀는 마법을 쓴다는 점에서 오딘에 버금가는 강력한 여신이다. 다만 남신과는 달리 싸움터에 직접 등장하지는 않는다. 그래도 최후의 전쟁에 대비하여 아인헤리를 훈련하는 일에서 프라야 여신은 매우 중요한 역할을 맡는다.

전쟁터에서 죽은 용사를 아스가르트로 데려오는 일은 발퀴레 여신이 맡았다. 발할이 거대한 궁전이라고는 해도 공간이 부족했던지, 아인헤리의 절반만 발할에 머무르고 나머지 절반은 프라야의 궁전인 폴크방에 머물게 된다. 프라야 여신이 용사들 중 절반을 먼저 고르고, 그 나머지를 오딘 신이 데려간다고 한다.

이럴 때면 프라야 여신은 투구를 쓰고 무장을 갖추고 등장한다. 그녀의 투구에는 수퇘지 장식(힐디스비니 Hildiswini)이 달려 있다. 그녀는 오딘과 최후의 전쟁에 대한 이야기를 나눈다. 오딘과 프라야가 이렇게 사이좋게 아스가르트를 돌아다닐 때면 부부처럼 보이기도 한다.

아인헤리가 발할과 폴크방에 절반씩 나뉘어 훈련 받는 것을 보면 이들이 아주 엄청난 숫자였던 것 같다. 시간이 흐르면서 이들의 숫자는 점점 늘어났다. 그런데도 뒷날 늑대의 시간이 왔을 때 아인헤리의 숫자가 턱없이 부족하다는 사실이 드러난다. 그들이 아무리 늘어나도 제림니르 돼지고기가 부족할 정도는 아니었으니, 결국 최후의 전쟁에 필요한 숫자에는 미치지 못했던 것이다.

아인헤리 말고 또 다른 오딘의 용사가 있었다. 이들은 열광적으로 오딘 신을 숭배하는 인간 용사였다.

✣ 곰 가죽을 뒤집어쓴 베르제르커 용사

고대에서 가장 악명 높은 인간 용사는 곰 가죽을 뒤집어쓰고 죽을 때까지 싸우는 베르제르커였다. 베르제르커 넷이 아름다운 신 발더의 장례식에 참석했다는 말을 우리는 《스노리 에다》에서 듣는다. 스노리는 고대 덴마크에서 가장 유명한 왕 흐롤프 크라키(Hrolf Kraki)의 이야기도 들려준다. 이 왕은 적어도 열두 명의 베르제르커 용사를 거느리고 있었다. 흐롤프 크라키 왕의 이야기를 들어보자.

그는 가장 온화하고, 가장 대담하고, 또한 부하를 사랑하는 왕이었다. 그가 사람들과 얼마나 잘 사귀고, 또 충실한 부하를 어떻게 만들 수 있었는지는 옛이야기 하나가 잘 말해준다. 왕이 아직 나이가 어리고 몸도 가냘프던 시절에 뵈크르(Wöggr)라는 가난뱅이 청년이 궁전으로 찾아왔다. 뵈크르는 왕의 옥좌 앞에 멈추어 서서는 아무 말도 없이 왕을 한참이나 바라보았다. 어린 왕이 물었다.

"젊은 친구야, 나를 그렇게 말끄러미 바라보다니 내게 할 말이 대체 뭐냐?"

뵈크르가 대답하였다.

"고향에서는 흐롤프 왕이 북쪽에서 가장 키 큰 사내라고 들었습니다. 그런데 이곳에 와서 보니 옥좌에 작은 까마귀(크라키) 한 마리가 앉아 있네요."

왕은 그 말을 듣고 이렇게 대답하였다.

"네가 방금 나에게 이름을 지어주었으니, 내 이름을 앞으로는 흐롤프 크라키라고 하겠다. 보통은 이름을 지어줄 때 선물까지 주는 것이 관습이지만, 보아하니 너는 내게 이름은 지어주면서 선물을 가져오지는 못했구나. 그렇다면 넉넉하게 가진 쪽에서 선물을 해야겠지."

이렇게 말하며 왕은 손가락에서 금반지를 빼어 청년에게 주었다. 그러자 뵈크르가 말했다.

"과연 세상에서 가장 큰 왕이시오. 앞으로 누구든 왕을 죽이려는 자가 있으면 내가 그 자를 죽이겠소."

"뵈크르는 작은 것을 받고도 기뻐하는구나."

어린 왕이 큰 소리로 웃으며 대꾸하였다. 그 뒤로 뵈크르는 둘도 없이 충성스런 부하가 되었음은 물론이다.

또 다른 이야기는 그가 얼마나 용감한 사람이었는지를 알려준다. 스웨덴의 웁살라에 아딜스(Adils)라는 왕이 있었다. 흐롤프 크라키의 어머니 이르사(Yrsa)는 아딜스 왕과 재혼하였다. 아딜스는 노르웨이 왕 알리(Ali)와 사이가 나빴다. 그러다가 아딜스와 알리의 군대가 얼음이 덮인 호수에서 전투를 벌이게 되었다. 하지만 양쪽의 전력이 팽팽하여 전투가 끝나지 않았다.

그러자 아딜스는 의붓아들인 흐롤프 크라키에게 심부름꾼을 보내 지원군을 요청하였다. 그가 지원군을 보내주면 부대원 전체에게 넉넉한 금을 주어 보상하겠노라고 약속하였다. 그리고 흐롤프 왕에게는 스웨덴에서 가장 귀한 보물 세 가지를 골라 가지라고 제안하였다. 하지만 흐롤프 왕도 작센 사람들과 전쟁을 하는 중이어서 직접 갈 수는 없었다. 그래서 자신이 거느리는 베르제르커 용사 열둘을 대신 보냈다. 이들 중에는 그로아의 아들 스빕다크르도 있었다.

베르제르커 용사들은 곰 가죽을 몸에 덮어쓰고, 물불 가리지 않고 싸우는 용감한 전사였다. 이들은 당연히 오딘을 자기들의 신으로 숭배하였고, 그런 만큼 명예를 위해 죽을 때까지 싸움을 계속하였다. 이들이 전투에 합류하고 머지않아 아딜스가 이겼다. 알리 왕은 전사하고 노르웨이 군인들도 상당수가 전사하였다. 아딜스 왕은 알리 왕의 투구와 말을 차지하였다.

전투가 끝난 다음 흐롤프 크라키가 보낸 베르제르커 용사들은 자기들에게 각기 금 3파운드씩을 달라고 요구하였다. 그리고 흐롤프 크라키 왕을 위한 세 가지 보물도 요구하였다. 그들은 칼이 들어가지 않는 투구와 갑옷 그리고 반지를 왕의 선물로 골랐다. '스비아그리스(Swiagris)'라는 반지는 아딜스의 조상들이 물려준 소중한 보물이었다. 하지만 뒷간에 갔다온 다음 마음이 전과 달라진다고, 전쟁에 이긴 아딜스 왕은 보물 세 가지를 내주지 않았다. 뿐만 아니라 용감하게 싸운 용사들에게 답례로 황금을 주는 것마저 거절하였다.

베르제르커 용사들은 아딜스 왕에게서 아무런 사례도 받지 못하고 고향으로 돌아와 흐롤프 크라키 왕에게 이 사실을 보고하였다. 왕은 곧바로 웁살라로 떠날 준비를 하였다. 아딜스 왕에게 불만을 품은 열두 명의 베르제르커 용사를 거느리고, 배를 타고 피리스(Fyris) 강을 건넌 다음 다시 말을 타고 웁살라를 향해 달렸다. 웁살라에서는 어머니가 그를 맞아들여 숙소까지 따라왔다. 하지만 어머니는 잔치가 베풀어지는 왕의 홀에는 따라 들어오지 않았다.

홀에는 큰 잔칫상이 차려지고, 엘(Äl) 술도 마련되었다. 아딜스 왕의 부하들이 장작을 들고 들어와 홀 한가운데에 큰 불을 피웠다. 기세 좋게 타오른 불은 흐롤프 크라키와 베르제르커 용사들의 옷에도 붙을 지경이었다. 아딜스 왕의 부하들이 흐롤프 크라키 왕에게 물었다.

"흐롤프 크라키 왕과 베르제르커 용사들은 불도 얼음도 두려워하지 않는다던데 그것이 사실이오?"

그러자 흐롤프 왕과 용사들은 모두 벌떡 일어났고, 왕이 이렇게 외쳤다.

"불을 더욱 키워서 아딜스의 방까지 번지게 하자."

이렇게 말하면서 그는 방패를 높이 쳐들고 불 속으로 뛰어들었다. 그리고 방패에 불이 붙은 채로 장작불 위를 달리면서 다시 이렇게 외쳤다.

"이렇게 달리는 자는 불을 두려워하는 게 아니지."

왕의 뒤를 이어 그의 용사들도 한 사람씩 왕과 똑같이 행동하였다. 그런 다음 그들은 불을 피운 아딜스 왕의 부하들을 모조리 잡아 불 속에 집어넣었다. 그 순간 어머니 이르사가 들어왔다. 그녀는 황금을 가득 채운 사슴뿔과, 아딜스 왕의 반지 스비아그리스를 가지고 왔다. 그것을 아들에게 내주며 제발 부하들을 데리고 어서 떠나라고 간곡히 청하였다.

어머니의 말에 따라 덴마크의 용사들은 맹렬히 말을 몰아 피리스 들판에 이르렀다. 그러나 뒤를 돌아보니 아딜스 왕이 완전무장한 부하들을 잔뜩 거느리고 쫓아오고 있었다. 자기들을 죽이려는 게 분명했다. 아마도 어머니 이르사가 아들과 남편이 싸우는 끔찍한 상황을 피하기 위해 남편 몰래 보물을 가져다주었던 모양이다. 뒤늦게 그 사실을 깨달은 아딜스 왕이 부하들을 거느리고 뒤쫓아온 것이었다. 그들의 모습을 보고 흐롤프 크라키는 오른손으로 사슴뿔에 든 황금을 꺼내 길에 뿌렸다. 스웨덴 병사들은 그것을 보고 말 등에서 뛰어내려 황금을 줍느라 바빴다. 하지만 아딜스 왕은 그들에게 황금을 그대로 버려두고 계속 달리라는 명령을 하였고, 자기 자신도 있는 힘을 다해 쫓아왔다. 그의 말은 당시 모든 말 중 가장 빨랐다.

흐롤프 크라키는 아딜스 왕이 자신을 거의 따라온 것을 보고는 얼른 스비아그리스를 그에게 던지면서 이것을 선물로 받으라고 외쳤다. 아딜스 왕은 반지를 향해 달려가 창으로 그것을 들어올린 다음, 창을 공중으로 치켜들어 반지가 손잡이까지 내려오게 하였다. 흐롤프 크라키는 반지를 주우려고 몸을 굽힌 아딜스 왕을 보고 이렇게 말했다.

"스웨덴에서 가장 큰 부자가 저렇게 몸을 굽히다니 꼭 돼지 같구나."

이렇게 말한 다음 덴마크 사람들은 덴마크로, 스웨덴 사람들은 스웨덴으로 각기 흩어져서 제 갈 길을 갔다. 아딜스는 자신의 반지를 되찾았고, 흐롤프 크라키는 자신과 부하들의 용기를 자랑하고 의붓아비와 싸우지 않은 것으로 만족하였다. 그 뒤로 사람들은 황금을 '크라키의 씨앗'이라 불렀다.

불 속으로 뛰어든 흐롤프 크라키 왕과 용사들의 모습에는 바로 베르제르커의 전형적인 용맹함이 나타나 있다. 이들은 정말 물불 가리지 않고 싸웠다. 다만 이 이야기에서는 흐롤프 크라키 왕과 베르제르커 용사들이 상당히 이상적으로 그려졌다.

그러나 일반적으로 베르제르커 용사는 인간 병기의 일종처럼 알려졌다. 인간이고 짐승이고 건물이고 닥치는 대로 파괴했기 때문에, 그

발퀴레라는 이름은 바그너의 〈발퀴레〉를 통해 널리 알려졌다. 발퀴레가 전사자들의 혼령을 발할로 데려가는 여신임을 안다면, 바그너의 오페라에서 〈말 타는 발퀴레〉의 음악이 그토록 음산하면서도 극적이고 격정적인 까닭을 쉽게 이해할 것이다. H. 허만의 그림, 1890년경.

들이 곰 가죽을 덮어쓰고 들불처럼 몰려오면 물이고 뭍이고 공포와 두려움으로 가득 차곤 하였다. 이들은 스스로를 오딘 신의 용사라고 자처하면서 죽음에 이르기까지 싸움과 파괴를 계속하였다.

아인헤리는 발할에 머무는 오딘 신의 전사요, 베르제르커는 땅 위에 남아 있는 오딘 신의 전사였다. 한쪽은 이미 죽었으나 죽지 않는 유령 군대였고, 다른 한쪽은 죽을 때까지 용감하게 싸움을 계속하기로 작정한 인간 병기였다. 오딘 신은 아인헤리를 거느리고 최후의 싸움에 대비하고 있었다. 하지만 최후의 순간이 오기 전에 이미 중간계에서는 수많은 전쟁이 계속되었다. 그들 중 오딘 신의 이름을 걸고 싸우는 전사들이 바로 베르제르커였다.

신화에 등장하는 이들 베르제르커 용사는 매우 용감하고, 또한 오딘 신을 절대적으로 숭배하고 있는데, 역사에 등장하는 바이킹 용사가 이들과 비슷한 특성을 보인다. 오딘 숭배는 11세기 초 바이킹의 쇠퇴와 더불어 북유럽에서 빠른 속도로 사라지고, 기독교가 대중의 종교가 되었다.

하지만 전성기 때 바이킹족은 영국과 프랑스를 비롯하여 유럽의 많은 지역을 점령하고 약탈하였을 뿐만 아니라, 죄 없는 주민들을 상당수 죽였다. 842년 낭트를 비롯하여 프랑스 북서부 지역을 대규모로 약탈한 사건이 역사상 유명한 기록으로 남아 있다. 바이킹족은 오딘 신에 대한 숭배의식의 일부로서, 대부분의 주민을 죽여 나무에 걸쳐놓았다. 그들은 사람을 목매달아 죽이는 것이 오딘 숭배의 핵심이고, 심지어는 발할로 들어가는 지름길이라고 한동안 믿었기 때문이다.

시간이 흐르면서 '라그나뢰크'에 대한 불길한 예언에 맞추기라도 하려는 듯 싸움과 불화가 차츰 잦아지지만, 그보다 앞서, 다하지 못한 여러 신의 남은 이야기를 먼저 들어보자. 여러 신의 사랑과 모험의 이야기가 아직 더 남아 있다.

북유럽 신화, 죽은 신들의 이야기

어느 나라의 것이든 신화는 본래 종교적 의미를 포함한다. 이런 점에서 북유럽 신화는 매우 특수한 경우다. 경쟁적인 종교를 믿는 시인들이 썼기 때문이다. 《에다》에 수집된 작품을 쓴 시인들은 대부분 이미 기독교로 개종하였다. 조상들이 믿던 옛 신들은 그들에게 숭배의 대상이 아니라, 기독교에 의해 극복된 이교(異敎)의 흔적으로만 남은 존재였다.

그렇기 때문에 북유럽 신들의 이야기는 무엇보다도 신들의 몰락을 전제로 삼는다. 어떤 종교든 종말론의 생각들을 포함하지만, 그래도 북유럽 신화처럼 처음부터 아주 까놓고 인간도 아닌 신들이 언젠가 최후를 맞게 될 것임을 당연한 전제로 삼는 경우는 드물다. 게다가 신화에서 신들은 정말로 죽음을 맞이한다. 사실 신들이 죽는다면 그는 이미 신이 아니다.

하지만 북유럽의 옛 신들이 죽는다는 것은 시인들이 작품을 쓸 때는 예언이 아니라 이미 현실이었다. 《에다》의 시인들은 작품에서, 신들이 앞으로 언젠가 죽을 것이라는 예언을 다루는 게 아니라 이미 죽어버린 신들을 다루었다. 그렇기 때문에 그들은 신들의 죽음에 대해 아무런 두려움 없이 서술할 수 있었고, 또 아주 자신 있게 그 죽음을 실현된 예언으로 다룰 수 있었다. 자신이 진심으로 믿는 신의 죽음을 당당하게 말할 수 있는 사람이 어디 있겠는가? 하지만 남의 종교나 극복된 종교의 신에 대해서는 자유롭게 말할 수 있지 않은가?

그 때문에 《에다》의 작품들은 좋은 점과 나쁜 점을 동시에 갖게 되었다. 한편으로는 진지한 엄숙성을 거의 잃어버렸다. 종교적 미덕과 깊이가 대부분 사라져버린 것이다. 신들은 본래의 품위를 잃고 이교의 마법사 수준으로 추락하고 말았다. 예를 들면 우리는 《에다》 문헌에서 옛 게르만 사람들의 종교적 예배의식을 거의 알아낼 수 없다. 그런 진지한 서술은 아예 들어 있지도 않다.

이들이 작품을 쓰던 시절에는 아직 이교의 생각과 예배의식 들이 민간에 상당히 널리 남아 있었지만, 새로운 신앙으로 개종한 시인들은 의도적으로 이교의 의식들을 다루지 않은 것으로 보인다. 혹시나 그런 작품들이 있었다 해도 《에다》 수집본에서는 제외되었던 것 같다. 따라서 북유럽 신화에 등장하는 신들은 오랜 세월 동안 게르만 사람들 사이에서 예배와 신앙의 대상이었다가, 사람들이 신앙심을 잃으면서 오히려 문자로 정리된 것이라고 볼 수 있다.

종교적 품위를 잃어버린 신들은 거인들과 거의 비슷한 수준으로 떨어진 채 거인과 싸움질을 한다. 그래서 북유럽 신들의 이야기는 초대형 신과 거인이 등장하기는 하지만 우리가 만화에서 읽는 것과 비슷한 모습을 지니게 되었다. 종교적 신앙의 품위와 진지함을 잃어버리고 나면, 어떤 신이라도 마법사나 유령과 그다지 다르지 않다. 북유럽 신들은 숭배의 대상이 아니라 아이러니와 패러디의 대상이 되었다. 이야기와 본문 여기저기에서 우리는 우스꽝스런 신들의 모습을 만날 수 있다.

　이렇듯《에다》의 북유럽 신화는 종교로서의 기능이 이미 끝난 다음, 다른 종교를 가진 시인들에 의해 숭배가 아닌 문학적 의도에서 서술되었다. 그래도《에다》는 매우 진지한 형식의 문학작품이다. 특히 창조신화, 세계의 공간과 시간은 놀랄 정도로 치밀하며, 정교한 상징성을 드러낸다. 현대 과학이 등장하기 이전의 세계관으로는 상당히 놀랍다.
　북유럽 신화의 매력은 그 상당 부분이 치밀하고 신비로운 공간 배치에서 나온다고 할 수 있다. 공간을 치밀하게 분리하고 배치하는 것은 오늘날의 많은 게임에서도 핵심 요소의 하나이다. 800년에서 1200년 사이에 문자로 쓰인 북유럽 신화에서 우리는 아홉 세계가 각각의 질서에 따라 배치된 것을 볼 수 있다. 이 아홉 세계를 연결하는 세계나무 이그드라실은 또 어떤가?
　《에다》중 '신들의 노래'는 상당 부분이 '지식의 시'들로 이루어져 있다. 이들은 아홉 세계와 신과 거인의 계보, 세계 창조, 세계 공간 등의 내용을 종교적인 이야기라기보다 일종의 지식으로 다룬다. 여기서는 세계의 온갖 장소와 온갖 존재와 온갖 물건의 이름이 아주 중요하다. 《에다》시편들은 태초의 세계에 대한 회상과 미래의 종말에 대한 예언을 들려주고, 또 지혜와 지식을 놓고 벌어지는 문답을 여러 형태로 보여준다.
　잘 생각해보면 이런 종류의 지식은 신들의 관심거리가 아니라 시인들의 관심거리라는 것을 이해할 수 있다. 많은 이야기에 신이나 거인, 난쟁이 들이 등장하여 이 세계에 대한 자신의 지식을 자랑하는데, 이것은 신들의 지식 자랑이기보다 바로 시인들 자신의 지식 자랑이다. 그것도 현재 살아 있는 세계가 아니라 이미 과거가 되어버린 세계에 대한 광범위한 지식 자랑이다.

또한《에다》에는 생활의 지혜를 담은 격언이나 경구, 곧 일종의 잠언이 들어 있다. 과거의 세계에 대한 광범위한 지식과 통찰, 잠언, 회상, 예언 등은 진지한 종교적 내용은 아닐지라도 진지한 문학작품의 내용은 된다.

내용뿐만 아니라 문학의 형식 또한 진지하다.《에다》중 운율로 이루어진《옛 에다》는 상당히 엄격한 시 형식을 지킨다. 운율에 따라 행과 연을 나누고, 독특한 두운(頭韻)을 갖는다. 그 밖에 동일한 뜻을 가진 많은 시어(詩語)의 나열을 주제로 삼고 있는 노래도 있다.

많은 시들이 장중한 비가(悲歌) 형식을 취한다. 과거에서 올라온 죽은 예언자들이 이미 몰락한 세계에 대한 예언을 한다. 그들의 음조가 비가의 기운을 띠지 않을 길이 없다. "게 누가 찾아와 나를 부르느냐? 나는 이미 오래전에 죽었거늘." 이렇듯《에다》에서는 종교적 관심이 줄어든 자리에, 내용과 형식에서 폭넓은 문학적 관심이 나타나는 것을 볼 수 있다.

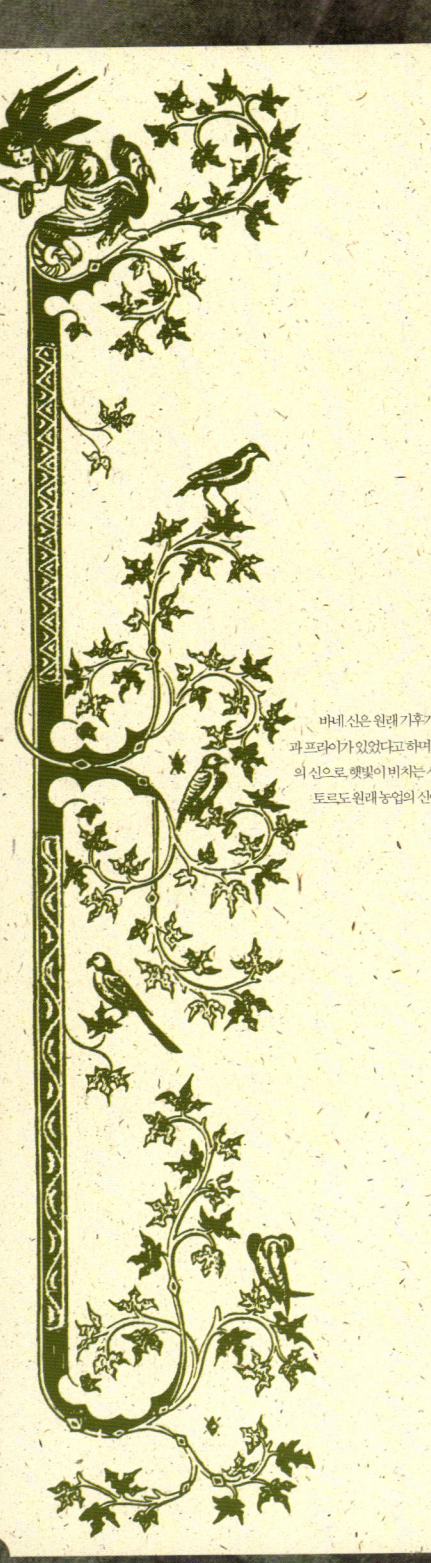

바네 신은 원래 기후가 북쪽보다 상대적으로 온화한 덴마크 지역에서 주로 숭배를 받았다. 바네 신을 대표하는 프라이는 북쪽 스웨
과 프라이가 있었다고 하며, 풍요의 신 프라이는 거대하게 발기한 남근을 가지고 있었다고 한다. 이 신전이 건설될 당시에는 토르가 가장
의 신으로, 햇빛이 비치는 시기와 비가 내릴 시기를 결정하였다. 또한 땅을 비옥하게 하고 사람들이 농사를 잘 짓도록 보살펴주고 평화
토르도 원래 농업의 신이다. 그러므로 프라이와 부분적으로 겹친다. 바이킹 시대가 되면서 바이킹 전사들이 숭배하던 오딘 신이 북

2

못다 한 이야기

…을 받았다. 옛 스웨덴 웁살라의 신전에는 오딘, 토르, 프라이의 조각상이 있었는데, 한가운데 토르가, 양쪽에 오딘…
…프라이와 프라이야는 원래 아름답고 강력한 신이었다. 이들은 둘 다 태양과 깊은 관계를 맺고 있다. 프라이는 풍요…
… 풍요와 부를 가져오는 프라이가 농사꾼들 사이에서 전쟁 신인 오딘보다 인기가 더 좋았던 것은 당연한 일이다.
…최고신으로 명성을 떨쳤다. 하지만 오딘은 두려운, 파괴와 전쟁의 신이었다.

전쟁과 파괴에 밀린 풍요와 평화의 신

바네 신 출신인 프라이와 프라야는 쌍둥이 오누이다. 바네 신은 원래 기후가 북쪽보다 상대적으로 온화한 덴마크 지역에서 주로 숭배를 받았다. 바네 신을 대표하는 프라이는 북쪽 스웨덴 지역에서도 널리 섬김을 받았다. 옛 스웨덴 웁살라의 신전에는 오딘, 토르, 프라이의 조각상이 있었는데, 한가운데 토르가, 양쪽에 오딘과 프라이가 있었다고 하며, 풍요의 신 프라이는 거대하게 발기한 남근을 가지고 있었다고 한다. 이 신전이 건설될 당시에는 토르가 가장 중요한 신이었던 것이다.

프라이와 프라야는 원래 아름답고 강력한 신이었다. 이들은 둘 다 태양과 깊은 관계를 맺고 있다. 프라이는 풍요의 신으로, 햇빛이 비치는 시기와 비가 내릴 시기를 결정하였다. 또한 땅을 비옥하게 하고, 사람들이 농사를 잘 짓도록 보살펴주고, 평화를 지키는 신이기도 하였다. 풍요와 부를 가져오는 프라이가 농사꾼들 사이에서 전쟁신인 오딘보다 인기가 더 좋았던 것은 당연한 일이다. 토르도 원래 농업의 신이다. 그러므로 프라이와 부분적으로 겹친다.

바이킹 시대(약 750~1050년)가 되면서 바이킹 전사들이 숭배하던 오딘 신이 북유럽 지역에서 광범위하게 최고신으로 명성을 떨쳤다. 하지만 오딘은 두려운, 파괴와 전쟁의 신이었다.

풍요와 평화의 신 프라이는 황금빛 털을 가진 수퇘지를 타고 다닌다. 그러나 다른 설에 따르면 수퇘지는 탈것이 아니라 그냥 투구에 붙인 장식이었다고 한다. 이 황금 수퇘지는 솜씨 좋은 난쟁이 대장장이가 만든 물건이다. 프라이 신은 이것 말고도 난쟁이가 만든 스키트블라트니르(Skidbladnir)라는 배를 갖고 있는데, 이것은 펼치면 아제 신들을 모두 태울 만큼 커지지만 접으면 호주머니에 집어넣을 만큼 작아진다. 그 밖에도 프라이는 저 혼자 거인들에 맞서 싸우는 강력한 칼을 갖고 있었다.

원래 바네 신들 사이에는 오누이가 결혼하는 관습이 있었다. 프라이 신과 프라야 여신은, 역시 오누이였던 바다의 신 뇨르트(Njörd)와 대지의 여신 네르투스(Nerthus) 사이에서 태어났다. 아마도 프라이 신과 프라야 여신도 부부 사이였을 것으로 생각된다. 신들의 전쟁이 끝나고 평화조약에 따라 바네 신인 뇨르트, 프라이, 프라야가 아제 신들에게로 갔는데, 오누이의 혼인을 금지하는 아제 신들 사이에서 프라이 신과 프라야 여신의 혼인도 무효가 되고 말았다.

바네 신이 아제 신으로 흡수되면서 가장 중요한 바네 신인 프라이에 얽힌 이야기들이 상당수 사라진 것으로 보인다. 아제 신들 사이에서 살게 된 프라이가 거인 기미르(Gymir)의 딸인 게르트에게 구혼한 이야기가 가장 유명하다.

한번은 오딘 신이 자리를 비운 사이 아름답고 젊은 신 프라이가 오딘의 옥좌(흘리츠키얄프 Hlidskialf)에 앉아 세상을 내려다보았다. 그것은 아홉 세계 모두를 내려다볼 수 있는 옥좌였다. 오딘 신이 아무리 바네 신을 너그럽게 대한다 해도, 주인이 없는 자리에 프라이가 함부로 앉은 건 그리 잘한 일이 아니었다. 오딘은 아제 신들 중 '모든 신들의 아버지'라 불리는 최고신이었기 때문이다.

오딘 신의 옥좌에 앉아 프라이가 거인들의 나라 요툰하임을 바라보자, 눈부시게 아름다운 거인 아가씨 게르트가 아버지의 집에서 나와 자신의 거처로 돌아가는 것이 보였다. 그녀가 두 손을 들어 문을 열 때 손과 팔에서 눈부신 빛이 사방으로 뻗어나가, 대기와 영원한 바다도 그 빛을 받아 빛나는 것처럼 보였다. 그 순간 프라이는 그녀를 향한 열렬한 사랑에 사로잡혔다.

프라이는 오딘의 거룩한 옥좌에 함부로 앉았다가 그만 거인 여인을 향한 불타는 사랑에 붙잡힌 것이다. 그것은 마치 형벌과도 같았다. 그는 이 세상 어떤 남자도 그렇게 사랑한 적이 없을 정도로 아주 깊은 사랑에 빠졌다. 오딘의 옥좌에 함부로 앉았다가 일어난 일인 데다, 상대가 마침 거인 여자라 그는 누구에게도 비밀을 털어놓지 못한 채 잠도

풍요와 평화의 신이자 추수와 안락의 신인 프라이가 사랑의 번뇌에 빠진 모습. 그의 발 옆으로 황금빛 털을 가진 수퇘지 굴보르스테가 보인다. E. 번 존스의 그림, 1870년경.

못 자고 마시지도 못했다. 그의 근심이 하도 깊어서 아무도 그에게 말을 걸지 못했다.

프라이 신의 아버지 뇨르트는 아들이 변한 것을 보고 깜짝 놀라 아들의 친구이자 하인인 스키르니르를 불렀다.

"이것 보게, 스키르니르. 프라이에게 가서 슬그머니 말 좀 걸어봐. 어째서 그렇게 화가 나 있는지, 어째서 아무하고도 말을 안 하는지 그 까닭을 알아보게. 그리고 가능하면 그를 좀 보살펴주고."

스키르니르는 누구보다도 프라이의 기분을 잘 알고, 그의 비위를 잘 맞출 수 있는 친구였다. 그는 우수에 잠긴 프라이에게로 갔다. 그리고 기회를 보아 말을 걸었다.

"프라이, 자네 무척 울적해 보이네. 어째 그러신가? 아무하고도 이야기를 안 하고."

프라이는 꿈꾸는 듯한 얼굴로 스키르니르를 바라보았다. 한참이나 말없이 바라보다가 문득 이렇게 대꾸하였다.

"아주 예쁜 여자를 보았어. 그 여자를 얻지 못한다면 더 살고 싶지 않아."

"아니, 아름답고 젊은 신이 그게 뭐 걱정인가? 어떤 여자가 프라이를 싫다고 할까?"

"그게 요툰하임에 사는 거인의 딸이거든."

스키르니르는 프라이의 말을 알아들었다. 아제 신과 거인은 원래 사이가 좋지 못하였다. 남신이 거인 여인과 사랑을 나누기도 했지만, 그래도 프라이가 마음을 뺏긴 상대가 거인의 딸이라면 사태가 그렇게 간단치는 않았다. 한참이나 생각에 잠겼다 스키르니르가 이렇게 물었다.

"내가 도움이 될 수는 없을까? 내가 자네 대신 아가씨에게 가서 구혼을 하면 어떨까?"

프라이는 빛나는 희망으로 천천히 얼굴이 환해졌다. 그는 기대에 가득 찬 얼굴로 스키르니르에게 말했다.

"네가 가서 나를 위해 그 여자에게 구혼을 해라. 그러곤 그 아버지가 좋다고 하거나 말거나 어쨌든 그녀를 내게 데려다줘. 그러면 내가 보수는 단단히 줄 터이니."

"자네의 그 빠른 말과 칼을 준다면 내가 거인 아가씨 게르트에게 가서 구혼을 해보겠네."

프라이의 말은 불길을 통과하고도 살아남을 만큼 빨랐고, 그의 칼은 저 혼자서도 거인들과 싸울 수 있었다. 스키르니르의 제안에 프라이는 전혀 망설이지 않고 말과 칼을 그에게 내주었다. 그 밖에도 황금 사과 열 개와 오딘의 황금 반지 드라우프니르(Draupnir)도 게르트에게 줄 선물로 함께 내놓았다. 드라우프니르는 아흐레째 밤마다 똑같은 반지 여덟 개를 만들어 모두 아홉 개가 되곤 하는 신비한 반지였다.

스키르니르는 프라이가 준 선물을 지니고 출발하였다. 프라이의 말을 타고 아스가르트를 떠나 오랜 여행 끝에 요툰하임에 도착하였다. 요툰하임에서 다시 어두운 밤을 도와 축축한 돌산을 지나, 마침내 게르트의 궁전을 둘러싼 성채에 이르렀다.

그것은 돌로 만든 튼튼한 성채가 아니었다. 그냥 평범한 나무 울타리가 궁전 주변을 둘러싸고 있었다. 그래도 성문에는 사나운 개들이 묶여 있고, 성문 안쪽 언덕 위에서 소를 치는 목동이 파수꾼을 겸하고 있었다. 성채 저 안쪽 아가씨가 머무는 궁전 주변으로는 널름거리는 불길이 건물을 둘러싸고 있었다.* 스키르니르가 아가씨를 만나 구혼하기 위해서는 먼저 사나운 개들과 파수꾼을 지나고, 이어서 불길을 뚫고 궁전 안으로 들어가야만 했다.

스키르니르가 성문 앞에 이르러 파수꾼에게 물었다.

"내가 소식을 가져왔는데, 어떻게 하면 아름다운 아가씨를 만날 수 있나?"

파수꾼이 퉁명스레 대답하였다.

"흠, 기미르의 아름다운 딸에게 말도 걸어보기 전에 개들한테 물려

---

* 구혼 이야기에서는 흔히 불길이 처녀를 둘러싸고 있다. 발퀴레 여신 브륀힐트나 그 밖에 특별한 여성이 거처하는 장소 주변으로 불길이 널름거리며 타오른다. 그런 처녀에게 구혼하려는 남자는 불길을 뛰어넘어야 한다. 이것은 북유럽 신들의 이야기에서 영웅이 뛰어난 여성에게 구혼하기 위한 대표적인 통과의례이다. 이런 시험에 통과한 다음에는 처녀의 마음을 얻어야 한다. 이런 전통이 동화에도 그 흔적을 남겼다. 그림 형제가 수집한 동화집을 통해 우리에게도 널리 알려져 있는 〈잠자는 숲속의 미녀(백설공주)〉가 한 예이다.

죽고 말 걸."

파수꾼이 이렇게 냉담하게 거절했는데도 스키르니르는 죽을힘을 다하여 말을 몰아 개와 불꽃을 뚫고 안으로 들어갔다. 성문을 지키는 개들이 사납게 짖으며 덤벼들었지만 말이 너무 빨라서 아무 소용이 없었다. 프라이의 말은 매우 용감하였고 스키르니르의 말 타는 솜씨 또한 아주 뛰어났기에 그는 불길에도 머뭇거리지 않고 무사히 안으로 들어갔다. 이렇게 해서 그는 구혼을 위한 첫 번째 관문을 통과하였다. 즉 사나운 개들이 지키는 성문과 불길을 통과한 것이다.

게르트의 홀에 도착하기 전에 앞뜰에서 스키르니르는 그녀의 오빠를 만났다. 그는 불길을 뚫고 안으로 달려든 스키르니르에게 사납게 덤벼들었다. 스키르니르는 싸움을 피하려고 애썼지만, 거인이 칼로 그의 방패를 쪼개고 말았다. 다급해진 스키르니르는 프라이의 칼을 뽑았다. 그러자 칼은 혼자 움직이면서 적의 허점을 찾아 그를 쓰러뜨렸다. 이렇게 게르트의 오빠를 물리친 다음 스키르니르는 마침내 홀 앞에 이르렀다. 그는 두 번째 관문을 통과하였다.

스키르니르가 말에서 내리자 게르트는 하녀에게 손님을 안으로 들이라 일렀지만, 그가 여기까지 온 것을 보면 분명 오빠를 죽였을 것이라 짐작하였다. 그녀가 그런 그를 좋게 여길 리 없었다. 스키르니르는 지금까지 여러 어려움을 이겨냈지만 이제는 그녀의 마음을 얻어야 했다. 그렇지 못하면 여기까지 온 것도 모조리 헛일이 되고 말 것이다. 이것이 구혼을 위한 마지막 관문이었다.

게르트가 물었다.

"댁은 뉘시오? 알프인가요, 아제인가요, 아니면 지혜로운 바네인가요?"

"나는 알프도 아제도 지혜로운 바네도 아니오."

스키르니르는 바네 신 프라이의 심부름을 왔노라 자신을 소개하고, 먼저 프라이가 그녀의 사랑을 얻기 위해 보낸 황금 사과 열 개를 선물로 내놓았다. 그것을 보고 게르트가 눈살을 찌푸리며 대답하였다.

"사과도, 남자의 사랑도 싫어요. 나는 프라이와 함께하기 싫어요."

그러자 스키르니르는 신비로운 반지 드라우프니르를 선물로 내놓았다.

"오딘에게서 받은 반지입니다. 아흐레가 될 때마다 아홉 개로 불어나지요."

그러나 게르트는 반지도 거부하였다. 그러자 더 내놓을 선물이 없었다. 스키르니르는 그녀에게 슬며시 위협을 하였다.

"아름다운 아가씨, 내 손에 든 날카로운 마법의 칼이 보이나요? 계속 그렇게 거절하시면 이 칼을 쓰는 수가 있어요."

"억지로 남자의 사랑을 받아들이진 않겠어요. 나를 해쳤다간 우리 아버지가 당신을 내버려두지 않을 겁니다."

거인 아가씨는 선물도 죽음의 협박도 통하지 않았다. 그러자 스키르니르는 마지막으로 마법의 힘을 동원하였다.

"그렇다면 이 마법의 지팡이가 보이나요, 아가씨? 이 지팡이를 써서 사람 없는 곳으로 당신을 데려갈 거요. 그러면 당신은 이 세상에서 멀리 떨어진 외진 암벽에 홀로 앉아 구더기보다 더 역겨운 음식을 먹게 될 것이오. 그곳에서 흐림니르가 당신을 뚫어지게 바라보면 당신은 세상에서 가장 끔찍한 괴물로 변할 거요. 그럼 아무도 당신을 보고 싶어하지 않을 테지. 고독과 역겨움으로 쓰라린 눈물을 흘릴 거요. 그러다가 너무 외로워서 결국은 머리 셋 달린 늙은 괴물하고 함께 살게 될 거요. 그러면 난로에 던져진 엉겅퀴처럼 바싹 여위겠지. 정말 눈뜨고 볼 수 없는 꼴이 되겠지. 당신에게 마법을 쓰려고 내가 마법의 지팡이를 가져왔소. 그렇게 되면 프라이도 당신을 저주할 거야. 아가씨가 남자와 함께하기를 거부하면 그런 벌을 받을 거요."

어떤 선물에도 끄떡도 않던 게르트는 스키르니르의 이런 협박에 깜짝 놀라서 갑자기 마음을 바꾸었다. 그녀는 바네 신의 마법이 두려웠고, 또 마음을 갉아먹는 외로움도 두려웠고, 괴물과 고통스럽게 살기보다 아름다운 프라이 신의 사랑을 받아들이는 편이 낫겠다고 생각한 것이다. 어떤 여잔들 그렇지 않겠는가. 게르트는 태도를 바꾸어 친절한 말로 환영의 꿀술을 내놓으면서 말했다.

"영웅이여, 어서 이것을 마셔요. 잔 가득히 꿀술을 담았으니. 바네 신을 낭군으로 삼으리라곤 한번도 생각해본 적이 없지만 그의 사랑을 받아들이겠어요."

그 말에 스키르니르는 안심하였다. 방법이야 어찌 되었든 결국은 아가씨 마음을 얻어 구혼에 성공한 것이다. 이제 약속 날짜를 잡을 일만 남았다.

"아가씨 만나기만을 간절히 고대하는 프라이를 언제 만나시겠소?"

"아흐레 밤이 지난 다음 고요한 바리(Barri) 숲에서 그를 만나겠어요."

아가씨의 약속을 받아낸 스키르니르는 잽싸게 말을 몰아 아스가르트로 돌아왔다. 그가 미처 말에서 내리기도 전에 상사병에 애태우던 프라이가 이렇게 소리쳤다.

"말에서 내리기 전에 아가씨 대답부터 전해라, 스키르니르."

"아가씨가 저 고요한 바리 숲에서 자네를 만나겠다고 하네. 아흐레 밤이 지난 다음에 말이지."

그러자 프라이는 깊이 안도하면서도 더욱 긴 한숨을 내쉬었다.

"하룻밤도 길고 이틀 밤은 더욱 길거늘, 내 어찌 사흘을 견디랴? 기다림으로 보내는 절반의 밤이 한 달보다도 더 긴 것을."

이렇게 해서 마침내 프라이는 게르트를 차지하였다. 프라이 신과 결혼한 게르트는 이제 여신의 하나로 여겨진다. 하지만 프라이는 게르트를 얻기 위해 소중한 칼과 말을 스키르니르에게 선물로 주어야 했다. 그 이후로 프라이는 칼과 무기가 없는 신이 되었다. 나중에 로키는 사랑에 얼이 빠져 소중한 칼을 내주었다고 프라이를 비웃는다. 하지만 우리는 이 이야기의 상징성을 쉽게 이해할 수 있다. 평화와 풍요의 신 프라이는 사랑을 위해 자신의 칼을 포기한 것이다.

그것 말고도 이 이야기에서 아제 신과 바네 신의 결합 과정에 나타난 힘겨루기의 흔적을 읽어낼 수 있다. 프라이는 바네 신들 중 최고신이었다. 그가 풍요와 평화와 즐거움을 나누어주는 신이라는 사실을 생각하면 전혀 이상할 게 없다. 그러나 프라이 신은 아스가르트로 왔고, 당연히 이곳의 최고신인 오딘의 아래에 배치되지 않을 수 없었다. 그런 프라이가 감히 오딘 신의 옥좌에 잠깐 앉았다가 그만 거인 여인을 사랑하게 되어 쩔쩔맨다. 구혼도 직접 하지 못하고 친구를 대신 보낼 뿐 아니라 칼까지 내주었다. 게다가 아제 신에 비해 하찮은 거인 처녀에게 거절당하자, 마법까지 동원하여 갖은 위협을 다한 뒤에야 겨우 그녀의 승낙을 얻어낸다.

바네 신들 중 최고신인 프라이가, 구혼의 관문을 직접 통과하지 못하고 용감한 하인을 대신 보내고, 게다가 거인 아가씨에게 구혼하기 위해 소중한 칼마저 내준 무기력한 신이 된 것이다. 이 이야기 말고 프라이 신에 대한 다른 이야기는 전해지지 않는다.

옛날에 프라이를 숭배하던 스웨덴 사람들은, 오딘이 지배하기 이전, 아무도 다른 사람을 해치지 않던 좋은 시절을 프라이 신의 시대라고 여겼다. 도둑도 강도도 없던 그 옛날 황금시대는 가고, 사나운 오딘 숭배자들의 세상이 되었다. 그래도 프라이는 오딘, 토르와 함께 중요한 삼대 신의 하나로 남았다. 비록 이름뿐이긴 하지만.

이둔 여신과
젊음의 사과

이둔(Idun) 여신은 특이하게도 아제나 바네 출신이 아니라 알프 출신이다. 이발트(Iwalt)의 막내딸로 아제 신에 속하게 된 여신이다. 시인의 꿀술을 관리하는 시문학의 신 브라기가 그녀의 남편이다. 이둔은 신들의 젊음을 유지해주는 사과를 보관한다. 신들은 그녀가 보관하는 사과를 날마다 먹고 젊음을 유지하였다.

그녀의 모습은 자주 보이지는 않는다. 바그너는 〈니벨룽의 반지〉에서 젊음의 사과를 보관하는 역할을 프라야 여신에게 넘겨주어 등장인물의 수를 줄였다. 한번은 이둔 여신이 거인에게 납치된 일이 있었다. 그 이야기를 들어보자.

프라야는 황금의 여신이자 사랑의 여신이다. 하지만 그녀는 마법을 쓴다는 점에서 오딘에 버금가는 강력한 여신이다. 바그너는 〈니벨룽의 반지〉에서 이제 신의 젊음을 유지해주는 사과를 이둔이 아닌 프라야에게 넘겨주었다. 아서 래컴의 그림, 1910년.

옛날에는 이따금씩 그랬듯이, 오딘과 로키와 회니(Höni)가 또다시 세상 구경을 나섰다. 너른 세상을 이곳저곳 돌아다니다가 산을 넘어 아주 황량한 지역에 이르렀다. 그곳에는 먹을 만한 것이 별로 없었다. 그러다 그들은 골짜기에서 소 떼를 발견하고는 소를 한 마리 잡아 솥에 끓이기 시작하였다. 한참 뒤에 고기가 충분히 익었겠다 싶어 살펴보았지만 고기는 전혀 익지 않았다. 한참이나 더 기다렸다 두 번째로 고기 맛을 보았는데도 마찬가지였다. 신들은 이게 대체 어찌 된 일일까 궁금하였다.

그때 옆에 있는 참나무 가지에서 목소리가 들려왔다.

"여기 앉아 있는 내가 고기를 익지 못하게 했노라."

신들이 참나무를 올려다보자 그곳에는 커다란 독수리 한 마리가 앉아 있었다. 독수리가 말을 계속했다.

"내가 먼저 고기를 먹을 수 있게 해준다면 익혀주겠다."

배가 고픈 신들은 독수리의 말에 동의하였다. 그러자 독수리는 냉큼 나무에서 날아 내려오더니 황소의 뒷다리 두 개와 양쪽 어깨를 통째로 가져갔다. 커다란 황소였지만 독수리가 고기를 떼어가자 먹을 것이 거의 남지 않았다.

로키는 화가 잔뜩 나, 긴 몽둥이를 집어들고 있는 힘을 다해 독수리의 몸을 후려쳤다. 그러자 날카로운 몽둥이의 끝이 독수리 등에 꼭 달라붙었다. 그 순간 독수리가 공중으로 날아올랐다. 이상하게도 로키의 두 손이 몽둥이에 달라붙어 떨어지지 않았다. 로키는 커다란 독수리의 등에 대롱대롱 매달렸다. 독수리는 산과 땅 위로 낮게 날아서 로키의 발이 울퉁불퉁한 돌과 거친 나무뿌리를 스치게 만들었다. 로키는 겨드

트야치는 트림하임에 사는 산악거인으로, 독수리의 모습을 하고 나타난다. 이둔 여신을 납치한 탓으로 아제 신들의 손에 죽은 뒤, 그의 두 눈은 작은곰자리의 별이 되었다. 피터 허드의 그림, 1882년.

랑이가 찢어질 듯이 아파 큰 소리로 신음하면서 자기를 좀 놓아달라고 독수리에게 사정하였다. 하지만 독수리는 이렇게 말했다.

"이둔 여신과 사과를 함께 가져다주기로 맹세한다면 놓아주지. 그렇지 않으면 절대 놓아주지 않겠어."

로키는 독수리의 요구에 응하지 않을 수 없었다. 로키가 약속하고 나서야 독수리는 그를 땅에 내려놓았다. 가까스로 목숨을 구한 로키는 다른 신들과 함께 아스가르트로 돌아왔다.

로키는 아스가르트 신들의 젊음을 유지해주는 사과를 여신과 함께 독수리에게 내주기로 약속한 것이다. 어쨌든 약속을 했으니 지키지 않을 수는 없는 노릇. 로키는 이둔 여신에게 접근하였다.

"아스가르트로 돌아오는 길에 멋진 사과나무를 보았소. 그 아름다운 사과들을 보고 당신 생각을 했지. 이둔이라면 이 사과를 보물이라고 여길 텐데, 하고 말이지."

이둔이 곧바로 관심을 보였다.

"그게 어딘데요?"

그러자 로키는 안내를 해주겠다고 하였다.

"하지만 어느 쪽이 더 맛이 좋은지 비교하려면 당신의 사과도 가져가는 게 좋을 것 같소만."

여신은 사과 바구니를 옆에 끼고 로키를 따라나섰다. 그들은 아스가르트를 벗어나 어떤 숲에 이르렀다. 머지않아 독수리가 나타나더니 사과 바구니를 든 이둔 여신을 재빨리 낚아채 멀리 트림하임(Thrymheim)

거인 건축가 두 명이 발할을 지어준 대가로 젊음의 사과를 보관하는 프라야를 데려갔다. 그녀가 사라지자마자 신들은 늙기 시작하였다. 그제야 신들은 그녀가 얼마나 중요한 존재인지를 깨달았다. 아서 래컴의 그림, 1910년.

으로 날아갔다.

　독수리는 실은 트림하임에 사는 산악거인 트야치(Thjazi)였다. 이렇게 해서 이둔 여신은 트림하임에서 트야치와 함께 살게 되었다. 여신이 사과와 함께 사라지고 얼마 지나지 않아 아스가르트의 신들은 늙기 시작하였다. 오딘조차도 늙는 것을 피할 수 없었다.

　오딘 신은 회의를 소집하였다. 로키가 마지막으로 이둔과 함께 있는 것을 보았노라고 누군가 증언하였다. 로키는 마침내 제가 한 짓을 고백하지 않을 수 없었다. 신들은 이둔 여신을 되찾아오지 않으면 죽여버리겠다고 그를 위협하였다.

　로키는 프라야에게서 매 옷을 빌려 입고 매로 변신하였다. 그리고는 북쪽의 높은 산악지대에 자리 잡은 트림하임으로 날아갔다. 마침 트야치는 바다로 고기를 잡으러 가고 집에는 이둔만 혼자 남아 있었다. 로키는 재빨리 이둔 여신을 호두로 변신시켜 발톱으로 움켜잡고, 그녀의 사과 상자를 부리로 물고 날아올랐다. 머지않아 거인이 집으로 돌아와 여신이 없어진 것을 알았다. 그는 재빨리 독수리 옷을 입고 하늘로 날아올라 매를 따라갔다.

　매는 이미 아스가르트에 거의 이르러 있었다. 신들은 매의 뒤를 쫓아 커다란 독수리 한 마리가 날아오는 것을 보고 서둘러 대팻밥을 준비해 아스가르트의 성벽에 수북이 쌓아올렸다. 매가 아스가르트에 무사히 들어오자마자 신들은 대팻밥에 불을 붙였다. 불길이 높이 솟아올랐다. 뒤따라오던 독수리는 제때 멈추지를 못해 날개에 불이 붙으면서 원래의 모습을 드러내고는 아래로 곤두박질쳤다. 그가 땅에 떨어지자 아제 신들이 그를 죽여버렸다.

신들은 곧 이둔 여신의 사과를 먹고 예전의 젊음을 되찾았다.

이둔은 또《옛 에다》의 4번〈오딘의 까마귀 마법〉에서, 세상일을 다 알지만 침묵을 지키는 신비로운 여신으로 등장한다.

아름다운 신 발더가 나쁜 꿈을 꾸기 시작했을 때였다. 아제 신들은 죽은 예언자 발라의 모순된 예언으로 혼란을 느끼기는 했지만, 그래도 나쁜 운명이 다가오는 것을 눈치 챘다. 오딘의 까마귀 후긴이 하늘을 이리저리 날아 돌아다녔다. 난쟁이들은 차츰 힘을 잃고, 태양과 땅도 요동을 치고 있었다. 오딘이 미미르의 샘물을 마셔도 지혜가 생겨나지 않았다.

그때 '세상일을 미리 아는 여신'이 이그드라실에서 아래로 떨어졌다. 바로 이둔 여신이었다. 그녀는 이그드라실 맨 밑바닥에 떨어져 그곳 골짜기에 머물렀다. 이둔은 원래 아스가르트의 밝은 집에 익숙해 있었기 때문에 이곳의 어둠이 마음에 들지 않았다. 얼마나 오래인지는 모르지만 이둔은 이곳에서 샘을 지켰다.

발더가 죽은 다음, 신들은 말수가 적은 오딘의 아들 비다르(Widar)를 이그드라실의 뿌리에 있는 이둔에게 보냈다. 로키와 브라기 신도 함께 갔다. 비다르는 이둔 여신에게 혹시 미래의 일을 아는지 물었다. 하지만 그녀는 아무 대답도 하지 않고 잠에 취해 있었다. 그녀의 태도로 보아, 모든 것을 알고는 있지만 대답을 해서는 안 되는 상황으로 보인다. 그녀가 눈물만 떨어뜨리면서 끝까지 대답을 하지 않았기 때문이다.

이둔 여신은 알프 출신 노르네의 일족으로 아제 여신이 되었던 것일까? 노르네라면 샘을 지키고 신들의 운명을 안다는 서술이 틀리지 않는다. 특히 죽은 여자 예언자 발라와 달리 노르네 여신은 미래의 운명을 알려주지 않기 때문이다. 젊음의 사과를 지키는 여신이지만, 여기서는 신들의 운명에 대한 신비로운 지식을 갖춘 채 낮이 될 때까지 침묵만 지킨다.

늙은 신랑을 맞이한 스카디 여신

매로 변신한 로키를 따라 아스가르트까지 왔다가 아제 신에게 죽은 산악거인 트야치에게는 딸이 하나 있었다. 딸의 이름은 스카디(Skadi)였는데, 그녀는 아버지만큼이나 용감한 거인이었다. 스카디는 아버지가 아제 신에게 죽었다는 소식을 듣고 곧바로 투구와 갑옷을 입고 아스가르트로 찾아왔다. 아버지의 복수를 하려는 것이었다.

오딘 신은 아버지의 죽음에 대해 정당한 복수를 하려는 이 용감한 거인 여인을 함부로 대하고 싶지 않았다. 그래서 그녀를 아스가르트로 맞아들여 아버지의 죽음에 대한 대가로 황금보화를 주겠노라고 제안하였다. 하지만 그녀는 세상에서 제일 부자인 산악거인의 딸이었기에

몸을 가리고 발만 내놓은 아제 신들 사이에서 산악거인 스카디가 신랑감을 고른다. 그녀는 아름다운 신 발더를 원했으나 가장 늙은 바다의 신 뇨르트를 고르게 된다. J. 후어드의 그림, 1930년.

신들의 황금보화 따위에는 눈도 끔쩍하지 않았다.

신들과 스카디 사이에 한참이나 논란이 벌어졌다. 그들은 마침내 두 가지 조건에 합의하였다. 먼저 스카디가 아제 신들 중에서 신랑감을 고르되, 오로지 발만 보고 고르기로 했다. 둘째 아제 신들이 어떻게 해서든 그녀를 웃게 만들기로 했다.

먼저 스카디가 신랑감을 고르게 되었다. 남자 신들이 신발을 벗고 발만 내놓은 채 몸의 나머지 부분을 가리고 그녀 앞에 나란히 섰다. 스카디가 보니 그 중 완벽하게 아름다운 발이 하나 있었다. 스카디는 이것이 분명 젊고 잘생긴 발더의 발일 것이라고 생각하였다.

"발더의 것 중 추한 부분이란 있을 리 없으니."

하지만 가리개를 치우고 보니 그 발의 임자는 발더가 아니라 신들 중 가장 나이가 많은 바다의 신 뇨르트였다. 신들에게는 우스운 일이었지만 스카디는 잔뜩 화가 났다. 이번에는 신들이 그녀를 웃길 차례였다. 하지만 그녀는 늙은 뇨르트를 고른 것이 화가 나 신들이 아무리 애를 써도 웃지를 않았다.

마침내 로키가 나섰다. 그는 염소 한 마리를 끌고 오더니 옷을 홀딱 벗었다. 그러고는 튼튼한 줄을 꺼내 한쪽 끝을 염소의 수염에 묶고 다른 쪽 끝을 자신의 고추에 묶었다. 염소가 줄에서 벗어나려고 몸을 잡아당겼다. 로키도 지지 않고 줄을 잡아당겼다. 염소는 매매 울고, 로키도 아이고 죽겠다 소리를 질러댔다. 염소가 힘껏 몸을 당기자 로키가 스카디 앞에 쓰러졌다. 그 꼴을 보고 스카디는 그만 웃음을 터뜨리고 말았다. 한번 웃음을 터뜨리자 그녀는 우습다고 대굴대굴 굴렀다. 이제 약속한 조건이 모두 이행되어 스카디와 아제 신들 사이에 화해가 이루어졌다.

　뇨르트와 결혼한 스카디는 산악거인 출신이었지만 이제 아제 신에 속하게 되었다. 오딘 신은 아비의 죽음을 슬퍼하는 스카디 여신을 위해 작은 친절을 베풀었다. 오딘 신이 트야치의 시체에서 두 눈을 뽑아 하늘로 던지니, 두 눈은 하늘의 작은곰자리에서 빛나는 별이 되었다.

　뇨르트와 스카디는 결혼한 뒤로도 결혼 생활이 그다지 순탄하지 않았다. 바다의 신 뇨르트는 아스가르트 가장자리 바닷가에 있는 자신의 집 노아툰에 살고 싶었고, 산악거인의 딸 스카디는 자신이 자란 고향 트림하임에 살고 싶었다. 그들은 억지로 타협을 보았다. 노아툰과 트림하임에 번갈아가며 아흐레씩 머물기로 약속을 한 것이다. 하지만 그것도 참기가 어려웠다. 스카디가 노아툰에 머물 때면 파도 소리와 갈매기 소리를 참을 수가 없었다. 뇨르트가 트림하임에 머물 때면 밤마다 울부짖는 늑대 소리에 잠을 이룰 수가 없었다.
　결국은 함께 살 수가 없어 그들은 도로 헤어지는 수밖에 없었다. 스카디 여신은 트림하임으로 돌아갔다. 그녀는 주로 트림하임에 머물지만 그래도 아제 신의 하나로 여겨진다. 스카디 여신은 스키어와 사냥꾼의 수호여신이 되었다. 눈이 많은 북부 지역에서 스키어들을 수호하는 그녀는 매우 중요한 신이다. 스칸디나비아는 스키어들의 여신인 스카디의 이름에서 유래한 것이라고 한다.
　뇨르트와 헤어진 다음 스카디는 지프(Sif) 여신의 아들 울(Ull) 신과 결혼하였다.

사랑에 눈이 먼 프라야

《옛 에다》 중 신들의 노래 맨 마지막 편인 〈힌들라의 노래〉에 프라야 여신이 등장하지만, 전체 내용은 신의 이야기라기보다 영웅의 혈통 이야기에 더 가깝다. 그래서 신의 이야기에서 영웅의 이야기로 넘어가는 중간 역할을 하는 노래이기도 하다. 이 이야기는 끝이 분명하지 않고, 게다가 프라야의 모습도 아주 명확하지는 않다. 그래도 한번 따라가 보자.

여기 등장하는 힌들라는 세상의 온갖 지혜를 지닌, 죽은 여자 예언자 발라의 계열에 속하는 존재이다. 힌들라는 세상의 수많은 종족, 곧 신과 거인과 난쟁이와 인간 영웅 들의 모든 혈통을 훤히 꿰고 있지만, 이제는 너무 늙어 축축하고 어두운 동굴 속에서 잠이나 잘 뿐 세상일에는 통 관심이 없었다. 아니, 오히려 동굴 속에 죽어 있다고 말하는 게 더 나을 것이다.

어느 날 프라야 여신이 수퇘지를 타고 힌들라에게 찾아와 곤히 잠자는, 또는 죽어 있는 그녀를 깨웠다. 그러고는 그녀의 늑대 한 마리를 타고 아스가르트로 가자고 재촉하였다. 마지못해 잠에서 깨어난 힌들라는 프라야가 타고 있는 수퇘지의 정체를 곧바로 꿰뚫어보았다.

"훙, 프라야, 네가 타고 있는 그 느림보 수퇘지는 네 애인 오타르구나. 인슈타인(Innstein)의 아들이지."

그러자 프라야가 펄쩍 뛰면서 대꾸하였다.

"그게 무슨 헛소리냐, 심부름꾼을 보고 애인이라니. 이 돼지 이름은 힐디스빈(Hildiswin)이고, 난쟁이가 만든 것이다."

하지만 프라야는 옛날부터 먼 미래에 이르기까지 세상에서 일어나는 일을 모두 알고 있고, 또 신이나 인간의 속을 훤히 꿰뚫어보는 지혜로운 힌들라를 속일 수는 없었다. 머지않아 프라야 여신이 본심을 털어놓았다. 실은 오타르가 자기를 위해 훌륭한 석조 신전을 짓고, 유리처럼 번쩍이는 벽을 만들고, 황소를 제물로 자주 바쳐 기쁘게 했다고 고백하였다. 여신이 그를 총애하다가 이 젊은 인간 영웅을 아마 애인으로 삼았던 모양이다. 그녀는 그를 수퇘지로 변신시켜 아스가르트에 살게 하고 이따금 타고 다니기도 했다.*

---

* 여신이 타고 다니는 수퇘지 힐디스빈(힐디스비니)이 실은 애인 오타르를 변신시켜 만든 것이라는 설명이다. 〈힌들라의 노래〉도 《에다》의 다른 많은 노래들이 그렇듯, 이교의 여신에 대한 숭배 대신 조롱과 해학을 담고 있다. 그것은 힌들라가 프라야 여신에게 퍼붓는 비난을 통해 아주 노골적으로 드러난다.

프라야가 목걸이 브리징가멘을 두른 채 두 마리의 고양이가 끄는 마차를 타고 달리는 모습. 목판화.

　오타르는 황금의 유산을 두고 앙간티르(Angantyr)라는 젊은이와 내기를 건 상태였다. 중간계의 인간인 이들은, 조상의 혈통을 정확하게 알아맞히는 쪽에서 황금의 유산을 가져가기로 한 것이다. 하지만 서로 복잡하게 얽힌 여러 가문의 정확한 계보를 대체 누가 알 수 있단 말인가?

　프라야 여신은 젊은 애인 오타르가 내기에서 이기도록 도와주고 싶었다. 그래서 그를 수퇘지로 만들어 잠자는 또는 죽은 예언자 힌들라를 찾아온 것이고, 잠에서 깨어난 힌들라는 그들을 보자마자 그 관계를 알아본 것이다. 어쨌든 그녀는 신과 인간의 혈통과, 세상에서 벌어지는 일을 모두 알고 있었다.

프라야 여신이 졸라대자 힌들라는 입을 열어 온갖 왕과 영웅 들의 혈통을 읊어대기 시작했고, 수퇘지는 그녀의 말에 열심히 귀를 기울였다. 한 대목이 끝날 때마다 심술궂은 힌들라는 잠에서 깨어나 말을 하게 된 것이 못마땅하여, 거듭 "오타르, 이 멍청한 놈아!"라는 말로 문장을 맺는다. 그래도 오타르는 그녀의 입에서 쉴 새 없이 쏟아져나오는 소중한 정보를 귀담아들었다.

수많은 혈통과 이름들이 늙은 거인 여인의 입에서 줄줄이 새어나왔다. 오타르의 조상 중에는 용을 죽인 영웅 지구르트도 있었다. 로키가 앙그르보다와의 사이에서 늑대를 얻은 이야기며, 또 암말로 변신하여 다리 여덟 달린 슬라이프니르(Sleipnir)를 얻은 이야기도 나온다. 마침내 힌들라는 이야기를 마쳤다. 그 속에는 오타르가 필요로 하는 온갖 정보가 다 들어 있었다. 수퇘지로 변신한 젊은 오타르는 "오타르, 이 멍청한 놈아!"라는 타박을 계속 들으면서도 있는 힘을 다하여 소중한 정보를 머리에 간직하였다.

힌들라의 말이 끝나자 프라야 여신은 이렇게 말한다.

"힌들라여, 이왕 내친김에 내 손님이 모든 것을 기억할 수 있도록, 네가 보관하고 있는 기억의 술도 조금만 다오. 네가 한 말들을 그가 잘 기억하고 있다가, 사흘째 아침에 앙간티르와 조상들을 읊어대는 내기를 할 때, 한마디도 흘리지 않고 그대로 나오게 말이다."

하지만 힌들라는 그 부탁을 딱 잘라 거절하고는 프라야 여신의 약점을 건드렸다.

"나는 가서 잠이나 잘란다. 이제 내게서 더 얻을 것도 없으니 이쯤에서 헤어지자. 그리고 프라야, 너는 발정 난 암염소가 숫염소들 사이로 달려가듯, 사랑의 열정에 사로잡혀 밤새 헐떡이며 달려보려무나. 너는 원래 미친 듯이 사내들에게로 달려가곤 했지 않니. 어떤 놈들은 벌써 네 치마 속 구경을 했지, 아마. 그러니 계속 욕정에 사로잡혀 밤새 애를 써보아라. 난 잠이나 잘 테니."

힌들라의 말에 프라야 여신은 화가 잔뜩 났다. 여신은 불길을 일으켜 힌들라를 불의 띠로 졸라매 이곳을 빠져나갈 수 없게 만들었다. 힌들라는 자기를 둘러싼 불의 고리가 점점 더 좁혀지면 심한 고통 끝에 한 번 더 죽음을 맛보게 되리라는 것을 알았다. 그래서 하는 수 없이 여신이 청한 '기억의 술'을 내주었다. 하지만 술에다 이것을 마시는 사람에게 독이 되라는 주문을 걸어놓았다.

마법에 능한 프라야 여신은 힌들라의 저주를 알아보았다. 여신은 얼른 그 저주를 도로 푼 다음 술을 오타르에게 주어 마시게 했다. 오타르는 이제 힌들라가 전해준 복잡한 정보들을 잘 기억할 수 있었다. 프라야 여신은 다른 신들에게도 간청하여 도와주겠노라고 오타르를 안심시켰다. 프라야 여신의 도움으로 오타르는 내기에서 이겨 유산을 받았을 것으로 생각된다.

'힐디스빈'은 프라야 여신의 투구에 붙은 수퇘지 장식을 가리킨다. 바네 출신인 프라야 여신은 오빠 프라이 신과 마찬가지로 제물로 받은 수퇘지를 상징 동물로 삼는다. 그런 수퇘지가 이 이야기에서는 아예 프라야 여신의 애인으로 등장한다.

짝사랑에 애태우는 오딘

온 세상을 쥐고 흔드는 잘난 남자가 제 뜻대로 안 되는 여자 때문에 쩔쩔매는 꼴이나, 세상 남자들의 마음을 흔들어놓는 콧대 높은 여자가 제 마음대로 되지 않는 남자 때문에 애태우는 꼴을 보면, 한편으로는 통쾌하기도 하고 다른 한편으로는 가엾기도 하다.

오딘 신의 지혜를 담고 있는 〈하바말〉의 마지막에는 오딘이 사랑하는 여자에게서 기막히게 딱지 맞는 이야기가 나온다. 사랑의 고통보다 더 오딘을 괴롭히는 것은 없다. 사랑의 힘은 지혜로운 남자도 바보로 만들기 때문이다.

오딘 신은 거인 빌룽(Billung)의 딸에게 혼과 마음을 홀딱 빼앗겼다.

그녀가 마음 한복판을 차지한 것이다. 그는 갈대 속에 숨어 그녀가 나타나기만을 기다렸다. 또 그녀의 침실 근처까지 찾아가, 창가에서 몰래 그녀를 지켜보기도 했다. 그녀는 태양처럼 눈부시고 아름다운 모습으로 침대에 잠들어 있었다. 오딘에게는 통치자의 권력조차 하찮은 것으로 여겨졌다. 마음은 온통 그녀 생각뿐.

아름다운 소녀는 오딘의 마음을 눈치 챘다. 어느 날 소녀는 자기를 지켜보는 애꾸눈의 오딘을 발견하고 생긋 미소를 지으며 이렇게 속삭였다.

"아가씨를 차지하려면 밤에 몰래 와야지요, 오딘. 이런 일을 여러 사람이 알면 좋을 리 없지 않나요?"

오딘은 소녀가 자기를 좋아하는지 아닌지도 정확하게 모른 채 일단 그곳에서 물러났다. 그래도 아직 희망이 있었다. 미소 짓는 그녀의 얼굴이 눈앞에 어른거렸다. 그냥 자기를 놀리려고 한 말일까? 아니면 정말로 자기를 만날 생각일까? 하지만 그녀의 마음과 사랑을 얻어 한없는 행복을 맛볼 것이라는 희망 쪽으로 차츰 마음이 기울었다.

밤이 되자 그는 소녀의 말대로 다시 침실로 향했다. 그녀가 낮에 속삭인 대로 아무도 몰래 침실로 들어가 그녀를 만날 수 있을까? 그녀는 저항하지 않고 자신을 위해 문을 열어줄까? 웃음 띤 그녀의 얼굴은 어느 쪽으로도 볼 수 있었다. 어떻게 생각하면 그녀가 자신을 사랑하는 것 같았다. 그렇게 상냥하게 미소를 짓고 있으니 말이다. 하지만 다른 한편으로는 자기를 비웃는 것도 같았다. 사랑에 빠진 아가씨가 부끄럼도 없이 그렇게 나긋나긋한 태도로 자기 눈을 빤히 들여다보며 그런 말을 했으니 말이다.

오딘은 마침내 아가씨의 침실 근처에 이르렀다. 하지만 그곳은 조용하기는커녕 불이 대낮처럼 밝혀져 있고, 경호 부대가 모두 동원되어 물샐틈없이 그녀를 지키고 있었다. 더는 물러설 길도 없게 된 오딘은 그들과 맞붙어 싸웠다. 몇 시간이나 싸워 이튿날 새벽이 다 되어서야 겨우 그들을 물리치고 침실 안으로 들어갈 수가 있었다.

하지만 커다란 홀에는 하녀가 잠들어 있고, 침대에는 아름다운 그녀가 아닌 암캐 한 마리가 묶여 있었다. 오딘은 빌룽의 딸을 사랑했다가 체면만 엉망으로 구기고 온 세상의 웃음거리가 된 것이다. 그 아름다운 여자를 홀려보려고 마음먹었으나, 상냥하고 영리한 여자는 오딘에게 온갖 굴욕을 다 안겨주고도 정작 마음을 열지는 않았다.

아름다운 여인에게 이토록 냉혹하게 거절을 당하고 나자 오딘은 문득 옛날 일이 기억났다. 젊은 시절에는 여자들이 그렇게도 쉽게 자기를 사랑했건만. 게다가 이그드라실에 매달려 루네 마법을 터득했을 때 그는 여자들의 마음을 사로잡는 법도 익혔다. 그때는 어떤 여자든 마음만 먹으면 자기 사람이 되었다. 하지만 이제는 젊은 여자에게 이런 꼴을 당하다니.

그는 몸과 마음을 다하여 자기를 사랑하고, 아버지가 아끼는 꿀술을 모조리 내주었던 주퉁(Suttung)의 딸 군뢰트(Gunnlöd)가 생각났다. 그녀를 무참하게 배신했지. 주퉁의 꿀술을 남김없이 마시고 나서 그녀가 잠든 사이에 오딘 신은 독수리로 변신하여 도망쳤다. 주퉁이 그것을 보고 독수리로 변신하여 오딘의 뒤를 따라왔다. 그리고 아스가르트의 신들에게 죽임을 당했다. 하지만 오딘은 당시 자기가 주퉁에게서 꿀술을 빼앗아온 일만 기쁘게 여겼지, 자기에게 배신당한 군뢰트의 아

오딘은 세계를 호령하고 전쟁과 죽음을 관장하는 최고의 신이지만, 그런 그도 이루지 못한 짝사랑에 가슴앓이를 할 때가 있었다. 아서 래컴의 그림, 1910년.

픈 마음을 헤아리지 않았다. 그리고 오랜 세월 그녀의 사랑을 그저 잊고 지냈다. 어쩌면 그녀의 다정한 마음에 그토록 깊은 상처를 남겨준 탓으로, 지금 어린 소녀에게 이런 꼴을 당하는 건지도 몰랐다.

최고신 오딘은 이렇듯 이루지 못한 짝사랑에 몹쓸 가슴앓이를 했다. 오딘은 시인들의 신이기도 했다. 그가 겪은 고통은 사랑의 아픔에 대한 시로 남았다. 이루어진 사랑은 행복을 가져다주지만, 이루지 못한 사랑은 우리 마음에 무한한 아픔과 함께 애끊는 시와 음악을 만들어내지 않던가.

멩글라다와 스빕다크르의 사랑 노래

 이것은 《옛 에다》 14번 〈푤스비트의 노래〉에 나오는 연인들의 이야기다.

옛날에 높은 언덕을 둘러싼 커다란 성채가 하나 있었다. 성벽 안쪽에 있는 높은 언덕 위로 아름다운 궁전이 우뚝 솟아 있었다. 궁전 주변으로는 불길이 활활 타오르고 있어 아무나 접근할 수 없어 보였다.

저 안쪽에 있는 궁전은 그만두고라도 이곳의 성벽이 워낙 튼튼한 데다 성벽 주위로는 물을 채운 해자까지 둘러싸고 있었다. 하나뿐인 성문 안쪽에서 문지기 하나가 사나운 개들과 함께 문을 지키고 있었다. 커다란 아치 아래 튼튼한 쇠로 만든 격자문이었다. 그래서 격자를 통해 밖에서도 성채 안이 들여다보였다. 특히 황금으로 호화롭게 치장

미녀가 살거나 잠들어 있는 궁전 또는 산. 이를 둘러싼 불길. 이는 영웅의 사랑 이야기의 보편적인 배경이다.

한 기둥이 눈길을 끌었다. 하지만 성문은 굳게 닫혀 있었다. 허락을 받지 못한 사람은 성문 안으로 들어가기가 불가능해 보였다.*

어느 날 너절한 옷을 입은 사내 하나가 물안개를 뚫고 이곳으로 올라와 성문 앞에 서서 호기롭게 문지기를 불렀다.

"문간을 지키고 서서 나그네가 손님 대접을 받지 못하게 가로막는 이 괴물은 대체 무어냐? 당장 이름을 대라."

문지기는 어이가 없다는 듯이 대꾸하였다.

"내 이름은 퓰스비트다. 너는 허락을 받지 못했으니 성문 안으로 들어올 수 없다. 무슨 일로 이곳까지 왔는지 당장 이유나 밝혀라."

"나는 사랑을 찾아 여기까지 왔다. 황금으로 만든 저 기둥이 정말로 아름다우니 오늘 밤 이 안에서 묵어갈까 한다."

문지기와 나그네는 이렇게 문답을 시작하였다. 나그네가 건방지기는 했지만 영문도 모르고 무조건 손님을 내쫓을 수는 없었다. 문지기는 나그네에게 이름과 출신을 물었다. 그러자 나그네는 자기 이름이 '빈트칼트(Windkalt, 바람 차가운)'라고 말하고 아버지와 할아버지의 이름까지 댔다. 그런 다음 이 아름다운 성의 주인이 누군가 물었다.

---

* 언덕 위 궁전이나 산 위에서 미녀가 살거나 잠들어 있고, 이 궁전이나 언덕을 불길이 둘러싸고 있다는 배경은, 이미 앞서 스키르니르의 구혼 여행에도 등장했던 것이다. 이는 게르만 세계에서 영웅이 고난을 극복하고 고귀한 아가씨에게 구혼하는 이야기에 보편적으로 나타나는 배경이다. 해자와 성채, 성문을 지키는 개와 문지기, 언덕 위의 궁전을 둘러싼 불길 등은 낯선 나그네 영웅이 고귀한 여인의 마음을 얻는 과정을 상징한다고 할 수 있다. 게다가 마지막으로 여인의 마음 자체도 얻어야 한다. 〈퓰스비트의 노래〉는 일종의 성적인 상징으로도 해석된다. 물과 불, 튼튼한 문, 문지기, 나무, 수탉, 마법 열쇠 그리고 마지막에 두 주인공의 뜨거운 만남을 잘 살펴보라.

"선의와 부드러운 재능으로 이 나라를 다스리는 여주인의 이름은 멘글라다라고 한다."

상대방이 당당하게 신분을 밝히는 것을 듣고 문지기도 약간 누그러져서 온건하게 대답하였다. 문지기가 온건해진 것을 보고 나그네는 이것저것 알고 싶은 것을 묻기 시작하였다. 무엇이든 알아야 어떻게든 안으로 들어가 보지 않겠는가.

"이 격자문은 대체 이름이 뭐냐? 신들은 이렇게 간교하게 사람을 대하지 않는 법인데."

"'천둥소리'라고 한다. 솔블린디(Solblindi)의 세 아들이 만들었지. 허락받지 못한 자가 안으로 들어가려 하면 사슬이 그를 얽어맨다."

"그럼 이 아치의 이름은 뭐냐? 신들은 이렇게 간교하게 사람을 대하지 않는데."

"그건 점토 거인의 팔다리로 내가 만든 것이다. 아주 튼튼해서 사람이 사는 한 언제까지나 문을 받치고 있을 것이다."

토르 신이 거인 흐룽니르와 싸울 때 거인들은 천둥신 토르에 맞서게 하려고 점토로 거대한 거인을 만든 적이 있었다. 키가 9마일이나 되고 가슴둘레가 3마일이나 되는 거인이었다. 점토 거인이 너무 커서 그에 알맞은 심장을 구할 수가 없어 거인들은 암말의 심장을 안에 넣어주었다. 암말의 심장을 단 점토 거인은 덩치는 그렇게 컸지만 토르 신이 멀리서 모습을 드러내자마자 두려워 오줌을 질질 쌌다. 그러고는 토르를 따라다니는 꼬마 트얄피(Thjalfi)가 잽싸게 달리는 것을 붙잡으려다 제풀에 쓰러져 죽었다.

퓰스비트는 바로 이 점토 거인의 팔다리로 성문의 격자문을 둘러싼 아치를 만들었던 것이다. 나그네는 격자문과 아치에는 실은 별 관심이 없었다. 아까부터 문지기 옆에서 무섭게 으르렁대는 사나운 개들이 진짜 관심거리였다. 저렇게 크고 무서운 개들이 막고 있으면 안으로 들어가기가 정말로 어려워 보였기 때문이다. 문지기가 선선하게 대답해 주었다.

"세상이 끝날 때까지 이놈들이 초소 열한 개를 지킨다."

"퓰스비트, 내 한 가지 묻겠는데 이 사나운 개들이 잠이 들면 인간이 안으로 들어갈 수 있지 않을까?"

"놈들은 교대로 잠을 자지. 한 놈은 낮에 자고 한 놈은 밤에 잔다. 그러니 아무도 못 들어간다."

"그럼 혹시 놈들이 먹고 잠들 만한 음식으로는 뭐가 있지?"

그러자 문지기는 성문 안쪽에 있는 아주 거대한 나무를 가리켰다.

"저 안 나뭇가지에 앉아 있는 수탉이 보이지? 깃털이 바람에 흔들려서 반짝반짝하는 놈 말이다. 그놈의 두 날개를 먹으면 이놈들이 완전히 잠들고 말지. 하지만 그 수탉은 잡을 수가 없는 놈인걸."

"그럼 온 세상으로 가지를 넓게 펼치고 있는 저 나무는 대체 뭐냐?"

"그 나무가 어디에 뿌리를 박고 자라는지 아는 사람은 드물다. 칼도 불도 들어가지 않으니 아무도 그것을 알 수가 없지."

"칼도 불도 들어가지 않는 이런 나무가 대체 무엇에 쓸모가 있느냐?"

"여자들이 원치 않는 아이를 가졌을 때 그 열매를 태워서 쓴다. 그러면 애를 지울 수 있다. 그래서 사람들은 이것을 생명나무라고 부른다."

아이 지우는 데 쓰는 나무를 보고 생명나무라고 부른다니 이상하기 짝이 없었지만, 어쨌든 생명과 관계 있는 나무인 것만은 분명하였다.

"그럼 말이지, 저 나무 위에 있는 수탉은 무어냐?"

"저놈 말이냐? 저것은 괴로움을 만들어내는 수탉(비도프니르 Widofnir)이다. 놈을 잡기란 어려운 일이다."

"그놈을 잡을 무기는 없단 말인가?"

"로키가 죽은 자들의 성문 앞에서 꺾은 나뭇가지로 죽일 수 있지. 하지만 신마라(Sinmara)가 그 나뭇가지를 쇠 상자 안에 넣고 열쇠 아홉 개를 채워서 감추었는걸."

"그렇다면 말이다, 폴스비트. 그 마법의 나뭇가지를 훔치고도 살아 돌아올 수 있을까?"

"만일 그 귀한 물건을 빛나는 점토의 디제 여신에게 바친다면 살아올 수도 있지."

"그럼 말이다, 폴스비트. 저 창백한 노파를 기쁘게 만들 보물이 있을까?"

"저 수탉의 꼬리에 감추어진 번쩍이는 낫을 가져다가 신마라에게 주면 그녀는 기꺼이 피 묻은 마법의 막대를 내줄걸."

여기서 문답이 꼬이고 말았다. 수탉을 죽일 무기는 마법의 막대뿐인데 그것은 신마라가 감추고 있다. 그런데 신마라에게서 마법의 막대를 얻으려면 다시 수탉의 꼬리에 있는 낫을 신마라에게 가져다주어야 한다니 말이다. 이렇게 얽혀 있으니 수탉을 죽일 길은 없어 보였다. 수탉을 죽일 수 없다면 개를 잠들게 할 수도 없다.

그런데도 나그네는 포기하려는 기색도 없이 슬그머니 질문을 다른 방향으로 돌렸다.

"저기 활활 타는 불길로 둘러싸인 궁전의 이름은 무엇이냐?"

"글루트(Glut)라 부른다. 칼끝 위에 세워진 것처럼 빙빙 돌아가지. 아무도 그곳에 가보지를 못해서 저 행복의 궁전에 대해서는 그냥 소문으로만 알 뿐이다."

"아제 신들 중 누가 저 궁전을 지었나?"

문지기는 수많은 이름과 함께 맨 마지막으로 로키의 이름을 댔다. 궁전을 둘러싸고 활활 타오르는 불길은 로키 신의 작품임이 분명했다.

"그렇다면 폴스비트. 나는 저 산 위에 있는 아름다운 신부를 맞이하려고 왔다. 궁전이 자리 잡은 저 언덕의 이름은 무엇이냐?"

"히피아(Hyfia) 산이라고 한다. 저 산은 마비되고 병든 자들에게 치료와 위안을 준다. 병이 아주 오래되었어도 저 가파른 산을 올라간 사람은 건강을 얻을 수 있다."

"그럼 멘글라다를 둘러싼 저 여인들 말이다. 그들에게 제물을 바치는 사람은 누구나 필요할 때 그들의 보호를 받을 수 있을까?"

"여름에 거룩한 장소에서 그들에게 제물을 바친 사람은 병이 들어도 그들의 보호를 받는다."

"그렇다면 말인데, 남자가 멘글라다의 부드러운 품에서 잠을 잘 수 있을까?"

"스빕다크르 말고는 어떤 남자도 안 된다. 태양처럼 빛나는 멘글라다 님은 이미 오래전부터 스빕다크르와 약혼한 사이거든."

이 말을 듣자 나그네의 얼굴이 갑자기 환해졌다. 기쁨에 넘쳐서 그가 외쳤다.

"어서 성문을 열어라. 여기 스빕다크르가 왔다. 하지만 먼저 멘글라다에게 가서 그녀가 내 사랑을 기쁘게 받아들일지부터 물어보아라."

문지기는 깜짝 놀라 허겁지겁 여주인에게로 달려가 보고하였다.

"멘글라다 님! 어떤 남자가 찾아왔는데, 어서 가서 그를 한번 보십시오. 개들이 반갑다고 꼬리를 치고, 성문이 저절로 열리는 것을 보니 그가 스빕다크르인 모양입니다."

멘글라다는 기쁘면서도 믿을 수가 없는지 문지기에게 가혹한 말을 하였다.

"거짓말을 했다간 교수대에 높이 매달릴 줄 알아라."

이렇게 말하면서 멘글라다는 서둘러 성문 쪽으로 달려 나왔다. 나그네가 벌써 열린 성문을 통해 안으로 들어온 것을 보고 그에게 이름과 출신을 물었다. 나그네가 대답하였다.

"내 이름은 스빕다크르고, 아버지 이름은 솔비아르트(Solbiart)요. 나는 바람 차가운(빈트칼트) 길을 지나 이곳으로 왔소이다. 멘글라다가 스빕다크르의 아내라는 우르트 여신의 예언을 내 이미 들었소. 아무도 우르트의 예언을 바꾸지는 못하지요."

멘글라다가 기뻐서 어쩔 줄 모르며 그를 맞아들였다.

"어서 오셔요. 낭군이 오셨으니 드디어 내 소원이 이루어졌네요."

그녀는 남자를 얼싸안고 반가운 키스를 하였다. 그녀도 스빕다크르가 자신의 정해진 낭군이라는 예언을 듣고 이미 오래전부터 그를 기다리고 있었던 것이다. 이렇게 해서 그토록 철통같이 잠긴 성문이 저절로 열리고, 스빕다크르는 성안으로 들어가 아름다운 멘글라다를 아내

바그너의 〈니벨룽의 반지〉에서 지크프리트가 브륀힐데를 찾아갈 때에도 나그네(보탄)의 방해를 받는다. 이를 이겨 낸 지크프리트는 스빕다크르처럼 불꽃 울타리를 넘어 마침내 브륀힐데를 만나게 된다. 아서 래컴의 그림, 1910년.

로 맞이하였다. 천생연분은 이렇게 맺어졌다.

스빕다크르는 죽은 여자 마법사(발라) 그로아의 아들이다. 그녀는 죽은 다음 아들을 위해 다시 깨어났다. 우리는 앞에서 그로아가 아들 스빕다크르를 무덤으로 불러 아홉 가지 마법의 노래를 불러주는 것을 보았다. 어머니의 마법 노래로 보호를 받은 스빕다크르는 곰 가죽을 뒤집어쓰고 죽을 때까지 싸우는 오딘의 용사 베르제르커가 되었다. 그리고 흐롤프 크라키 왕의 이야기에도 베르제르커 용사로서 등장했다.

그러고는 여기서 스빕다크르는 노르네의 한 명인 우르트 여신의 예언에 따라 옛날부터 자신의 신부로 정해져 있던 멘글라다를 찾아왔다. 멘글라다의 성채는 허락을 받지 않고는 절대로 들어갈 수 없는 철통같은 요새다. 그가 문지기와 주고받는 대화를 통해 그 사실을 알 수 있다. 그러나 그가 예언된 신랑감이라는 사실이 밝혀지는 순간 성문은 스르르 열리고, 개들은 꼬리를 치며 그를 반가이 맞아들인다. 스빕다크르와 멘글라다는 운명으로 정해진 짝을 만난 것이다.

멘글라다는 여기서 치료와 위안의 여신이다. 시녀 세 명을 거느리고 자기에게 제물을 바친 사람들이 병에 걸리면 그들을 도와주는 디제 여신의 하나이다. 아마도 요정 출신 노르네나 발퀴레 중 하나로 생각된다. 이는 노르네 여신인 우르트가 미래의 신랑감을 점지해놓았고, 철통같은 요새가 궁전을 둘러싸고 있는 것으로 보아 알 수 있다. 그러나 그녀는 신의 지위를 잃고 인간 영웅을 신랑으로 맞이할 운명이다.

지구르트가 발퀴레 여신의 하나인 브륀힐트를 찾아가는 과정도 이 이야기와 거의 비슷하다. 브륀힐트도 불꽃이 둘러싸고 있는 언덕에 머문다.

멩글라다의 성채는 이상한 마법으로 가득 차 있다. 성문도 예사롭지 않거니와, 성문을 지키는 개들도 특별하고, 안에 있는 생명나무와 그 나무에 살고 있는 수탉도 특별한 힘을 갖고 있다. 게다가 이들은 불길한 힘을 지니고 있다. 나무의 열매는 원치 않는 아이를 지우는 데 쓰이고, 수탉은 괴로움을 만들어낸다. 수탉을 죽일 수 있는 것은 마법의 막대뿐인데, 그 마법의 막대를 얻으려면 수탉의 꼬리에 숨겨진 번쩍이는 낫이 있어야 한다.

이것은 오래 기다려온 두 연인의 만남을 둘러싸고 벌어지는 이야기지만, 다른 한편으로는 여기서 북유럽 신화에 들어 있는 여러 가지 신비로운 마법의 세계를 엿볼 수 있다. 이렇게 생각하고 다시 읽어보면 문지기와 나그네가 주고받는 대화가 상당히 흥미롭다. 우리는 사랑에서 극적인 갈등을 기대하지만, 북유럽 신화에서 사랑은 복잡한 절차를 거쳐 상대방의 마음을 얻는 것으로 싱겁게 끝나곤 한다. 우리가 기대하는 인물들 간의 갈등은 거의 등장하지 않는다. 이들이 이미 초인적인 존재이기 때문이다. 대신 사건이 일어나는 공간으로 관심을 돌려보면 이야기가 훨씬 더 흥미로워진다. 마법의 분위기에서 초인적인 존재들이 서로 기를 겨루는 장면이 등장하는 까닭이다.

인간의 신분을 만든 신 하임달

하임달(Heimdall)은 오딘 신과 바다의 아홉 파도 사이에서 태어난 아들이다. 어머니가 아홉이라니 어떻게 그런 일이 가능한지는 아무도 설명하지 못한다. 그의 어머니인 아홉 파도는 바다거인 에기르와 그 아내 란 사이에서 태어난 딸들이다. 이런저런 인연으로 에기르 부부는 아스가르트의 신들과 가깝게 지내는 거인이다.

하임달 신은 아스가르트의 파수꾼이다. 그는 중간계와 아스가르트를 연결해주는 흔들리는 하늘길(비프뢰스트)의 아스가르트 쪽에서 파수를 본다. 그리고 비프뢰스트 바로 옆에 히민뵤르크(Himinbjörg)라는 궁전에서 산다. 그는 뿔나팔 기얄라르로 라그나뢰크의 시작을 온 세상에 알릴 사명을 갖고 있다.

그는 눈과 귀가 아주 밝아 파수꾼으로 안성맞춤이다. 잠은 새보다도 덜 자고, 밤에도 낮처럼 아주 먼 곳까지 잘 볼 수 있으며, 풀이 자라는 소리와 양털이 자라는 소리까지도 들을 수가 있으니까. 하늘의 파수꾼 하임달은 빛의 신이기도 하고 모든 생명을 수호하는 신이기도 하다. 황금의 이빨을 갖고 있으며, '황금 머리' 라는 이름의 말을 갖고 있다. 《에다》에 '바네 신만큼이나 지혜롭고' 환하다는 칭송도 들어 있다. 그는 발더 신만큼이나 선하고 밝다. 이따금 '모든 인간의 아버지' 라고도 불린다.

로키가 프라야의 목걸이 브리징가멘을 훔쳤을 때도 하임달은 도둑을 발견하고 바다까지 쫓아가서 목걸이를 찾다가 프라야에게 돌려주었다.

하임달은 또한 인간 사회에 신분을 만든 신이다. 아마도 그런 까닭으로 '모든 인간의 아버지' 라 불리는 것 같다.

옛날에 하임달이 리크르(Rigr)라는 이름으로 중간계를 이리저리 돌아다닌 적이 있었다. 그러다가 항해 끝에 어느 바닷가에 닿았다. 그는 계속 길을 갔다. 길을 가다 문이 활짝 열린 집을 발견하고 안으로 들어갔다. 그곳에는 아주 늙어 꼬부라진 부부가 살고 있었다. 남편 이름은 아이(Ai, 증조할아버지), 아내 이름은 에다(Edda, 증조할머니)라고 했다. 이들은 다 쓰러져가는 오두막에 살았다.

리크르는 늙은 부부와 함께 저녁을 먹었다. 그들은 겨가 잔뜩 달라붙은 지저분한 빵과 수프를 내놓았다. 리크르는 군소리 없이 그 음식을 맛있게 먹었다. 그런 다음 늙은 부부의 침대에서 그들을 제각기 양편에 두고 가운데 누워 잠을 잤다. 그렇게 사흘 낮과 밤을 머물고 나서 그곳을 떠났다.

리크르가 다녀가고 아홉 달이 지나 할머니인 에다가 누런 피부와 검은 머리카락을 가진 사내아이 '트렐(Trell, 머슴)'을 낳았다. 이 아이는 자라면서 몸이 아주 튼튼해졌다. 그는 짚을 잇거나 짐을 튼튼하게 잘 꾸렸고, 그 밖에도 여행자의 짐을 짊어지는 일을 하였다. 그의 후손은 머슴과 하녀가 되었다.

리크르는 길을 계속 가다 또 다른 집에 이르렀다. 이 집은 문이 반쯤 열려 있었다. 이곳에는 아피(Afi, 할아버지)와 암마(Amma, 할머니)가 살고 있었다. 이곳에서도 리크르는 이들 부부와 함께 사흘 낮과 밤을 머물며 그들 사이에서 잠을 잤다. 그가 다녀가고 아홉 달이 지난 다음 할머니는 불그레한 피부와 금발을 지닌 '카를(Karl)'이라는 사내아이를 낳았다. 카를은 황소를 길들이고 쟁기를 짜맞추고 집과 헛간을 짓고 들판에서 농사일을 하였다. 그의 후손은 농부가 되었다.

리크르는 또다시 길을 가다 남쪽으로 문을 낸 커다란 홀에 들어가게 되었다. 문에는 고리가 달려 있었는데, 잠기지는 않고 살짝 열려 있었다. 이곳에는 '아버지'와 '어머니'라는 부부가 살고 있었다. 남자는 바닥에 앉아 화살을 깎고, 여주인은 길게 끌리는 푸른색 옷을 입고 남편 곁에 앉아 있었다. 그들은 아름다운 식탁보가 덮인 식탁 위에다, 은그릇에 담은 여러 요리와 귀한 주전자에 담은 포도주와 값진 잔을 내놓았다. 부부는 저녁 늦게까지 손님과 함께 포도주를 마시면서 이런저런 이야기를 나누었다.

이곳에서도 리크르는 사흘 낮과 밤을 머물며 이들 부부 사이에서 잠을 잤다. 아홉 달이 지나자 가벼운 곱슬머리를 지닌 '야를(Jarl, 귀족)'이라는 아들이 태어났다. 야를은 어려서부터 창과 방패를 휘두르고 활을 쏘고 창을 던지고, 말을 타면서 사냥개를 모는 연습을 하였다.

세월이 한참 지난 어느 날 리크르가 다시 나타났다. 하지만 그는 머슴과 농부에게는 들르지도 않고 야를에게만 다시 돌아왔다. 리크르는 야를에게 손수 루네 문자를 가르치고는 자기가 바로 아버지라고 말해 주었다. 그리고 아들에게 땅과 사람을 내주었다. 야를은 전쟁을 지휘하여 적을 죽이고 땅을 차지하더니 결국 너른 땅을 통치하는 사람이 되었다. 그는 수많은 궁궐을 지었고, 부하들에게도 귀한 보물과 장신구와 날쌘 말을 선물하였다. 뒤에 그는 결혼하여 자식을 많이 낳았다.

그의 자식들 중 나이 어린 '코누르(Konur)'는 특히 루네 문자에 능하고, 사람들을 위험에서 구하고, 새들의 말을 하고, 자제력이 뛰어나고, 기운이 좋았다. 코누르는 뒷날 왕이 되었다.

이 이야기에서 하임달 신은 인간 사회의 세 신분, 곧 머슴, 농부, 귀족을 모두 만든 아버지다. 그는 귀족인 야를에게만 다시 돌아와 더 많은 지식을 가르치고 그 후손을 보살폈다. 이는 중세 유럽에서 왕국의 질서와 신분제 사회를 확립하려고 할 때 매우 쓸모 있는 이야기였을 것이다. 사회의 신분은 신에 의해 만들어진 것이고, 누구나 자신의 신분을 가지고 태어나는 것이라고 하니 말이다. '리크르(Rigr)'는 아이슬란드어로 '왕'이라는 뜻이다.

우여곡절 많은 외팔이 신 티르

티르는 빛나는 하늘의 신으로 오딘 이전까지 게르만 사람들의 최고신이었다. 대략 게르만 민족의 대이동 이전까지, 중부 유럽에서 하늘의 신이며 최고신으로 숭배된 것으로 보인다. 그러다가 과격한 변화 끝에 오딘에게 최고신의 자리를 내주었다. 티르는 고대 게르만 사람들의 최고 결정권을 가진 민회에서 판결을 내리던 신이다. 전쟁의 신이며, 맹세를 수호하고, 전쟁에서 승리한 지휘자와 민회의 사회자를 옹호하는 신으로, 정의와 법의 신이었다.*

그러나 옛 게르만 사람들의 삶에서 하늘에 의존하는 농사일과 민회의 중요성이 차츰 약해지고, 전쟁과 지휘자의 통치가 중요해지면서 티르는 오딘에게 밀린 것으로 보인다. 그와 함께 원래 최고신 티르의 아내였던 프리크까지도 오딘의 아내로 바뀌었다. 프리크의 시녀인 바르(War)와 진(Syn)은 본래 재판에서의 맹세와 거부를 뜻하는 말로, 티르에게 속하는 이름들이다.

'오딘(Odin)'은 '바람'을 뜻하는 말로 여겨지며, 따라서 오딘은 원래 바람의 신이었다. 티르도 전쟁의 신이었지만, 지혜로운 오딘과는 달리 전략이나 전술이 없이 막무가내의 용맹을 자랑으로 삼았다. 이런 흔적들은 신화에 조금씩 남아 있다.

암흑의 괴물 펜리스 늑대와의 대립 이야기를 보면, 티르는 빛의 신이었다. 신들이 펜리스를 세 번째로 묶으려 할 때 신들에게 어떤 계략이 있음을 눈치 챈 펜리스는 어떤 신의 오른손을 자기 입에 넣어야 한다는 조건을 내걸었다. 아무도 나서지 않자 티르가 신을 대표하여 자신의 오른손을 펜리스의 입에 집어넣었고, 덕분에 신들은 늑대를 묶을 수 있었다. 난쟁이들이 만든 끈은 늑대가 몸부림칠수록 그 몸을 더욱 옭아매, 그것을 보고 신들은 깔깔거리고 웃었다. 오로지 티르만 웃을 수가 없었다. 오른손을 늑대에게 먹혔기 때문이다.

티르의 희생을 아랑곳하지 않고 웃음만 터뜨리는 신들의 태도에서 시대의 가치관이 변했음을 알 수 있다. 새로운 시대는 티르 방식의 희생을 존중하지 않고, 오히려 생각 없는 용기라고 대수롭지 않게 여기는 듯 보인다. 이제는 앞뒤 가리지 않는 무모한 용기보다 생각 깊은 전략

---

* 게르만 사람들의 고유한 관습인 민회(民會)의 모습은, 스위스의 독립을 그린 프리드리히 실러의 《빌헬름 텔》 2막 2장의 뤼틀리 맹세 장면에 잘 나타나 있다. 북유럽에서 출발하여 남쪽으로 내려간 게르만 사람들이 정착한 곳 중 하나가 스위스이다. 이 장면에서 스위스의 세 개 칸톤을 대표하는 서른세 명의 대표가 모여서, 먼저 의장을 뽑고 모두들 의장 앞에 반원을 이루어 선다. 의장석은 약간 높이 있고, 의장석 앞에는 민회의 결정을 어기는 자들을 징계하기 위한 상징으로 폭력의 검이 꽂혀있다. 먼저 모두들 오른손을 들어 신에게 맹세를 하고 나서 민회를 시작한다. 민회에서는 전쟁 등 민족의 중요한 문제들이 결정되고, 재판도 이루어졌다. 실러는 이런 게르만족 민회의 관습을 스위스 직접민주주의의 출발점으로 해석하였다. 민회는 원래 게르만족 사이에서 왕이나 귀족이 통치자로 등장하기 이전에 사흘 동안 노천에서 진행되던 회의로, 축제를 겸하는 행사였다.

이 더욱 중요해졌다. 용기만으로 적을 이기던 시대는 지나간 것이다.

그러나 최고신 오딘이 외눈인 것처럼 티르도 외팔이다. 이것은 이들의 연관성을 간접적으로 보여줄 뿐 아니라, 북유럽의 최고신들이 자기희생으로써 다른 신들을 통제할 권한을 얻었음을 넌지시 알려주는 부분이기도 하다. 이야기의 흐름으로 보아, 라그나뢰크에서도 티르가 펜리스 늑대와 맞붙어야 옳지만, 오딘이 펜리스 늑대와 맞붙는 대신 티르는 명부의 문을 지키는 개 가름(Garm)을 상대한다.

시대의 변화를 겪으면서, 오딘보다 먼저 최고신의 자리에 있었던 티르는 그의 아들로 신변의 변화를 겪는다. 토르 신이 바다거인 에기르에게 맥주 빚는 솥을 가져다주기 위해 거인 히미르를 찾아 떠날 때, 히미르에게 거대한 솥이 있다는 정보를 주고 함께 길을 나선 신이 바로 티르였다. 티르의 아버지인 히미르가 그를 반기지 않는 반면, 어머니는 그를 반갑게 맞이한다. 히미르의 아내와 오딘 사이에서 티르가 태어난 것으로도 되어 있기 때문이다.

이런 이야기들은 복잡하지만 차근차근 들여다보면 재미있다. 시대가 변하는 모습이 그 안에 들어 있기 때문이다. 바네 신들의 최고신인 프라이가 아스가르트로 온 다음 거인 여자에게 반해 쩔쩔매는 이야기를 앞에서 보았다. 그렇듯이 오딘보다 먼저 최고신이었던 티르도 모든 권한을 잃고, 오딘의 아들로 바뀌었다.

게다가 그가 아내까지도 뺏긴 것으로 보인다는 점을 생각해보라. 최후의 전쟁이 시작되기도 전에 이미 신들은 시간의 흐름에 따라 여러 가지 운명의 변화를 겪었던 것이다. 마지막으로, 기독교가 들어오면서 게르만 신들은 몰락을 면할 수 없었다. 죽음이 예언되어 있는 신들의 운명을 이런 맥락으로 읽으면, 역사적인 사실이 반영되어 있음을 눈치 챌 수 있다. 신들의 운명까지도 포함하여 세상에 영원한 것은 없는 법이니.

신들의 어머니, 지혜로운 여신 프리크

 프리크는 아제 출신으로 오딘의 아내이며 '신들의 어머니'라고도 불린다. '로키의 욕설'에 따르면, 먼 옛날 오딘이 멀리 떠나 있을 때, 그녀는 오딘의 동생들인 빌리, 베와 함께 산 적이 있었다. 오딘이 동생들에게 살림을 맡기고 멀리 떠난 뒤 돌아오지 않자, 동생들은 재산을 둘로 나누어 갖고, 오딘의 아내 프리크도 함께 나누었다. 그러다가 오딘이 돌아와 동생들이 차지했던 것을 모두 되찾았다. 그러니까 '로키의 욕설'에 따르면 프리크는 '헤픈 여자'다.

최고신 오딘이 그렇듯 최고신의 아내인 프리크에게도 과거가 있는데, 이것은 옛날에 이 신을 숭배하던 사람들의 태도와 관련이 있다. 신화학자 헤르만에 따르면, 원래 게르만 사람들 사이에서는 티르가 오딘

프리크는 사랑과 풍요를 수호하는 여신으로, 결혼과 가정을 보호한다. 하지만 정작 자신은 남편 오딘을 잘 간수하지 못해 늘 애를 태운다. 그녀는 계속 바람을 피우며 돌아다니는 오딘을 못마땅하게 여긴다.

보다 먼저 숭배를 받았는데 뒷날 그 위치가 바뀌었다고 한다. 그에 따라 프리크 역시 티르에서 오딘으로 남편이 바뀌었다는 것이다.*

그야 어찌 되었든, 프리크는 오딘과의 사이에서 발더, 회두르, 헤르모트르(Hermodhr)를 아들로 두었다. 발더가 빛의 신인 것으로 보아 프리크도 빛과 관계가 있음을 알 수 있다.

헤르만에 따르면, 아이슬란드에서는 사랑의 마법을 지닌 약초(Orchis maculata)를 '프리크의 약초'라고 불렀다. 프라야처럼 프리크도 사랑과 풍요를 수호하는 여신이다. 다만 프라야보다 결혼과 정절을 중히 여긴다. 그러나 결혼과 가정을 보호하는 프리크 자신은 남편 오딘을 잘 간수하지 못해 늘 애를 태운다. 그녀는 계속 바람을 피우며 돌아다니는 오딘을 못마땅하게 여긴다. 그래서 바그너의 〈니벨룽의 반지〉에서 프리카(Fricka, 프리크) 여신은 질투심 많은 아내로 등장한다. 보탄(오딘)과의 부부싸움에서 남편을 꼼짝도 못하게 누르는 아내이다.

프리크는 또한 물레를 돌려 실을 잣고 천 짜는 여인들을 보호하는 여신이기도 하다. 이것은 도이치 전설에 등장하는 홀라 부인(Frau Holla)의 역할과 같다. 옛 게르만 사람들의 삶에서 아이 낳는 것과 천 짜는 것이 여인의 주요 역할이었음을 보여주는 부분이라고 할 수 있다.

오딘과 프리크 부부는 인간의 아들 둘을 잠시 맡아 키운 적이 있었다. 그들은 제각기 사랑하는 아이가 달랐는데, 이 아이들을 두고 경쟁을 하였다. 그 이야기를 들어보자.

---

* Paul Herrmann, *Nordische Mythologie*, S. 274 f.

중간계의 어떤 왕이 아들 형제를 두었다. 맏이 아그나르(Agnar)가 열 살, 둘째 가이로트가 여덟 살이 되었을 때였다.* 어느 날 그들은 배를 타고 바다로 나가 물고기를 잡으며 놀았다. 그런데 그들이 놀이에 흠뻑 빠져 있는 동안, 배는 바람에 떠밀려 육지에서 멀어져 갔다. 그들은 너무 늦게야 그 사실을 깨달았다. 배를 돌려 집으로 가고 싶었지만 방향을 놓쳐 어디로 가야 할지 알 수 없었다. 저녁이 되어 날은 어두워지는데 어린 형제는 어딘지 모를 곳으로 떠가고 있었다.

캄캄한 밤이 되었을 때 그들은 해변에 도착하였다. 고향은 아니라도 어쨌든 뭍에 도착한 것만 해도 다행이어서 그들은 뭍으로 기어올라 해변을 따라 걸어갔다. 한참을 가다보니 멀리서 불빛 하나가 새어나왔다. 그 집에는 농부 내외가 살고 있었다. 아이들이 도착한 곳은 외딴 섬이었다. 어린 형제는 농사를 짓고 사는 농부 내외와 함께 한겨울을 그 섬에서 보냈다.

이들은 실은 오딘과 프리크였다. 한겨울 동안 농부 내외는 아그나르와 가이로트에게 살아가면서 필요한 여러 가지를 가르쳤다. 프리크는 첫째 아그나르를 정직한 인간으로 키웠고, 오딘은 동생 가이로트에게 여러 술수를 가르쳤다. 그렇게 겨울이 지나고 봄이 되어 차츰 날씨가 따뜻해졌다. 농부 내외는 아이들에게 배를 한 척 내주어 고향으로 돌아가게 하였다. 그들이 떠나기 전에 농부가 가이로트의 귀에 대고 무어라고 속삭였다. 어린 형제는 배를 타고 떠났다.

아그나르와 가이로트 형제가 탄 배는 순풍을 얻어 부모가 사는 고

---

* 원문에서 동생 이름은 가이뢰트(Geirröd)이지만, 이는 토르와 맞서 싸우는 거인의 이름이기도 하다. 여기서는 거인 가이뢰트와 구분하기 위해, 동생 이름을 가이로트(Geirrod)로 조금 바꾸어 부르기로 한다.

향에 무사히 이르렀다. 그때 뱃머리에 서 있던 가이로트가 먼저 뭍으로 뛰어내리더니, 형이 미처 내리기도 전에 배를 힘껏 밀치면서 이렇게 외쳤다.

"어디로든 가거라! 제발 못된 거인들이 사는 곳으로 가라!"

그러자 배는 바다로 나가 저절로 항해를 계속하였다. 아그나르가 아무리 노력을 해도 배가 말을 듣지 않았다. 그는 고향으로 돌아가지 못하고 결국 동생이 말한 대로 거인들의 땅으로 가게 되었다. 섬을 떠날 때 농부가 속삭여 일러준 대로 형을 멀리 보낸 다음 가이로트는 혼자 집으로 돌아가 환영을 받았다. 마침 얼마 지나지 않아 아버지가 죽어 그는 아버지의 뒤를 이어 왕이 되었다. 그는 화려한 궁전에서 잘 살았다.

한편, 배와 함께 떠밀려간 아그나르는 멀리 떨어진 동쪽 거인의 나라에서 자랐다. 그곳에서 어른이 된 다음 좁고 축축한 동굴에서 이빨도 없는 거인 여인과 함께 살았다. 그의 자식들은 벌레와 거미 들을 친구 삼아 놀았다.

하루는 오딘과 프리크가 발할에 있는 옥좌에 나란히 앉아 세상을 내려다보았다. 오딘은 자기가 키운 가이로트가 잘 지내는 것을 보고 기분이 좋아져서 우쭐댔다. 이어서 그들은 아그나르가 축축한 동굴에서 처량하게 살고 있는 꼴을 보았다. 프리크는 아그나르의 처량한 신세를 보고 약이 잔뜩 올랐다. 그래서 이렇게 말했다.

"가이로트는 워낙 인색해서 찾아오는 손님을 함부로 대한다고 하던데요."

오딘은 그건 거짓말이라며 그녀의 말을 믿으려 들지 않았다. 그래서 두 신은 프리크의 말이 사실인지 아닌지를 두고 내기를 하였다.

프리크는 여자들이 잘 쓰는 꾀를 생각해냈다. 가이로트에게 시녀를 보내, 머지않아 마법을 잘 쓰는 나그네가 이 나라에 올 터인데 그를 조심하는 게 좋을 것이라는 말을 전하였다. 이 말을 전한 다음 시녀는 가이로트에게 이렇게 덧붙였다.

"세상의 모든 개가 그를 보고도 짖지 않을 터인즉, 그것으로 그를 알아볼 수 있을 것이고, 또 내 말이 틀리지 않았다는 것도 알 수 있을 겁니다."

오딘은 직접 가이로트를 시험해볼 생각에 그가 사는 곳으로 갔다. 나그네는 챙이 넓은 모자를 깊숙이 써서 애꾸눈을 가리고 푸른색 망토를 입었다. 개들은 그를 보고도 전혀 짖지 않았다. 나그네는 자기 이름이 그림니르(Grimnir, 가면 쓴 사람)라고만 말하고는 사람들이 어떤 질문을 해도 그 이상은 아무 대답도 하지 않았다. 마침내 가이로트 왕에게 안내되었지만 왕이 아무리 물어도 나그네는 말이 없었다.

"너는 누구냐? 입을 열어 말을 해라."

"……"

아무리 다그쳐도 나그네가 아무 말도 하지 않자, 왕은 나그네를 활활 타오르는 두 개의 불길 사이에 묶어놓게 하였다. 하늘에서 내려온 여인이 마법을 쓰는 나그네를 조심하라고 경고했기 때문이다. 시간이

바그너의 〈니벨룽의 반지〉에서 오딘과 프리크는 각각 보탄과 프리카로 등장한다. 보탄의 아내 프리카는 결혼을 수호하는 여신이다. 그녀는 단단히 화가 났다. 남편이 인간 계집과 붙어서 낳은 오누이 지그문트와 지글린데가 사랑에 빠지면서 훈딩의 결혼까지 깨뜨린 탓이다. 북유럽 신화에서도 프리크는 오딘의 바람기 때문에 애를 태운다. 아서 래컴의 그림, 1910년.

흐르면서 불길이 차츰 나그네 가까이로 번졌다. 그래도 그는 말이 없었다. 그는 그런 상태로 먹지도 마시지도 못한 채 꼬박 여드레 밤낮을 묶여 있었다.

아흐레째 되는 날, 가이로트 왕의 열 살 된 어린 아들 아그나르가 뿔잔에 술을 가득 따라주면서, 죄 없는 사람을 이렇게 오래 묶어두고 괴롭히는 것은 잘못이라고 말했다. 목이 몹시 말랐던 그림니르는 얼른 그 잔을 비웠다. 그러더니 오랜 침묵을 깨뜨리고 마침내 말문을 열었다.

"벌써 여드레가 다 가고 아흐레째 날이 시작되는구나."

불길이 거의 그의 망토에 닿았을 때, 그림니르는 입을 열어 자기가 누군지를 설명하기 시작하였다. 아스가르트의 신들과 그들의 궁궐, 그리고 세계나무 이그드라실에 대해서도 자세히 설명하였다. 또 이미르의 시체로 세계를 만든 이야기며, 난쟁이들이 만든 신들의 보물에 대해서도 이야기를 하였다. 그러고는 오딘 신의 온갖 이름을 늘어놓은 다음 마지막으로 자신이 바로 오딘임을 밝혔다. 오딘은 아직도 두 개의 불길 사이에 묶인 채 앉아 있었다.

나그네 그림니르가 이 말을 하는 동안 가이로트 왕은 점점 얼굴에서 핏기가 사라졌다. 그는 칼집에서 반쯤 칼을 뽑아든 채로 그림니르의 말을 들었다. 마지막에 자기가 바로 오딘이라고 말하자, 가이로트는 깜짝 놀라서 칼을 완전히 뽑아들고 오딘을 묶은 줄을 풀기 위해 그 쪽으로 달려가려고 하였다. 그 순간 칼이 그의 손에서 미끄러져 바닥으로 떨어졌다. 하지만 이상하게도 칼날이 위를 향하였다. 가이로트는 칼이 떨어지는 바람에 놀라 비틀거리다가 칼날 위로 엎어지면서 제 칼에 베여 죽고 말았다.

그 순간 오딘은 흔적도 없이 사라졌다. 가이로트의 뒤를 이어 왕이 된 아들 아그나르는 정직하고 훌륭하게 나라를 다스렸다. 이 이상한 이야기는 《옛 에다》의 2번 〈그림니르의 노래〉에 들어 있다. 그런데 가이로트의 아들과 그가 쫓아낸 형의 이름이 같다. 그리고 그들이 바다에서 방황하던 때의 아그나르와 나이도 같다. 프리크 여신은 우여곡절을 거쳐서 마지막에는 자신이 보호하는 아그나르에게 왕의 자리를 돌려주었다.

이 이야기는 술수와 속임수를 잘 쓰는 오딘 신과, 정직함을 가르치는 프리크 여신의 차이를 보여준다. 전쟁의 신 오딘에게는 승리하는 것이 가장 중요하다. 승리를 위해서 때로 속임수를 쓰는 것조차 일종의 전략이다. 하지만 세상의 모든 일이 속임수나 술수 등으로만 이루어진다면 오딘이 만든 세상의 질서는 엉망이 되고 말 것이다. 거짓말로 얻은 것은 이따금 이상한 세상의 법칙에 따라 스스로 벌을 받고, 원래의 질서를 회복하곤 한다.

오딘 신은 두 개의 불 사이에서 먹지도 마시지도 못하고 여드레 밤낮을 앉아 있었다. 망토에 거의 불이 붙을 때까지 그는 꼼짝도 못하고 묶여 있었다. 바로 자신의 가르침을 받은 가이로트에게서 그렇게 혹독한 형벌을 받은 것이다. 오딘 신은 묵묵히 두 개의 불 사이에 앉아 고문을 당하였다. 여드레 밤낮 동안 그는 거기 앉아 무슨 생각을 했을까?

이것은 그가 거의 죽음의 상태로 이그드라실에 아흐레 동안 걸려 있던 이야기를 상기시킨다. 옆구리를 창으로 꿰고서 이그드라실 나뭇

양들이 끄는 마차를 타고 달리는 프리크와 그 뒤를 쫓아가는 발퀴레들. 영어와 독일어의 '금요일(Friday, Freitag)은 프리크의 이름에서 따온 것이다.

가지에 걸친 채로 아흐레 밤낮을 보낸 다음 땅으로 떨어졌을 때 오딘 신은 세상의 온갖 지식과 지혜를 얻었다고 말했다. 그때 그는 주로 전쟁에서 이기기 위한 지혜를 얻었다. 전쟁에서 이기기 위해서는 이따금 전략적 술수도 필요한 법이다.

여드레 동안이나 두 개의 불 사이에 앉아 온갖 고통을 다 받은 다음, 그는 아스가르트의 세계와 자기 자신에 대한 비밀을 밝힌다. 하지만 그보다 앞서 그는 옛날에 저 외딴 섬에서, 자기가 동생인 가이로트에게 형을 제거하라고 가르친 것에 대하여 깊이 반성하였다. 그는 아내 프리크보다 아이를 훌륭하게 길렀다고 자랑하고 싶었다. 고작 아내를 이기기 위해 최고신 오딘이 스스로 세상의 질서를 어지럽힌 것이다.

그리고 오딘이 이렇게 모진 고통을 당하고 나서야 비로소 모든 일이 다시 정상을 되찾는다. 부당하게 형벌을 받는 오딘에게 마실 것을 준 사람은 바로 열 살짜리 아그나르였다. 그 술로 기운을 차린 오딘은 마침내 입을 열었다. 오딘이 입을 열자 이번에 벌을 받을 사람은 형을 쫓아낸 가이로트였다. 오딘은 가이로트가 스스로 제 칼을 밟아 죽게 만든다. 원래 가이로트의 형인 아그나르가 차지했어야 할 왕의 자리는 그의 착한 아들 아그나르가 물려받는다.

방법이 이상하기는 하지만 여기서 프리크 여신의 지혜를 알겠는가? 그녀는 남편인 오딘 신이, 자기가 대체 무슨 짓을 저지른 건지 스스로 깨닫게 만든다. 속 깊은 지혜와 끈질긴 인내로 철없는 남편을 지켜보면서, 그가 뒤늦게라도 잘못된 것을 바로잡게 만드는 아내의 속성이 여기 나타나 있다.

신들의 어머니 프리크 여신이 아들 발더 신을 죽음에서 보호하기 위해 노력한 일은 뒤에서 듣기로 하자.

반지 모티프

북유럽 신화의 이야기를 출전으로 삼은 것 가운데, 세계적으로 널리 알려진 작품을 들자면 무엇보다도 19세기에 나온 바그너의 4부작 오페라 〈니벨룽의 반지(Der Ring des Nibelungen)〉(1876년 첫 공연)와, 20세기에 나온 톨킨의 《반지의 제왕(The Lord of the Rings)》을 꼽을 수 있다. 톨킨의 작품은 소설로도 유명하고, 그것을 토대로 만든 영화도 전 세계에서 대단한 흥행 성과를 올렸다. 영화는 3부작으로 되어 있다. 여기서는 영화를 주로 다룬다.

오페라와 영화로 만들어진 두 작품은 무엇보다도 시각적 효과를 극대화했다는 특징이 있다. 이런 시각 효과는 북유럽 신화에 등장하는 다양하고 신비로운 공간을 무대미술이나 영상으로 바꾸어서 얻은 것이다. 물론 각각의 작품과 장르에 맞게 적절히 변형되었다. 두 작품 모두 인간이 이야기의 중심이 아니고 인간 이외의 존재들이 전체 이야기를 이끌어간다. 그들은 북유럽 신화에서 기본 아이디어를 얻을 수 있는, 매우 인간적인 특성을 가진 존재들이다. 물론 인간 영웅도 등장한다. 이야기의 등장인물들은 크게 두 그룹으로 나뉘어, 목숨을 걸고 마지막 순간까지 서로 다툼을 벌인다. 이 또한 신과 거인의 대립을 주요 줄거리로 삼는 북유럽 신화의 특성이다.

비슷한 아이디어는 20세기의 대표적인 공상과학영화 중 하나인 〈스타 워즈(Star Wars)〉 시리즈에도 등장한다. 우주의 사차원 영역으로 공간이 확대되었지만, 인간 말고도 다양한 괴물 형태의 우주 생명체가 등장한다는 점에서, 그리고 공간 배치가 매우 유동적이고 중요하다는 점에서 유사하다. 다만 여기서는 주요 인물들이 모두 인간(제다이의 스승 요다만 빼고)이라는 점이 앞의 작품들과 다르다. 그래도 여기 등장하는 인간들은 미래의 기술로 무장하고 있어, 보통의 인간이라기보다 신화 세계의 초인적인 주인공들과 비슷한 요소를 갖는다. 물론 이들도 크게 두 그룹으로 나뉘어 죽을 때까지 싸운다.

〈니벨룽의 반지〉와 〈반지의 제왕〉에는 제목에 이미 '반지'라는 말이 등장한다. 북유럽 신화를 읽어본 사람이라면 이 반지가 원래 누구의 것이었는지 잘 안다. 오딘 신도 신비로운 반지 드라우프니르를 갖고 있지만, 부자 난쟁이 안드바리(Andwari)의 반지가 문제의 절대반지다. 반지의 주인은 이 반지에 저주를 걸어놓았다. 1권에서 이 보물 반지가 신화 세계의 주인공들 사이로 이리저리 돌아다니며 순회한다는 사실을 자세히 설명하였다.

반지를 차지한 자가 세계를 지배할 수 있다는 설정이지만, 실제 줄거리는 그런 내용이 아니다. 반지는 그 힘이 너무 큰 보물이어서 사악한 자의 손에 들어가기 전에 먼저 찾아내 없애야 할 대상으로 변질되었다. 반지의 두려운 힘은 반지가 출발한 자리, 곧 원래의 원소 형태인 황금으로 돌아가야만 멈춘다. 그래서 반지 모티프에서는 '순환'이 필수요소이다. 반지의 둥근 모양은 순환을 아주 잘 상징한다. 결국 반지 모티프는 시공간을 순환하는 거대한 이야기에 어울리는 뛰어난 상징성을 지닌 셈이다. 게다가 반지는 사랑과 결혼에서도 가장 중요한 의미를 지닌 상징물이다. 반지 모티프에는 사랑 이야기도 얼마든지 곁들일 수 있는데, 바그너는 실제로 그것을 극단까지 이용하였다.

강력한 힘을 가진 보물 이야기에는 이와 비슷한 모티프가 거듭 등장한다. 보물을 실제로 이용한다는 내용이 아니라, 사악한 적의 손에 보물이 들어갈까 두려워 착한 주인공들이 악당들에 맞서면서 보물을 찾아 없애버리는(또는 박물관에 기증하는) 내용이다. 전체 설정만 나오면 세부 줄거리는 얼마든지 바꿀 수 있다. 〈인디아나 존스〉 시리즈나 〈툼 레이더〉도 이 계열이다.

영화나 이야기에 등장하는 보물의 힘을 잘 살펴보면, 세계 공간을 통째로 지배하거나, 시간을 지배하는 형태가 많다. 미라 이야기나 드라큘라 이야기, 고대의 보물과 고고학 이야기 들은 일단 시간의 경계를 뛰어넘는다. 동시에 공간의 경계도 함께 넘는다. 우리 우주에서 시간과 공간은 하나로 묶여 있기 때문이다. 순간적인 공간 이동이나 시간 이동은 오랫동안 우리 인류의 꿈이었다. 현대에 이르러 첨단과학기술은 가장 막강한 힘을 가진 보물 중 하나가 되었다.

바그너의 황금반지는 라인 강에서 출발하여 라인 강으로 돌아온다. 곧 물에서 출발하여 물로 돌아온다. 그 사이에 황금을 반지로 만들거나 반지를 황금으로 되돌리기 위해 불이 개입한다. 〈반지의 제왕〉에서는 반지가 모르도르의 깊은 불구덩이 속으로 돌아감으로써 반지의 순환이 끝난다.

반지가 한 바퀴 순환을 마치고 다시 원래의 자리로 돌아가면, 이전의 세계가 고스란히 복구되지 않고 새로운 세계가 시작된다. 절대반지가 지나가고 난 다음 세계는 크게 변한다. 바그너의 작품에서는 영웅과 신들의 세계가 함께 무너진다. 북유럽 신화에서도 그렇듯이 초인적인 존재들이 사라진 자리에서 비로소 인간들의 세계가 시작된다. 이는 〈반지의 제왕〉에서도 다르지 않다. 반지 원정대가 무사히 돌아온 다음, 하얀 마법사 간달프와 호비트족인 빌보 배긴스와 프로도 배긴스는 모두 요정들의 안내를 받아 배를 타고 빛의 세계로 출발한다. 그렇게 그들은 저승으로 떠난다. 그리고 이 세계는 중간계의 인간들에게 맡겨진다.

이렇듯 작은 반지의 순환은 신화의 공간들과 결합하여, 북유럽 신화의 세계를 대변하는 몰락의 이야기 라그나뢰크가 감추고 있는, 새로운 출발이라는 깊은 속뜻을 잘 보여준다.

라그나뢰크는 빛과 질서와 생명을 수호하는 신들과, 어둠과 혼란과 파괴를 지향하는 사악한 거인들 사이에 벌어지는 최후의 ㅇ 다. 낡은 세계가 무너져 사라져야만 새로운 세계가 생겨날 수 있다. 곧 낡은 질서가 완전히 붕괴되어야 새로운 질서가 자리 잡는다. ㅇ 다. 신화는 이것을 신화의 언어로 표현한다. 북유럽 신화에서 그것은 라그나뢰크, 곧 '신들의 황혼' 으로 나타난다. 모든 생명의 원ㄹ 음의 힘만을 긍정적인 것으로 여기고 늙음과 죽음을 부정적인 것으로 여기기 쉽지만 신화에서 탄생과 죽음은 궁극적으로 대등 붕괴되어 원천의 혼돈, 또는 새로운 탄생 이전의 원천 악물질 상태로 돌아가는 것이다. 이런 혼돈에서 새로운 것이 만들어져 ㄴ

3

라그나뢰크, 신들의 최후

…답게 양쪽이 모두 무너지고 하나의 세계가 사라지는 것으로 끝난… …조의 원리다. 새로운 생명의 탄생에 앞서 파괴와 죽음이 오는 것이… …파괴와 죽음은 새로운 탄생의 다른 쪽 얼굴이다. 탄생과 성장과 젊… …환을 위해 꼭 필요한 전 단계로 볼 수 있다. 기존의 세계와 질서가…

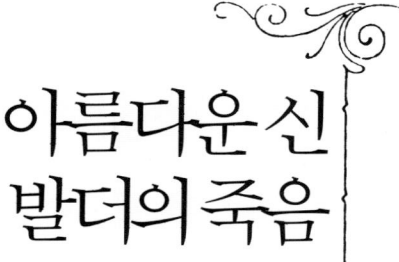

아름다운 신 발더의 죽음

✢ 발더의 죽음과 장례식

　오딘과 프리크의 아들인 발더는 아름다움과 빛의 신이다. 그는 투명하고 흰 피부에 하얀 속눈썹과 황금색 머리카락을 가졌다. 마치 그에게서 광채가 흘러나오는 것만 같았다. 그는 가장 훌륭한 신으로 누구나 그에 대해서는 좋은 말만 하였으며, 발더 자신도 언제나 아름답고 좋은 말만 하였다. 그는 또한 아제 신 가운데 가장 지혜로웠다. 그는 발할에서도 더러움이 전혀 깃들 수 없는 광채의 공간에서 아내 난나(Nanna)와 더불어 평화롭게 살았다.*

　하지만 세계가 차츰 종말을 향해 다가갈 무렵, 발더는 계속해서 나쁜 꿈을 꾸었고 얼굴은 점점 더 창백해졌다. 발더의 꿈속에서 산들이 마치 거대한 상처처럼 입을 쫙 벌렸다. 구름이 불타오르고, 겨울이 끝나지 않고 계속되었다. 그리고 자신의 이름이 피로 쓰인 것을 보았다. 그는 불길한 예감에 시달렸다. 빛의 신 발더의 빛이 점점 약해졌다.

오딘은 신들의 회의를 소집하였다. 신들은 가장 사랑스런 발더 신에게 죽음의 운명이 내려졌음을 알았다. 어머니 프리크 여신이 가장 근심하였다. 그녀는 온 세상을 돌아다니면서 만나는 모든 존재마다 발더를 해치지 않겠노라는 맹세를 받아냈다. 프리크 여신의 부탁을 받고, 모든 존재는 그를 해치지 않겠다고 약속했다. 불과 물과 쇠와 모든 금속, 돌과 흙, 나무, 질병, 독(毒)도 발더를 해치지 않겠다고 약속하였다. 온갖 짐승, 벌레, 들판의 풀 등 세상의 모든 존재가 그렇게 약속하였다. 그러나 프리크 여신은 발할 동편에 사는 가냘픈 겨우살이에게서만은 그 약속을 받지 않았다. 그것이 너무 연약해서 아무도 해칠 수 없을 듯 보였기 때문이다.

프리크 여신이 모든 존재에게서 발더를 해치지 않겠노라는 약속을 받아냈다는 반가운 소식에 이제 신들은 안심하고 잔치를 베풀었다. 이제 신들이 발더를 둘러싸고 즐거워하는 중에 누군가가 그에게 활을 쏘았다. 화살은 발더를 맞히지 않고 비켜 지나갔다. 또 누군가가 그에게 돌을 던졌지만 돌도 그를 맞히지 못하였다. 발더는 상처를 입지 않았고 신들은 진정 기뻐하였다. 로키만은 신들과 기쁨을 함께하지 않았다. 그는 발더가 다치지 않는 것이 못마땅했다.

---

* 스노리는 발더에게 그리스도의 모습을 부여하기 위해 이런 식으로 서술했던 것 같다. 스노리에 따르면, 발더 신은 라그나뢰크 이후에 명부에서 다시 지상으로 살아 돌아온다. 곧 부활하는 신이다. 하지만 그보다 더 일찍 쓰인 운문 《에다》에서 발더는 전투적인 신이고 말을 아주 잘 타는 것으로 설명된다. 따라서 발더는 신화에서 대단히 모순된 요소들을 지니고 등장하는 신이다.
Paul Herrmann, *Nordische Mythologie*, S. 236 ff.

로키는 이제 신들에게 은밀히 원한을 품고 있었고, 특히 그들이 발더를 사랑하는 것이 못마땅했다. 궂은일은 자기가 도맡아했건만 발더만 사랑을 받는 것에 은근히 짜증이 났다. 그는 노파로 변신하고서 프리크를 찾아가 함께 발더의 운명을 걱정하는 척하였다. 그러자 프리크가 물었다.

"이제 신들이 모여서 무슨 일을 하는지 그대는 아는가?"

"그들 모두가 손에 잡히는 대로 발더에게 쏘고 있지요. 하지만 그 무엇도 그를 해치지 못하던 걸요." 하고 노파가 대답하였다.

"어떤 무기도 나무도 발더를 해치진 못할 거야. 내가 모두에게서 그를 해치지 않겠다는 맹세를 받아냈거든."

이 말에 노파가 물었다.

"세상의 모든 것들이 정말로 발더를 해치지 않겠다고 맹세를 했나요?"

"발할 동편에 겨우살이 하나가 자라고 있지. 그것은 너무 어려 보여서 맹세를 받지 않았어."

이런 비밀의 고백을 듣고 노파는

발더는 아름다움과 빛의 신이다. 투명하고 흰 피부에 하얀 속눈썹과 황금색 머리카락을 가졌다. 그는 가장 훌륭한 신이었으며, 이제 신 가운데 가장 지혜로웠다. B. 포겔베르크의 조각, 대리석, 1840년.

발더의 동생이자 눈먼 신 회두르가 로키의 꾐에 빠져 겨우살이 가지로 발더를 죽인다. C. 에케르스베르의 그림, 1840년경.

안심한 듯이 프리크 곁을 떠났다. 로키는 곧바로 그 겨우살이를 찾으러 나섰다. 겨우살이는 굵은 나뭇등걸을 둘러싸고 자라는 식물이다. 북유럽의 혹독한 겨울에 나무들이 모조리 잎을 잃어버리고 죽은 듯이 눈 속에 서 있을 때, 가냘픈 겨우살이는 눈 속에서도 싱싱한 푸른 잎을 자랑한다. 북유럽 사람들은 겨우살이의 끈질긴 생명력에 경탄하였다.

세상에서 가장 가냘픈 식물이 한겨울에 가장 강했던 것이다.

로키는 겨우살이를 찾아내 그 가지를 잘라서 신들이 발더를 놓고 소동을 피우는 잔치 자리로 돌아갔다. 발더의 동생이며 눈먼 신 회두르만 옆에 따로 떨어져 있었다. 회두르는 눈이 멀어서 인간의 겉모습을 보지 않고 내면의 가치로 판단하는 신이었다. 그도 오딘과 프리크의 아들이었지만 발더와 달리 신들 사이에서 거의 주목을 받지 못하였다. 로키는 회두르에게 다가가 물었다.

"어째서 너는 발더에게 아무것도 쏘지 않지?"

"발더가 어디 있는지 볼 수가 없으니 나는 쏘고 싶어도 쏠 수가 없어. 게다가 쏠 무기도 내겐 없고."

그러자 로키가 이렇게 속삭였다.

"그래도 다른 사람들처럼 발더의 명예를 높여주어야 하지 않겠어? 그가 어디 있는지 내가 가르쳐줄 테니 함께 가자. 여기 나뭇가지가 있으니까 이걸 던져서 그를 맞혀보아라."

회두르는 로키에게서 겨우살이 가지를 받아들고 로키가 가르쳐주는 대로 발더를 향해 힘껏 던졌다. 그러자 이 여린 겨우살이 가지는 공중으로 날아가더니 발더의 목덜미 깊이 파고들었다. 발더는 곧바로 바닥으로 쓰러져 죽었다.

신들은 모두 깜짝 놀랐다. 세상에서 신과 인간에게 가장 고약한 일이 일어난 것이다. 신들은 너무 놀라서 그를 일으킬 생각조차 못 하고 서로 얼굴만 멍하니 바라보았다. 그들은 이런 일을 한 놈에게 복수할 생각뿐이었지만, 이곳 발할의 홀은 아스가르트에서도 거룩한 장소라,

아무리 몹쓸 짓을 했어도 이곳에서 형벌을 내릴 수는 없었다. 신들은 한참 뒤에야 놀라움에서 깨어나 겨우 말을 할 수 있게 되었다. 하지만 모두 큰 슬픔으로 격하게 울기 시작해 아무도 말을 할 겨를이 없었다.

모든 신이 슬퍼하였지만 그래도 아버지 오딘의 슬픔이 가장 컸다. 특히 그는 발더의 죽음이 이제 신들에게 어떤 손실과 몰락을 초래할지 그 누구보다도 잘 알고 있었기에 더욱 가슴이 무너져 내렸다. 발더의 죽음은 신들의 최후인 라그나뢰크가 가까이 다가오고 있음을 알리는 징조였다. 오딘으로서는 아들만 잃은 것이 아니라, 자기가 만든 세계 전체를 잃을 판이었다.

프리크는 아들의 죽음을 도저히 받아들일 수 없었다. 그녀는 저승으로 심부름꾼을 보내고 싶었다. 하지만 누가 죽은 자들의 나라로 가서, 명부의 여신 헬과 협상하여 그를 다시 아스가르트로 데려오겠는가? 모두들 무시무시한 헬과 마주하기를 꺼렸다. 모두가 조용하자, 발더의 동생이며 신들의 심부름꾼인 헤르모트르가 앞으로 나섰다. 헤르모트르는 발할에서 브라기와 함께 아인헤리를 맞아들여 잔치를 베푸는 신이었다. 신들의 심부름꾼인 그가 어머니를 위해 저승으로 가겠다고 자청한 것이다. 오딘 신이 자신의 말 슬라이프니르를 내주어, 헤르모트르는 슬라이프니르의 등에 올라 저승길을 찾아 떠났다.

헤르모트르가 저승으로 떠난 다음 신들은 발더의 장례를 치르려고 하였다. 그들은 발더의 시신을 들고 바닷가로 갔다. 그곳에 있는 발더의 배에 시신을 올려놓고 화장을 해서 바다로 떠나보내려는 것이었다. 세상에서 가장 큰 배의 갑판 위에 장작더미가 준비되었다. 그런데 배

발더의 시신을 실은 배가 천천히 바다로 떠나간다. 장례식에 참석한 모든 신과 거인은 바닷가에 서서 떠나가는 배를 슬픈 심정으로 바라본다. 발더가 죽은 뒤 세상의 빛과 아름다움은 점점 더 힘을 잃었다. F. 딕시의 그림, 1893년.

를 물에 띄우려 해도 배는 꿈쩍도 하지 않았다. 신들이 아무리 노력해도 소용이 없었다. 발더가 죽었다는 소식이 이미 온 세상에 퍼져서 거인과 인간 들까지도 그의 죽음을 슬퍼하였다.

하지만 배가 움직이지 않아 장례를 치를 수가 없었다. 신들 중 기운이 장사인 토르조차 배를 움직일 수 없었다. 그래서 신들은 요툰하임의 '히로킨(Hyrrockin)'이라는 거인 여인을 불렀다. 마침내 거인 여인이 늑대를 타고 이곳에 도착했는데, 독뱀을 고삐로 사용하고 있었다. 그녀가 늑대의 등에서 내리자 오딘은 곰 가죽을 쓰고 다니는 베르제르커 용사 네 명을 불러 늑대를 지키게 하였다. 하지만 그들 넷이서도 늑대를 잡고 있을 수가 없어 놈을 때려눕혀야만 했다.

무시무시한 거인 히로킨이 배의 앞쪽으로 가서 배를 힘껏 앞으로

밀었다. 그러자 배에 불이 붙으면서 온 세상이 흔들렸다. 신들이 발더의 시신을 불타는 배 위에 올려놓았다. 그 순간 발더의 아내 난나가 슬픔으로 심장이 터져 그 자리에서 죽었다. 모두들 슬픔으로 제정신이 아닌데, 아름다운 난나 여신마저 남편의 뒤를 따라간 것이다. 신들은 난나 여신의 시신도 남편과 나란히 배에 눕혔다. 토르 신이 앞으로 나서더니 쇠망치 묠니르로 장작더미를 건드려 마지막 축복을 하였다.

발더의 말도 돛대에 묶였다. 오딘은 아끼던 반지 드라우프니르를 손가락에서 빼 발더의 가슴에 올려놓았다. 불붙은 배는 천천히 바다로 떠나갔다. 장례식에 참석한 모든 신과 거인은 바닷가에 서서 불이 붙은 채 떠나가는 배를 슬픈 심정으로 바라보았다. 아름다운 신 발더의 장례식이 이렇게 거행되었다.* 발더가 죽은 세상에서 빛과 아름다움은 점점 더 힘을 잃었다.

✢ 헤르모트르의 저승 여행

한편 헤르모트르는 니플하임을 향해 길을 떠나 아흐레 낮과 밤을 달려 마침내 저승 입구에 도착하였다. 깊은 골짜기 아래로 흐르는 강물 위에 황금의 다리가 놓여 있었다. 다리 저편에서 명부의 입구를 지키는 처녀는 모트구트(Modgud)였다. 창백한 처녀가 그에게 이름과 출신을 물더니 이렇게 말하였다.

"어제는 죽은 남자들의 무리가 다섯이나 이 다리를 건너갔지요. 그

＊ 바그너는 〈니벨룽의 반지〉 제4편 〈신들의 황혼〉에서 영웅 지크프리트(지구르트)의 장례식 장면을 발더의 장례식과 비슷하게 처리하였다. 라인 강변에 쌓아놓은 장작더미에 지크프리트의 시신을 올려놓고 불을 붙인다. 그때 그의 영원한 아내이며 애인인 브륀힐데가 말을 탄 채로 그 위로 뛰어들어 함께 타 죽는다. 지크프리트는 손가락에 절대반지를 끼고 있다. 장작더미의 불길이 사그라들 때 라인의 딸들이 반지를 도로 가져가고, 이 장례식으로 4부작 오페라 전체가 대단원의 막을 내린다.

들이 다리를 건널 때 내던 발자국 소리보다 당신 혼자 내는 소리가 더 크네요. 게다가 죽은 사람의 낯빛도 아니고. 산 사람이 어쩌자고 이 명부의 길을 오셨소?"

헤르모트르가 대답하였다.

"헬 여신에게로 가서 발더를 찾아야 하오. 혹시 발더가 이 길을 가는 것을 보셨소?"

"보았지요. 하지만 헬 여신에게로 가려면 북쪽으로 더 내려가야 합니다."

헤르모트르는 말을 달려서 헬 왕국의 입구를 가로막고 있는 쇠창살 성문 앞에 섰다. 그는 말에서 내려 안장을 더욱 단단히 조이고는 다시 말 등에 올라타 말의 옆구리에 힘껏 박차를 가했다. 그러자 말은 아주 빨리 달린 다음 높이 뛰어서 쇠창살을 하나도 건드리지 않고 헬의 왕국 안으로 들어갔다. 그가 아직 살아 있는 존재라 헬의 왕국이 문을 열어주지 않을 것이어서 이렇게 명부의 성문을 뛰어넘은 것이다. 그런 다음 헤르모트르는 헬의 궁전으로 향하였다. 궁전 앞에 이르자 그는 말에서 내려 안으로 들어갔다.

헬의 궁전으로 들어서니 명부의 여신 헬 옆에 발더가 명예로운 자리를 차지하고 앉아 있었다. 그의 옆에는 난나도 있었다. 헬 여신의 얼굴은 하얀색과 검은색으로 반반씩 나누어져 있었다. 모습은 무시무시했지만 그녀는 헤르모트르에게 친절한 태도를 보였다. 살아서 헬의 궁전 안으로 들어온 존재는 거의 없었다. 그런데도 헤르모트르는 그곳에서 형과 함께 밤을 보냈다. 이튿날 날이 밝자 헤르모트르는 헬 여신에게 이렇게 말했다.

발더의 동생이자 신들의 심부름꾼인 헤르모트르가 명부의 여신 헬에게서 죽은 발더를 되찾아오기 위해 오딘의 슬라이프니르를 타고 저승으로 찾아갔다. 《스노리 에다》의 삽화, 1760년.

"아제 신들이 발더의 죽음을 정말로 슬퍼하고 있소이다. 아제 신들뿐이 아니오. 세상의 모든 존재가 한결같이 슬픔에 빠졌소. 그러니 형과 형수가 나와 함께 아스가르트로 돌아가는 것을 허락해주시오."

그 말을 듣고 헬 여신이 이렇게 대답하였다.

"발더가 그토록 사랑을 받는지 어디 알아보기로 합시다. 세상에 있는 모든 것, 목숨이 있는 것이나 없는 것이나 가리지 않고 모두가 발더의 죽음을 슬퍼한다면 그는 아제 신들에게로 돌아갈 수 있을 것이오. 그러나 슬픔의 눈물을 보이지 않는 것이 단 하나라도 있다면 그는 헬의 나라에 머물러야 하오."

헤르모트르는 아스가르트로 돌아갈 채비를 했다. 발더와 난나도 저승 입구까지 그를 따라왔다. 발더는 헤르모트르에게 드라우프니르를 주면서 오딘에게 전해달라고 부탁하였다. 난나는 프리크 여신에게 자신의 숄과 다른 물건들을 전해달라고 부탁했다. 헤르모트르는 다시 슬라이프니르를 타고 먼 길을 지나 아스가르트로 돌아왔다. 그리고 헬의 나라에서 보고 들은 것을 하나도 빠짐없이 신들에게 전하였다.

헤르모트르는 신들의 심부름꾼 자격으로 저승을 찾아가 자신의 임무를 훌륭하게 해냈다. 하지만 이제 아제 신들은 세상의 모든 것에게서 발더의 죽음을 슬퍼하는 애도의 눈물을 받아내야만 했다. 신들은 온 세상으로 심부름꾼을 보내 살아 있는 모든 존재에게 도움을 청하였다. 모두들 발더 신의 죽음을 슬퍼하였다. 모든 인간과 목숨이 있는 모든 존재는 물론, 심지어는 흙과 돌, 나무와 금속까지도 슬픔의 눈물을 흘리는 바람에 서리처럼 차갑던 것들이 불처럼 뜨거워지곤 하였다. 그들은 모두 아름다운 발더 신의 죽음을 슬퍼하였다. 세상에 이 죽음을 슬퍼하지 않는 존재는 하나도 없었다.

심부름꾼들이 이렇게 임무를 마치고 돌아오는데, 동굴에 거인 여인 하나가 앉아 있는 것이 보였다. 퇴크(Thöck, 어둠)라는 거인이었다. 그들은 그녀에게도 얼른 발더의 죽음을 슬퍼해 달라고 부탁하였다. 하지만 그녀는 싸늘한 태도로 이렇게 대답하였다.

"발더가 최후를 맞은 것을 놓고 퇴크는 흘릴 눈물이 없다오. 그가 살아서나 죽어서나 내게는 아무 좋은 일도 없으니, 그가 헬의 나라에 그대로 있는 것이 좋겠소."

실은 퇴크는 여자로 변장한 로키였다. 퇴크가 슬퍼하지 않아 발더는 돌아오지 못하고 저승에 머물러야 했다. 퇴크-로키만 빼고 온 세상이 아름다운 신 발더의 죽음을 슬퍼하였지만, 부모인 오딘과 프리크의 슬픔은 그 누구보다도 더 컸다.

✤ 오딘의 복수

발더가 아직 죽기 전, 프리크 여신이 모든 존재에게서 발더를 해치지 않겠다는 약속을 받고 있을 때, 오딘 신은 불안한 마음에 혼자 저승을 찾아갔었다. 발더가 죽을까 봐 두려웠고, 또 신들의 미래 운명도 걱정되었기 때문이다. 애꾸눈의 신은 망토를 걸치고 챙이 넓은 모자를 쓰고 나그네 모습으로 길을 떠났다. 그는 슬라이프니르를 타고 니플하임으로 달려갔다.

헬의 집으로 통하는 입구를 저승 개 가름이 지키고 있었다. 목덜미와 가슴이 피투성이인 가름이 무시무시한 목구멍을 열고 오딘을 향해 사납게 짖었지만, 그는 상관하지 않고 계속 말을 달려 저승 세계로 들어갔다. 하지만 그는 헬을 만나러 이곳에 온 게 아니었다.

오딘 신은 다시 동쪽으로 말을 달려 마침내 죽은 여자 예언자 발라의 무덤에 이르렀다. 오딘은 발라의 무덤가에서 지혜로운 여인을 깨울 주문을 읊었다. 북쪽을 바라보고 지팡이로 무덤을 치면서 노래하듯 주문을 읊었다. 그러자 오딘의 강력한 부름을 이기지 못하고 죽은 예언자가 무덤에서 졸린 눈으로 나타났다.

"누가 이 험한 길을 달려와 나를 깨우느냐? 나는 이미 오래전에 죽었건만."

오딘은 자신을 벡탐(Wegtam)이라고 소개하였다. 그러고는 발더의 운명을 묻고, 누가 그를 죽일지, 그 다음엔 어떤 일들이 일어날지를 물었다. 죽은 예언자 발라는 벡탐에게, 회두르가 발더를 죽일 것이라고 알려주었다. 벡탐이 계속 묻자, 오딘이 린트(Rind)라는 여인과의 사이에서 아들 하나를 얻어 발더를 죽인 자에게 복수할 것이라고 예언하였다. 그런 다음 이렇게 말했다.

"강요 받아 억지로 대답은 하였지만, 이제는 침묵하고 싶구나."

그러고는 도로 사라져버렸다.

오딘은 발라의 예언을 마음 깊이 새겼다. 오딘이 저승에서 아스가르트로 돌아온 다음 얼마 지나지 않아 정말로 회두르가 발더 신을 죽였다. 실제로는 로키가 그 뒤에 있었지만. 또한 헤르모트르가 저승 여행에서 헬의 답변을 얻어 돌아왔지만, 거인 여인 퇴크가 슬픔의 눈물을 흘리지 않는 바람에 발더는 아스가르트로 돌아오지 못하였다.

오딘은 죽은 예언자 발라에게 들었던 예언을 기억하고 린트를 찾아 동쪽으로 길을 떠났다. 하지만 세상 그 누구도 린트라는 여자를 알지 못하였다. 오래 방황한 끝에 어떤 노인이 러시아 왕의 딸이 린트라고 일러주었다. 오딘은 러시아로 왕을 찾아가 그의 전사(戰士)로 봉사하면서 뛰어난 용기를 보여 왕의 신임을 얻었다.

오딘은 전쟁터에서 여러 차례 적군을 몰아내는 공을 세운 다음 왕에게 보상으로 딸을 달라고 청하여 마침내 허락을 받았다. 그러나 이제 늙은 오딘은 옛날의 온갖 매력을 다 잃었던가. 전에는 모든 여자들이 그렇듯 쉽게 그에게 마음을 허락했건만, 그가 린트의 방으로 들어서자 젊은 처녀는 화를 내며 사납게 그의 따귀를 올려붙였다. 오딘은 얼른 도로 물러났다.

시간이 얼마쯤 흐른 다음 그는 대장장이로 변장하고 그녀를 찾아갔다. 금과 은으로 만든 아름다운 장신구를 잔뜩 선물하자 그녀는 기쁘게 받았다. 하지만 그가 대가로 키스를 요구하자 그녀는 주먹으로 그의 얼굴을 쳤다. 다시 거절당한 것이다.

세 번째로 그는 승마 기술을 보여 그녀의 마음을 사로잡으려 하였다. 오딘은 싫다는 공주에게서 억지로 키스를 훔쳤지만 그녀가 어찌나 세게 쳤던지 그만 말에서 떨어지고 말았다. 그 옛날 오딘이 그토록 자랑하던 루네 마법도 린트에게는 통하지 않았던 모양이다.

세 번이나 거절당한 다음 그는 마지막으로 속임수를 쓰기로 하였다. 채신이고 권위고 다 던져버리고 여자로 변장하여 궁에서 하녀로 일하였다. 그는 밤낮으로 열심히 일하여 공주의 신임을 얻었다. 그래서 저녁마다 그녀의 발을 씻기는 일을 하게 되었다.

그리고 얼마 지나지 않아 공주가 병이 들었다. 병이 낫지는 않고 점점 심해지자, 하녀는 공주에게 아주 쓴 약을 먹여야 하니 단 둘이만 있게 해달라고 왕에게 청하여 허락을 받았다. 원하던 대로 오딘은 드디어 공주와 단 둘이만 있게 되었다. 그렇게 몇 주가 지나자 공주는 병이 나았지만 대신 임신을 하였고, 오딘은 사라져버렸다.

시간이 흐른 다음 린트는 아스가르트로 찾아왔다. 신들은 그녀를 받아들였다. 그녀는 그날 저녁부터 진통을 시작하여 이튿날 아침 일찍 크고 잘생긴 아들을 낳았다. 발리(Wali)라는 이름을 얻은 아기는 태어나자마자 걷고 말하기 시작하였다. 태어난 그날로, 아기를 제대로 씻기기도 전에, 무시무시한 오딘이 아기의 손에 칼을 쥐어주었다.

눈먼 신 회두르는 가만히 앉아 자신의 운명을 기다렸다. 아기는 회두르에게 다가가 배다른 형을 칼로 찔러 그 자리에서 숨지게 하였다. 오딘은 이렇게 하여 발더의 죽음에 복수를 하였고, 아기와 린트는 아스가르트에 받아들여졌다. 발리는 복수의 신이 되었다.*

이렇게 해서 오딘 신은 아들 발더의 죽음에 복수를 하였다. 그러나 발더를 살해한 회두르를 죽였다고 무슨 소용이 있을까? 회두르가 아니라 눈먼 회두르를 뒤에서 조종한 존재가 문제였으니 말이다. 게다가 죽은 발더는 이미 돌아올 길이 없었다. 그리고 오딘 신은 예언을 알고 있었다. 신들의 최후의 순간이 다가오고 있음을 그는 느꼈다.

---

* 린트는 《에다》에서 이름만 언급될 뿐 자세한 이야기는 나오지 않는다. 이 이야기는 《데인족의 행적(덴마크 역사, *Gesta Danorum*)》 III, 78-82쪽, Bdr 11에 나오는 내용이다. 여기서는 Tor Age Bringsvaerd, *Die wilden Götter*에서 인용하였다.

로키의 욕설

이것은 《옛 에다》 9번 〈에기르의 잔치〉에 나오는 장면이다. 술 취한 신들의 모습을 통해 그들의 약점을 골고루 보여주는 이 이야기에서 우리는 신들의 인간적인 면모를 엿볼 수 있다. 하지만 아무리 술자리라도 욕설이 지나치면 화를 부르는 법이라, 실제로는 로키의 욕설이 심각한 결과를 초래했다. 이는 아름다운 신 발더의 죽음과 더불어 라그나뢰크가 다가오는 것을 가장 뚜렷하게 알려주는 사건이다. 발더와 난나와 회두르가 죽고, 아제 신들 사이에 오랫동안 잠복해 있던 미움까지 밖으로 터져나오면서 아제의 결속력은 결정적으로 약화된다. 주의 깊게 들어보라.

✣ 신들의 연회

 옛날에 토르 신이 산악거인 히미르를 찾아가 그와 겨룬 끝에 술 빚을 때 쓰는 커다란 솥을 가져온 적이 있었다. 그는 이 거대한 솥을 머리에 뒤집어쓰고 운반해서 바다거인 에기르에게 가져다주었다(1권 〈히미르의 세 가지 시험〉 참조). 바다거인 에기르는 토르가 거대한 양조용 솥을 가져온 다음부터, 약속대로 해마다 가을이 되면 아제 신들을 자기 섬의 궁전에 초대하여 큰 잔치를 베풀곤 하였다. 아스가르트에서 멀리 떨어진 이곳 에기르의 궁에서 신들은 마음껏 술을 마시고 즐겼다.

 어느 해, 거인들과 싸우러 나간 토르만 빼고 거의 모든 신이 이 연회에 참석하였다. 분위기가 점점 무르익고 술에 취한 신들이 느긋하게 즐기고 있을 때, 로키가 에기르의 하인 하나와 시비가 붙어 그만 하인을 때려죽이고 말았다. 그러자 아제 신들은 잔치를 베풀어준 주인에게 미안하기도 하고, 또 모처럼의 즐거운 분위기를 깨뜨린 것이 얄밉기도 해서 로키를 궁 밖으로 쫓아냈다.

 궁 밖으로 쫓겨난 로키는 한동안 숲에 앉아 분한 마음을 삭였다. 아스가르트에 무슨 일이 생기면 언제나 궂은일은 도맡아 하다시피 했지만 누구 하나 고맙다고 말하는 법이 없었다. 궁금한 것도 많고 장난을 좋아해 말썽을 좀 부리기는 했어도 언제나 진짜 큰 문제들은 자기가 해결하지 않았던가? 마음속에 담고 있던 오래 묵은 원한과 분노가 천천히 치밀어올라 술기운과 뒤섞였다.

 잔뜩 취한 데다 부아까지 오른 상태로 로키는 신들의 연회가 벌어지는 곳으로 되돌아갔다. 어차피 좋은 소리도 못 듣는 신세, 신들에게 시비라도 걸어볼 셈이었다. 신들은 말썽꾼 로키가 다시 돌아온 것이 못마땅했다. 그래도 젊은 시절 로키와 함께 많은 모험을 했던 오딘이 아들 비다르를 일으키고 그에게 자리를 내주었다. 그래서 로키는 다시 신들의 술자리에 합석하였다. 오딘의 다른 아들 브라기는 잔뜩 못마땅한 얼굴이었다. 술자리 분위기를 망친 로키가 다시 낀 것이 싫었던 것이다.

로키는 문학의 신 브라기에게 먼저 시비를 걸었다.

"너는 이곳에 모인 아제 신들과 거인들 중 가장 겁쟁이라 싸우기를 싫어하지." 브라기도 지지 않고 대꾸하였다.

"여기가 홀이 아니고 바깥이라면 당장 네 모가지를 비틀어놓았을 거야."

"흥, 너야 입만 살았으니 식탁에 앉아 입으로야 무언들 못 하겠냐."

이들이 이렇게 티격태격하는 것을 듣고 있던 브라기의 아내 이둔 여신이 남편에게 말했다.

"술자리에서는 제발 로키하고 말을 섞지 마세요."

그러자 로키는 재빨리 이둔 여신을 향해, 너처럼 남자에게 헤픈 년은 본 적이 없노라고 한마디 던졌다. 이둔이 옛날에 독수리 트야치에게 납치되어서 함께 살았던 일을 빗댄 것이다. 이둔은 로키와는 말을 섞지 않겠다며 그대로 물러난다.

이번에는 게프욘(Gefjon) 여신이 나서서 말다툼을 그만두라고 말린다. 로키는 게프욘에게 다짜고짜, "너는 얼굴 하얀 젊은 놈이 보석을 주자, 그놈을 허벅지로 휘감았지." 하고 시비다. 그러자 오딘이 끼어들어서, 누구에게나 너그럽게 베풀어주는 게프욘이 너를 화나게 한 적이

바다거인 에기르는 가을이 되면 아제 신들을 자기 궁전에 초대하여 큰 잔치를 벌이곤 했다. 어느 해 이 술자리에서 로키의 욕설이 시작되는데, 이는 발더의 죽음과 더불어 라그나뢰크의 도래를 가장 뚜렷하게 알려주는 사건이다. C. 한센의 그림, 1861년경.

없지 않느냐고 편을 들어주었다.

로키는 이번에는 오딘에게 덤벼들었다.

"너는 인간들끼리의 싸움에 정의롭지 못한 판결을 내린다. 이겨서는 안 될 놈, 둘 중 더 못한 놈에게 승리를 안겨준 적이 얼마나 많으냐."

게다가 오딘이 인간들 사이를 이리저리 돌아다니며 마법으로 그들을 속였다고 시비다. 오딘의 아내 프리크가 둘 사이에 끼어들었다.

"당신들 둘이서 세상에 못된 짓 한 것을 자랑삼을 거야 없지요. 옛날 옛적에 당신들이 행한 일을 들추지 않고 감추는 편이 좋을 텐데."

이번에는 프리크에게 시비다.

"옛날 오딘이 멀리 떠나 있을 때 너는 시동생인 빌리와 베와 붙어먹지 않았냐."

프리크는 지나간 일을 거론하는 로키가 밉고, 또 아들 죽은 것이 원통해서 이렇게 대꾸하였다.

"죽은 우리 발더만 있었어도 당장 너와 맞붙어 싸울 텐데."

"발더가 저승에서 돌아오지 못하게 만든 것도 다 내가 한 짓이다. 어쩔래."

이것은 이미 누구나 아는 일이었지만 그래도 상당히 심각한 발언이었다. 로키의 말을 듣다 못한 프라야가 얼른 끼어들어 중재를 하려고 하였다.

"그렇게 못된 짓이 다 네 탓이라고 자백하고 나설 일은 아니지. 프리크가 말은 안 해도 무슨 일이 있었는지 다 알고 있을 테니 말이다."

하지만 로키는 프라야에게 덤벼들었다.

"너야말로 입 닥쳐라. 이곳에 모인 아제 신들과 거인들 중 네가 애인 노릇 안 해준 남자가 어디 있냐? 심지어 제 오빠하고도 잤으면서."

아제 신들과 통합하기 전, 옛날 바네 신들은 오누이끼리 결혼하는 관습이 있었으니 아주 없는 말은 아니었다.

보다 못한 프라야의 아버지 뇨르트가 딸을 거들고 나섰다.

"아름답게 치장한 여자들이야 원하는 대로 남자를 고를 수 있지."

이번에는 뇨르트가 욕먹을 차례. "제 누이와 붙어서 자식을 만든 놈."

티르가 거들고 나섰다. 뇨르트의 아들 프라이는 하도 처신이 바른 신이라, 여자를 속인 적도 없고, 남의 아내를 넘본 적도 없으며, 곤경에 빠진 존재를 누구든 도와주었다고 말이다. 그랬으니 당연히 티르가 욕먹을 차례.

"늑대에게 먹혀서 오른팔도 없는 놈이."

약이 오른 티르가 대꾸했다.

"내 손을 삼킨 네 아들 펜리스 늑대도 별로 형편이 안 좋을 걸. 지금 바위에 묶여 있지 않냐."

그러자 로키는 이렇게 받아쳤다.

"내가 네 마누라를 임신시켰다, 이 오쟁이 진 놈아."

로키가 티르의 아내를 임신시켰다는 내용은 확인할 길이 없다. 아버지에 이어, 아버지를 편든 티르 신까지 로키에게 당하는 꼴을 보고 프라이가 나섰다.

"네 아들 늑대는 신들의 최후가 올 때까지 사슬에 묶여 있을 텐데, 너도 주둥이 닥치지 않았다간 비슷한 신세가 될 거다."

프라이가 먹은 지독한 욕.

"히미르(기미르)의 딸을 돈 주고 사다가 마누라로 삼고, 스키르니르에게 칼까지 내준 놈이, 무스펠의 아들들과 싸울 때(라그나뢰크) 대체 무얼 갖고 싸울 셈이냐?"

이번에는 하임달이 로키를 말렸다. 하임달이 욕먹을 차례.

"축축한 등으로 바다의 물방울에서 올라와 신들의 파수꾼이 된 놈."

그가 아홉 파도의 아들이기 때문이다.

그러자 스카디 여신이 나서서 말했다.

"머지않아 신들이 너의 죽은 사촌(아들)의 창자로 너를 묶을 것이니 제발 입 좀 닥쳐라."

그러자 로키도 지지 않고 스카디에게 이렇게 쏘아붙였다.

"토르가 네 아비 트야치를 죽일 때 내가 앞장을 섰다."

이 말은 사실이었다. 이렇게 모두들 로키를 말리려고 애를 쓰는데, 토르의 아내 지프 여신만은 그에게 계속 술을 따라주면서 마음껏 마시라고 부추겼다. 아마도 어서 더 마시고 완전히 취해서 곯아떨어지라는 뜻이었을 것이다. 취해서 뻗지는 않고 로키가 이렇게 말한다.

"지프 여신은 언제나 순결하고 말고. 하지만 토르 신을 오쟁이 지게 만든 놈을 내가 잘 알지."

토르가 없을 때 자기가 몰래 지프 여신의 잠자리에 침입해 황금 머리카락을 베어냈던 일을 암시하는 것이다. 마침 그 순간 토르가 연회장에 나타났다. 그는 제 아내가 취한 로키에게 술을 따라주고 욕이나 먹는 꼴을 보니 화가 나서 소리를 질렀다.

"당장 주둥이 닥치지 않으면 묠니르로 한 방 쳐서 박살내 주겠다."

로키는 마음에 있는 말을 다 했으니 이제 그만 꺼지겠다며 일어서 나가려 했다. 그 장소를 떠나가면서 그는 잔치를 베푼 주인 에기르에게 마지막으로 이렇게 말했다.

"머지않아 불길이 이곳의 모든 것을 삼킬 것이니 앞으로 다시는 잔치를 베풀지 못할 거야. 이 모든 게 다 내 것이지."

그리고는 불의 신 로키는 궁을 빠져나가 얼른 사라졌다.

✤ 바위에 묶인 로키

잔치가 끝난 다음 로키는 신들 앞에 다시 모습을 나타낼 수가 없었다. 술에 취하여 마음속의 욕을 남김없이 뱉어내 속은 시원했지만 아스가르트로는 갈 수가 없었다. 어차피 발더와 회두르의 죽음 이후로는 세상 모든 것이 더욱 불안해지고 있었다. 게다가 발더가 저승에서 돌아오지 못한 게 바로 자기 때문이라는 실토까지 하지 않았던가. 술에 취해 그만 너무 많이 떠들어댄 것이다.

　로키는 도망쳐서 거인들의 나라 깊은 산속에 자리를 잡았다. 네 방향으로 문이 나 있어 사방을 모두 내다볼 수 있는 집을 짓고 그곳에서 지냈다. 이제 신들이 언제 자기를 잡으러 올까 두려워, 잘 볼 수 있도록 사방을 틔워놓은 것이다. 그것도 모자라 낮 동안에는 연어로 변하여 폭포 밑에서 지내며 신들이 자기를 잡기 위해 어떤 꾀를 낼지 생각하였다. 집에 있을 때면 아마실을 가지고 매듭을 엮어서 그물을 짰다. 그리고 자기 앞에 언제나 불을 피워두었다.

　하지만 오딘 신은 옥좌에서 아홉 세계를 모두 굽어볼 수 있었다. 이제 신들은 로키가 있는 곳을 알아내서 그를 잡으러 왔다. 로키의 죄가 너무 컸던 것이다. 발더 신을 죽게 하고, 에기르의 연회에서 모든 신을 돌아가며 모욕하였다. 아무리 취했다 해도 용서할 수 없는 일이었다. 로키의 못된 짓이 이미 그 도를 넘어선 것이다.

　신들이 잡으러 오는 것을 보고 로키는 그물을 불 속에 집어던져 불타게 하고는 재빨리 도망쳐서 강에 뛰어들었다. 영리한 신 하나가 불탄 재를 잘 살펴보고 고기 잡는 그물의 형상을 알아냈다. 이제 신들은 그것을 보고 로키가 만든 것과 똑같은 모양으로 그물을 짰다. 그리고는 폭포로 가서 그물을 던졌다. 토르가 그물의 한쪽 끝을 잡고 나머지 신들이 모두 힘을 합쳐서 다른 쪽 끝을 잡았다.

　하지만 연어는 그물보다 앞서 헤엄쳐 가서 두 개의 바위 사이 바닥에 납작 엎드려 그물이 자기 위로 스쳐 지나가게 하였다. 그래도 신들은 무언가 살아 있는 것이 거기 있음을 알아챘다. 그래서 폭포로 돌아

발더를 죽게 한 로키는 결국 아제 신들에게 잡혀 바위에 묶인 채 독사의 독이 얼굴로 떨어지는 형벌을 받게 된다. D. 펜로즈의 그림, 1870년경.

가서 이번에는 그물에 무거운 것을 잡아 묶어, 아래로 아무것도 도망칠 수 없게 만든 다음 다시 그물을 던졌다.

연어는 폭포를 거슬러 도망치다가 멀지 않은 곳에 바다가 있음을 보고 아래쪽으로 방향을 돌렸다. 그러곤 넓게 펼쳐진 그물을 건너뛰어 다시 폭포로 돌아갔다. 그 바람에 신들은 그가 어떤 모습으로 어디 있는지 알 수 있었다.

신들도 다시 폭포로 갔다. 토르 신만 물속으로 들어가고 다른 신들은 폭포 양편으로 나뉘어 그물을 잡고 물 바닥을 훑었다. 로키는 토르에게 잡히거나 그물에 잡힐 신세였다. 그는 토르를 선택하였다. 토르가 물속에서 연어를 발견하고 연어의 몸통 가운데를 붙잡았다. 하지만 연어가 그의 손에서 미끄러져 도망치려는 것을 토르가 간신히 그 꼬리를 붙잡았다. 이때 토르 신의 억센 손길에 눌려서 연어의 꼬리 부분이 그렇게 가늘고 길어졌다. 토르 신의 손에 잡힌 로키는 본모습으로 돌아왔다.

신들은 로키를 붙잡아 동굴로 데려갔다. 그곳에서 납작하고 끝이 뾰족한 바위 세 개를 찾아내 모서리로 세우고, 바위마다 구멍 하나씩을 뚫었다. 그런 다음 신들은 로키의 두 아들을 붙잡았다. 그들은 발리(Wali)와 나리(Nari, 또는 나르비 Narwi)였다. 신들은 발리를 늑대로 변신시켰다. 그러자 늑대는 자신의 형제, 곧 나리를 물어뜯어 갈가리 찢어 놓았다. 신들은 나리의 창자를 꺼내 그것으로 로키와 돌에 난 구멍을 연결하여 뾰족한 바위 셋 위에 몸을 고정시켰다. 바위 하나는 그의 어깨를, 다른 하나는 허리를, 나머지 하나는 무릎 뒤쪽인 오금을 받치게 하였다. 로키를 바위에 고정하고 나자, 창자는 단단한 쇠사슬로 변하었다.

 그러고는 스카디 여신이 독뱀 한 마리를 붙잡아 로키의 머리 위에 고정시켜서 뱀의 독이 얼굴에 방울져 떨어지게 해놓았다. 하지만 로키의 아내인 지긴 여신이 그 옆에 서서 떨어지는 독 방울을 사발로 받아냈다. 그릇에 독이 가득 차면 그녀는 밖으로 나가 독을 쏟아버렸다. 그 사이에 독이 로키의 얼굴에 떨어지기라도 하는 날이면 그는 통증으로 몸을 비틀고, 그러면 땅이 흔들렸다. 사람들은 이것을 지진이라 부른다. 로키는 라그나뢰크의 시간이 올 때까지 이렇게 바위에 묶여 있었다.

영원히 계속되는 전투

발더 신이 죽고 로키 신은 바위에 묶였다. 세상은 갈수록 어지러워졌다. 밝고 환하던 발더 신이 죽은 다음 세상은 전보다 더 어두워졌다. 프리크 여신은 슬픔에 가슴이 미어지고, 오딘 신은 자주 아스가르트를 떠나 세상을 이리저리 떠돌았다. 오딘은 애꾸눈에 푸른색 망토를 걸치고 지팡이를 짚었다. 그것은 실은 창이었지만, 지팡이처럼 보였다. 까마귀 두 마리와 늑대 두 마리도 자주 그의 방랑길에 따라나섰다.

이제 거룩한 마법은 점점 사라지고, 세상이 타락하면서 아무나 마법을 익혀 함부로 사용하였다. 세상 온갖 존재의 사나운 욕심에 밀려 거룩한 것이 더럽혀지고 드물어졌다. 늑대의 시간, 바람의 시간이 시작되고 있었다. 이런 세상에선 늑대의 신이며 바람의 신인 오딘도 차츰 본래의 거룩한 힘을 잃어갔다. 세계에서 창조의 힘이 차츰 스러지고 사악한 기운이 점점 커지고 있었다.

이런 시절, 중간계에 회그니(Högni)라는 왕이 있었다. 그에게는 힐데(Hilde)라는 딸이 하나 있었다. 힐데는 마법을 익힌 여자였다. 아버지가 왕들의 모임에 참석하기 위해 자리를 비웠을 때, 헤딘(Hedin)이라는 젊은 왕이 쳐들어와 함부로 약탈을 하고 힐데를 포로로 데려갔다. 회그니 왕은 왕국이 약탈 당했다는 소식을 듣고, 시종들을 거느리고 곧바로 왕국으로 돌아왔다. 헤딘이 해안을 따라 북쪽으로 올라갔다는 소식을 들은 왕은 즉시 길을 떠났다.

헤딘의 뒤를 따라 노르웨이에 도착하였으나, 그는 이미 서쪽으로 떠난 뒤였다. 왕도 배를 타고 서쪽으로 향했다. 헤아이(Häey) 땅에 이르렀을 때 헤딘이 군대를 거느리고 그곳에 머물고 있음을 알았다. 회그니는 이곳에서 전쟁 준비를 시작하였다.

그때 헤딘에게 포로로 잡혀갔던 딸이 아버지를 찾아왔다. 그녀는 헤딘의 심부름꾼 자격으로 아버지를 찾아온 것이다. 힐데는 아버지에게 협상 조로 목걸이 하나를 내놓았다. 이 목걸이를 받고 화해를 하든지, 아니면 목걸이를 거절하고 헤딘과 싸우든지 둘 중 하나를 선택하라는 내용이었다. 보아하니 딸은 이미 헤딘에게 마음과 몸을 다 내준 것 같았다. 회그니는 딸이 못마땅했다. 그래서 이렇게 대꾸했다.

"쓸개도 없는 계집 같으니. 가서 헤딘에게 전해라. 회그니는 협상 같은 건 모르니 어서 싸울 준비나 하라고 말이다."

이렇게 해서 양측은 무장을 갖추고 어느 섬으로 갔다. 그들은 어느 한편이 다 쓰러져 죽기까지 계속되는 외딴 섬 결투(Holmgang)를 시작할 참이었다. 싸움을 시작하기 전에 헤딘이 이렇게 말했다.

"장인어른, 제발 협상을 하십시다. 많은 황금을 드리겠소."

회그니가 대답하였다.

"네가 협상을 원하는 것이라면 너무 늦었다. 내 이미 나의 소중한 칼 다인슬라이프(Dainsleif)를 빼들었으니 말이다. 이 칼은 난쟁이들이 만든 것으로 한번 빼들면 반드시 사람을 죽여야 한다. 이 칼에 베인 사람은 절대로 그 상처가 아물지 않는다. 각오해라."

젊은 헤딘도 지지 않고 이렇게 외쳤다.

"당신은 칼을 자랑으로 삼지만 승리를 자랑할 수는 없소. 난 주인에게 충성하는 칼은 모두 명검이라고 생각합니다."

이렇게 말을 마치고 그들은 싸움을 시작하였다. 이 싸움은 '헤드닝 족의 싸움(Hiadningawig, Kampf der Hedninge)'이라는 이름으로 알려졌다. 섬에서 하루 종일 싸운 다음 왕들은 제각기 배로 돌아갔다. 하지만 밤이 되면 힐데가 싸움터로 나갔다. 그녀는 마법을 이용하여 죽은 사람을 모두 되살려놓았다. 한편은 아버지의 군대였고, 다른 편은 남편의 군대였다.

이튿날 두 왕이 싸움터로 나오면 전날 죽은 사람들이 모두 일어나 다시 싸웠다. 이렇게 싸움은 하루하루 계속되고 끝날 줄을 몰랐다. 전사한 사람들과 땅에 떨어진 칼과 방패는 모조리 돌이 되었다. 하지만 이튿날 날이 밝으면 죽은 자들이 일어나 싸울 준비를 갖추고, 무기도 도로 쓸 수 있게 되곤 하였다. 이렇게 해서 이 헤드닝의 싸움은 라그나뢰크의 시간이 오기까지 날마다 계속되었다.

이것은 《스노리 에다》 제2부의 마지막에 나오는 이야기다. 《스노리 에다》는 1부와 2부로 구성되어 있다. 스노리는 젊은 시인 지망생들에게 옛 아이슬란드 시인들(스칼데)의 여러 운율 기술을 가르치기 위해 이 책을 썼다. 그는 이 책에서 《옛 에다》의 시구에 숨어 있는 이야기들을 알기 쉬운 산문으로 풀어서 들려준다. 그 사이사이로 옛 시인들의 운율 기술을 분석하여 조상이 남긴 시예술의 전통을 후배들에게 물려주려는 노력도 하고 있다.

《스노리 에다》의 제1부는 〈길피 왕이 헛것을 보다〉라는 제목이고, 제2부는 〈시예술의 언어〉라는 제목을 달고 있다. 스노리의 작품은 우리에게는 재미있는 이야기일 뿐이지만, 시인이기도 했던 스노리 자신에게는 운율이 몹시 중요하였다.

회그니와 힐데의 이야기에서 스노리는 '하(H)'를 두운(頭韻)으로 이용하고 있다. 회그니의 칼 다인슬라이프만 빼고는 회그니, 힐데, 헤딘, 헤아이, 헤드닝족의 싸움 등 중요한 모든 이름이 '하'로 시작한다. 시에서는 보통 낱말의 끝 부분을 맞추는 각운(脚韻)이 널리 쓰이지만, 《에다》 시편을 쓴 시인들은 낱말의 시작 부분을 맞추는 두운을 많이 이용하였다. 스노리가 산문으로 들려주는 이 이야기에서 우리는 두운의 분위기를 맛볼 수 있다.

니플룽겐족의 최후
반지 이야기 |2|

 ✤ **들어가기 전에**

이것은 1권에 나오는 절대반지 이야기의 뒷부분이다. 《옛 에다》의 34번, 35번 노래가 들려주는 이 이야기에는 게르만족에 얽힌 역사적 사건들이 뒤섞여 있다. 따라서 신들의 이야기와는 상당히 다르게 전개된다. 다만 용을 죽인 영웅 지구르트를 통해 두 명의 여성 인물이 등장하다가, 나중에는 오직 구드룬(Gudrun) 혼자만 긴 이야기의 끝까지 남게 된다.

오랜 세월을 두고 게르만 세계에서 명성을 얻은 이 이야기에는, 게

＊ 용을 죽인 영웅 지구르트와 니플룽겐족의 멸망 이야기는 《옛 에다》의 영웅들의 노래 부분(17~40번)에서도 가장 중요한 내용이다. 이는 영웅들의 노래 총 24편 중 15편을 차지하고 있다. 여기서는 《스노리 에다》에서 스노리가 요약해놓은 내용을 따라 간략하게만 다룬다. 나중에 기회가 되면 영웅들의 노래를 따로 다룰 수 있을 것이다.

르만족이 북부(스칸디나비아와 덴마크)에서 남부로 이동하던 5세기의 역사적 사건들이 녹아들어 있다. 하나는 부르군트(Burgund) 왕국이 로마의 장군 아에티우스(Flavius Aëtius)의 손에 멸망한 사건(437년)이고, 다른 하나는 게르만 출신의 처녀 힐디카(Hildika)가 훈족의 왕 아틸라(Attila)와 결혼한 사건(453년)이다. 아틸라는 결혼식 날 밤에 죽었다.

이 두 사건을 하나로 엮어서, 부르군트족(이야기에서 기우쿵겐 또는 니플룽겐족)이 아틸라(아틀리 Atli)의 왕궁을 찾아 훈족의 나라로 진군하는 이야기, 그곳에서 부르군트족이 멸망하는 이야기, 구드룬이 오빠들의 원수를 갚기 위해 아틀리를 죽이는 이야기 등으로 이루어진 것이 바로 《옛 에다》 34번과 35번의 노래 내용이다.

하지만 기묘한 운명을 타고난 여인 구드룬의 이야기는 그것이 다가 아니다. 아마도 '구드룬'이라는 여주인공을 중심으로 여러 개의 이야기가 하나로 엮인 것으로 보이는데, 아틀리가 죽은 다음에도 그녀의 이야기는 계속 이어진다.

이 유명한 이야기는 중세 도이치 대서사시 《니벨룽겐의 노래》(13세기)의 내용과도 상당 부분이 일치한다. 세부적으로는 다르지만 전체적인 줄거리는 비슷하게 흘러간다. 자세한 이야기는 뒷날로 미루고 여기선 이쯤에서 그치기로 하자.

지구르트는 게르만 세계에서 으뜸가는 영웅이다. 그는 어려서 부모를 여의고 대장장이 레긴(Regin)의 손에 자랐다. 대장장이 레긴은 원래 흐라이트마르(Hreidmar)의 아들이었다. 흐라이트마르는 신들의 몸값으로 받은 난쟁이 안드바리(Andwari)의 보물을 아들들에게도 나누어주지 않고 독차지하려고 하였다. 그러자 두 아들인 파프니르(Fafnir)와 레긴이 보물을 차지하려고 아버지를 죽였다. 하지만 아버지가 죽고 나자 이번에는 형인 파프니르가 보물을 모조리 차지하고 레긴에게는 조금도 나누어주지 않았다. 파프니르는 용으로 변신한 뒤 동굴에 숨어서 보물을 지켰다.

레긴은 왕의 대장장이가 되었다. 그러면서 고아가 된 지구르트를 데려다 길렀다. 레긴은 어린 지구르트를 기르면서, 다음에 크거든 용을 죽이고 보물을 차지하라고 가르쳤다. 지구르트가 자라자 레긴은 그에게 칼을 만들어주었다. 지구르트는 그 칼로 용을 죽였다. 하지만 레긴은 지구르트를 죽이고 자신이 용의 보물을 차지할 생각이었다.

레긴은 체격도 작고 힘도 약해서 영웅 지구르트를 처치할 수가 없었다. 그래서 죽은 용의 심장을 먹고 용기를 얻은 다음 아직 아무것도 모르는 천진한 지구르트를 없앨 생각이었다. 레긴이 용의 피를 마시고 잠에 빠져 있는 동안, 지구르트는 용의 심장을 굽다가 손가락을 데는 바람에 우연히 용의 피를 빨게 되었다. 그러자 그는 갑자기 새의 말을 알아듣게 되었다.

새들은 그에게 용의 심장을 먹으라고 일러주었다. 이어서 레긴이 지구르트를 죽이려고 하니, 얼른 그를 죽이고 보물을 차지하라고 일러주었다. 이렇게 해서 지구르트는 레긴을 제거하고 용이 남긴 보물을 차지하였다. 그것은 원래 난쟁이 안드바리의 보물이었다.

로키가 안드바리의 보물을 가져올 때 절대반지까지 뺏어오는 바람에 안드바리가 반지에 저주를 걸었다.

"아무도 이 반지를 제대로 이용하지 못하고, 반지를 손가락에 낀 자는 누구든 죽음을 면치 못하리라."

이제 보물은 용을 죽인 영웅 지구르트의 손으로 들어갔다. 용은 지구르트의 칼에 찔려 죽기 직전에 아직 젊은 그에게 이렇게 충고하였다.

"반짝반짝 빛나는 이 보물이 너를 망칠 것이다. 그러니 보물은 잊어버리고 말을 타고 그대로 집으로 돌아가거라."

물론 지구르트는 죽어가는 용의 충고에 귀를 기울이지 않았다.

"누구나 반드시 한 번은 죽는 법. 보물 싫다는 놈 보았더냐."

여기까지는 1권에서 상세히 이야기한 부분이다.

✟ 영웅 지구르트의 혼란과 죽음

지구르트는 보물을 '그라니(Grani)'라는 말에 싣고 계속 길을 갔다. 절대반지는 이제 그의 손가락에서 빛나고 있었다. 지구르트는 숲과 산을 지나 한참을 가다가, 인적 드문 산 위에 집이 한 채 있는 것을 발견하였다. 그는 그곳에 도착하여 집 안으로 들어갔다.

그곳에는 어떤 여자가 투구를 쓰고 갑옷을 입은 채 세상모르고 잠들어 있었다. 지구르트는 자신의 칼 '그람(Gram)'으로 그녀를 감싸고 있는 갑옷을 단번에 둘로 갈랐다. 뛰어난 대장장이 레긴이 만든 '그람'은 워낙 좋은 칼이라, 전에도 레긴의 쇠모루를 두 조각 낸 적이 있었다. '그람'을 휘두르는 지구르트의 칼 솜씨도 이제는 완벽해져서 사람에게

바그너의 〈니벨룽의 반지〉에서 지구르트와 브륀힐트는 각각 지크프리트와 브륀힐데로 등장한다. 불길을 통과한 지크프리트가 산꼭대기에 도달하니, 갑옷으로 무장한 사람이 깊은 잠에 빠져 있었다. 갑옷을 벗기고 나니 뜻밖에도 그는 아름다운 여자였다. 생전 처음으로 여자를 본 지크프리트가 키스를 하자 브륀힐데가 깨어났다. 아서 래컴의 그림, 1911년.

는 전혀 상처를 주지 않고 갑옷만 감쪽같이 둘로 갈랐다.

잠자던 여인은 자신의 몸을 옥죄고 있던 갑옷에서 풀려나자 허전한 듯이 잠에서 깨어 일어났다. 그녀는 브륀힐트였고, 전쟁터에서 오딘 신을 위해 죽은 용사들의 영혼을 하늘나라로 나르는 발퀴레 여신 중 하나였다. 다만 싸움을 좋아하여 지나치게 많은 전사를 죽이는 바람에 오딘 신의 벌을 받아 이곳 외딴집에서 깊은 잠에 빠져 있었던 것이다.

용을 죽인 영웅 지구르트는 발퀴레 출신 브륀힐트를 죽음과도 같은 깊은 잠에서 구원하였다. 브륀힐트를 구한 다음 무심한 지구르트는 자신의 길을 계속 갔다. 그가 다시 길을 떠나기 전에 그곳에서 두 사람 사이에 무슨 일이 있었는지를 스노리는 알려주지 않는다.

영웅과 처녀신 발퀴레가 만나면 무슨 일이 벌어지는지 우리는 다른 이야기에서 이미 들었다. 특히 여기서처럼 영웅이 잠자는 여신을 구하고 난 다음 둘이 사랑에 빠졌으리라는 것은 거의 분명한 일인데, 스노리는 시치미를 뚝 떼고 아무 말도 하지 않는다. 다른 이야기에 따르면, 브륀힐트와 지구르트는 여기서 백년가약을 맺었다. 그런 다음 지구르트는 모험을 떠났다.

지구르트는 브륀힐트가 사는 산을 떠나 기우키(Giuki)라는 왕의 궁전에 이르렀다. 왕비인 그림힐트(Grimhild)는 마법에 능하였다. 왕의 자식으로는 군나르(Gunnar), 회그니, 구드룬, 구드니(Gudny) 등이 있었다.* 그 밖에 왕의 아들은 아니지만 왕비의 아들인 구토름(Gutthorm)이 더 있었다. 딸 구드룬은 어머니 그림힐트에게서 마법을 전수받았다.

지구르트는 한동안 이 궁전에 머물렀다. 지구르트는 자신의 영원한 사랑 브륀힐트를 잊지 못하고 있었지만 마법에 능한 왕비 그림힐트는 딸 구드룬이 지구르트에게 마음을 뺏긴 것을 눈치 챘다. 그림힐트는 옛사랑을 모두 잊고 새로 만난 사람을 사랑하게 해주는 마법의 약을 만들어 구드룬에게 주었다. 구드룬은 그것을 지구르트의 술잔에 넣었고, 그는 아무 생각 없이 그녀가 내주는 술을 받아 마셨다. 술을 마신 순간 그는 브륀힐트를 깨끗이 잊고 바로 눈앞에 있는 구드룬에게 홀딱 반하고 말았다.

그는 얼마 후 왕과 왕비로부터 구드룬과 결혼해도 된다는 허락을 받았다. 지구르트와 구드룬은 약혼을 하였지만, 장남인 군

크림힐트가 어머니에게 간밤에 꾼 악몽에 대하여 이야기하고 있다. 《니벨룽겐의 노래》에서 구드룬은 크림힐트라는 이름으로 등장한다. F. 필로티의 그림, 1890년경.

＊ 이 이야기는 바그너의 오페라 〈니벨룽의 반지〉의 출전이 된다. 스노리의 이야기는 거의 동시대에 쓰인 중세 도이치 서사시 《니벨룽겐의 노래》(13세기)와 큰 틀은 같지만 세부 사항은 미묘하게 엇갈린다. 게다가 서사시와 오페라에 등장하는 인물들의 이름이 서로 다르게 나타난다. 이렇게 이름이 엉킨 것은 특히 한국 독자에게 큰 혼란을 불러일으킨다. 그렇지 않아도 이름들이 어려운데, 서로 엉키기까지 하니 혼란이 일어나는 건 당연하다. 중세 도이치 서사시 《니벨룽겐의 노래》에서는 구드룬에 해당하는 인물이 크림힐트라는 이름으로 등장한다.

19세기에 쓰인 바그너의 오페라는 《에다》와 《니벨룽겐의 노래》 둘 다를 출전으로 삼는다. 《에다》 이야기와 그의 오페라에 등장하는 이름만을 비교하기로 하자. 먼저 '기우키' 는 '기비쿵' 으로 바뀐다. 군나르 → 군터, 회그니 → 하겐, 구드룬 → 구트루네로 바뀌고, 그림힐트, 구드니 등은 등장하지 않는다.

나르가 아내를 얻을 때까지 결혼식을 미루기로 했다. 시간이 흐르면서 지구르트는 군나르, 회그니와 사이가 각별해져 형제의 의를 맺었다. 의형제를 맺은 다음 군나르의 아내를 얻기 위하여 세 사람은 함께 길을 떠났다.

그들은 아틀리라는 왕에게로 갔다. 아틀리에게는 브륀힐트라는 누이가 있었다. 군나르는 브륀힐트를 아내로 맞이하고 싶었다. 그녀는 저 높은 산꼭대기에 있는 자신만의 성에서 홀로 살았다. 그녀의 성은 타오르는 불길로 둘러싸여 있었다. 브륀힐트는, 이 타오르는 불길을 뚫고 자신의 성으로 오는 남자를 남편으로 맞이하겠다는 맹세를 이미 해둔 터였다. 지금까지 아무도 사나운 불길을 뚫고 험한 산꼭대기에 있는 그녀의 성에 들어가지 못하였다. 아름답고 용감한 브륀힐트는 오만한 태도로 남자들을 비웃으며 자신의 성에서 혼자 살았다.

지구르트는 기우키의 아들들과 함께 산으로 올라갔다. 군나르가 자신의 말을 타고 브륀힐트의 성 주변에서 타오르는 불길을 넘어가야 할 순간이 되었다. 하지만 그의 말은 활활 타오르는 불을 보고 겁을 먹어 불 속으로 뛰어들려 하지 않았다. 지구르트의 말 그라니는 불길을 뛰어넘을 만큼 용감했지만, 지구르트 말고는 어느 누구도 다룰 수가 없었다.

하는 수 없이 그들은 속임수를 쓰기로 하였다. 지구르트가 군나르로 변신하여 브륀힐트에게 구혼하기로 한 것이다. 지구르트와 군나르는 서로 모습과 이름을 바꾸었다. 그래서 이제 군나르가 된 지구르트가 자신의 말 그라니를 타고 불길을 뛰어넘었다. 산꼭대기 성에 사는 브륀힐트는 위험한 불길을 뚫고 자신을 찾아온 구혼자 군나르-지구르트를 다정하게 맞아들였다. 그들은 가약을 맺고 첫날밤을 보내게 되었다.

그들이 첫날밤의 침상에 들었을 때 군나르로 변신한 지구르트는 자신의 칼 '그람'을 뽑아 신부와 자신 사이에 꽂았다. 구드룬과 약혼한 그는 신부의 몸을 건드리지 않고 그날 밤을 보냈다. 그렇게 밤을 보내고 아침이 되자 그들은 서로 반지를 바꾸었다. 지구르트는 로키 신이 안드바리에게서 빼앗은 저 유명한 절대반지를 끼고 있었고, 물론 이 반지에는 안드바리의 저주가 붙어 있었다. 지구르트는 그 사실을 알지 못했지만 그렇다고 반지의 저주에서 벗어날 수는 없었다.

지구르트-군나르는 자신이 끼고 있던 절대반지를 브륀힐트에게 주었고 그녀는 자신의 반지를 지구르트-군나르에게 주었다. 용이 보관하고 있던 안드바리의 반지는 이제 지구르트를 거쳐 브륀힐트의 손으로 넘어갔다. 이렇게 서로 반지를 바꾼 다음 지구르트는 그녀를 데리고 군나르가 있는 곳으로 돌아왔다. 그는 브륀힐트 몰래 군나르와 모습을 도로 바꾸었다.* 그런 다음 모두 함께 기우키의 궁전으로 돌아갔다. 그리고 군나르는 브륀힐트와, 지구르트는 구드룬과 결혼하여 살았다.

그림힐트 왕비가 만든 망각의 약을 마신 지구르트는 브륀힐트를 잊었으나 그녀는 그와의 인연을 잊지 않았다. 브륀힐트가 사랑한 남자는 지구르트였다. 하지만 지구르트는 이제 구드룬과 함께 살았다. 한때 발퀴레 여신이었던 브륀힐트는 속으로 타오르는 질투심을 눌렀다. 지

---

* 앞에서 지구르트가 산꼭대기 집에 홀로 잠든 브륀힐트를 구해준 내용과 이 부분을 합쳐보면, 브륀힐트가 동일한 인물이고 그 둘이 혼인한 사이였음을 다시 한번 확인할 수 있다. 브륀힐트가 본래 발퀴레 여신이었다는 사실을 기억한다면 더욱더 그녀와 지구르트가 짝이 이루어야 한다. 그림힐트 왕비의 망각의 약으로, 영웅 지구르트는 대단한 혼란을 일으키고 있는 것이다. 이것이야말로 반지의 저주가 아니고 무엇이겠는가?

금 지구르트 옆에는 아내 구드룬이 있었다.

세월이 흘러 지구르트와 구드룬 사이에 두 아이가 태어났다. 아들 지그문트(Sigmund)와 딸 슈반힐트(Schwanhild)였다. 지그문트는 지구르트의 아버지 이름이기도 하다. 어느 날 시누이 올케 사이인 구드룬과 브륀힐트가 함께 강가로 내려가 머리를 감고, 머리에 쓴 베일을 빨려고 하였다. 강에 이르자 브륀힐트는 강 한가운데로 들어가며 말했다.

"구드룬의 머리를 적시고 온 물에 머리를 감기는 싫어. 내 남편이 더욱 용감하니까."

그 말을 듣고 구드룬도 강 한가운데로 왔다. 그녀도 이렇게 말했다.

"그렇다면 내 베일을 더 위쪽 강물에서 빨아야겠네. 내 남편은 오빠 군나르나 다른 어떤 남자도 당할 수 없을 만큼 용감하니까. 지구르트는 파프니르와 레긴을 죽이고, 그 둘의 유산을 물려받은 사람이니."

그러자 브륀힐트가 소리쳤다.

"군나르가 타오르는 불길을 뛰어넘은 게 그보다 더 대단한 일이야. 지구르트도 그런 일은 못 했어."

구드룬이 큰소리로 웃으면서 잔인하게 외쳤다.

"올케 생각엔 오빠가 타오르는 불길을 뛰어넘었을 것 같아? 천만에. 언니와 첫날밤을 치른 남자가 내게 이 금반지를 주었어. 이 반지 원래 언니 거였지? 그리고 언니가 손가락에 낀 반지는 신랑이 첫날밤을 치른 다음 준 것이지. 그건 안드바리의 반지야. 글쎄, 군나르가 그니타 동굴에서 용을 죽이고 그 반지를 가져왔을까?"

지구르트는 브륀힐트에 대한 기억을 모두 잊고, 겁 많은 군나르 대신 그로 변신해 불길을 뛰어넘어 브륀힐트에게 청혼한다. 아서 맥컴의 그림, 1911년.

브륀힐트는 군나르와 회그니를 부추겨 지구르트를 죽이고 자신도 목숨을 끊었다. 사람들은 지구르트와 브륀힐트의 시체를 장작더미에 올리고 함께 불태워 장례식을 치렀다. C. 버틀러의 그림, 1909년.

　브륀힐트는 아무 말도 하지 않고 자신의 손가락에서 빛나는 반지를 바라보며 깊은 생각에 잠겼다. 한참이나 생각하다가 그녀는 분노로 얼굴이 새파랗게 질려서 아무 말도 없이 궁전으로 돌아갔다. 그녀는 질투심과 그보다 더 큰 분노로 죽을 것만 같았다. 구드룬은 함부로 입을 놀려 큰 비밀을 발설한 것이 후회스러웠지만 이미 때는 늦었다.
　브륀힐트는 자기를 배신한 지구르트에게 복수할 생각뿐이었다. 그녀는 지구르트를 죽이고 그의 보물을 차지하라고 남편 군나르와 시동생 회그니를 부추겼다. 지구르트의 보물을 탐내는 욕심은 군나르의 마음에도 이미 오래전부터 싹터 있었다. 게다가 자기가 속여서 결혼한 아내 브륀힐트의 청을 언제까지나 거절할 수만도 없었다. 군나르와 회그니는 마음이 움직였다. 하지만 그들은 지구르트와 형제의 의를 맺은 사이라 자신들이 직접 그를 죽일 수는 없었다.

그래서 군나르는 구토름에게 이 일을 맡겼다. 구토름은 지구르트가 구드룬과 잠자고 있을 때 살며시 다가가 그를 칼로 찔렀다. 지구르트는 심한 상처를 입었지만, 그래도 자신의 칼 그람으로 구토름의 몸을 둘로 갈라 그 자리에서 죽였다. 그런 다음 자신도 죽었다. 그러자 잔인한 군나르와 회그니는 지구르트의 아들 지그문트마저 죽였다.

지구르트가 죽은 다음 브륀힐트도 칼로 자신을 찔러 목숨을 끊었다. 사람들은 지구르트와 브륀힐트의 시체를 나란히 장작더미에 올리고 불에 태워 장례식을 치렀다. 안드바리의 반지를 손가락에 끼었던 지구르트와 브륀힐트도 제 명대로 살지 못하고 이렇게 죽었다.* 지구르트가 죽은 다음 군나르와 회그니는 지구르트의 아내인 구드룬을 제치고 자기들이 보물을 넘겨받았다. 하지만 절대반지는 브륀힐트와 함께 사라졌다.

✤ 구드룬의 복수

지구르트가 죽은 다음 그의 아내 구드룬은 깊은 슬픔에 빠졌다. 그녀는 오빠들 손에 먼저 남편을 잃고, 이어서 아들 지그문트까지 잃었다. 이제 딸 슈반힐트와 자신만 세상에 남았다. 사람들은 남편 지구르트와 올케 브륀힐트의 장례식을 함께 치러주었다. 구드룬은 아무 반대도 하지 않았다. 그녀는 이상한 힘을 가진 여자였다. 어머니 그림힐트에게서 마법을 전수받아 그런지, 보통 여자들 같으면 결코 이겨내기

---

* 영웅 지구르트와 발퀴레 여신 브륀힐트는 이렇게 삶을 마쳤다. 바그너는 4부작 오페라 〈니벨룽의 반지〉에서 절대반지를 중심으로, 보탄(오딘)과 지크프리트(지구르트)를 주요 인물로, 브륀힐트를 여주인공으로 삼아 전체 줄거리를 구성하였다. 일부 변동은 있지만 반지 이야기를 기본 틀로 삼고, 나머지 신들의 이야기를 약간 가공하여 덧붙였다. 그리고 신들의 최후인 라그나뢰크(신들의 황혼)를 지크프리트의 죽음과 겹쳐서 처리하였다.

힘든 운명의 시련을 딛고 살아남았다.

그림힐트는 남편과 자식을 잃고 힘들어하는 딸을 슬픔에서 구하려고 애썼다. 딸에게도 과거를 잊는 망각의 약을 마시게 하고, 끈질기게 구혼하는 아틀리 왕과 결혼하라고 딸을 부추겼다. 아틀리는 훈족의 왕으로 브륀힐트의 오빠이기도 했다. 그는 지구르트가 가졌던 용의 보물이 탐나서 그의 미망인인 구드룬에게 끈질기게 구혼하였다.

망각의 약을 마신 구드룬은 죽은 남편 지구르트의 일을 거의 잊었다. 그래도 아틀리 왕과 결혼하고 싶은 마음은 별로 없었지만 어머니의 강요 끝에 마침내 재혼을 하였다. 지구르트가 남긴 어린 딸 슈반힐트는 아틀리의 궁으로 데려가지 않고, 요나쿠어(Jonakur) 왕의 궁정에 맡겼다.

세월이 흘러 아틀리 왕과 구드룬 사이에서도 두 아들이 태어났다. 그러자 아틀리 왕은 처남인 군나르와 회그니를 궁으로 초대하였다. 구드룬은 오빠들에게 이곳에 오지 말라는 암시와 경고를 보냈다. 그런데도 그들은 아틀리의 초대를 받아들였다. 하지만 출발하기 전에 자기들이 보관하고 있던 파프니르(용)의 보물을 라인 강 아무도 모르는 곳에 감추었다. 그 뒤로 지금까지 파프니르의 보물은 세상에 다시는 나타나지 않았다.

군나르와 회그니가 아틀리 왕의 성에 거의 이르렀을 때, 아틀리 왕은 군대를 동원해 그들 일행을 기습하였다. 이렇게 해서 군나르와 회그니는 성에 들어가기도 전에 매제에게 포로로 붙잡혀 끌려 들어가는 신세가 되었다. 아틀리는 군나르에게 파프니르의 보물을 내놓으면 살려주겠다고 협박하였다. 하지만 군나르는 단호히 거절하였다. 그러자

보물을 빼앗고자 군나르와 회그니를 초대한 아틀리 왕은 회그니를 먼저 죽이고 난 후에도 군나르가 보물이 숨겨진 장소를 말하지 않자 그마저 독사 구덩이에 던졌다. 손이 묶인 군나르는 발로 하프를 연주하여 뱀들을 재웠으나 끝내 잠들지 않은 한 마리에 물려 죽고 만다. 나무 조각, 12세기.

아틀리는 산 채로 회그니에게서 심장을 도려내어 군나르에게 보여주었다. 동생을 잃고 혼자 살아남은 군나르는 보물이 있는 곳을 끝내 가르쳐주지 않았다.

아틀리는 군나르를 독사 구덩이에 던졌다. 그는 하프 하나를 몸에 지니고 있었는데, 두 손이 묶여 있었기에 발로 하프를 켰다. 하프 소리가 들리자 뱀들이 모두 잠들었다. 하지만 독사 한 마리가 끝내 잠들지 않고 그에게 덤벼들어 가슴에 큰 상처를 냈다. 그런 다음 뱀은 머리를 상처 안으로 들이밀어 군나르의 간을 물고 매달려 마침내 그도 죽었다. 비참한 죽음이었다.

군나르와 회그니는 원래 기우키의 아들이고 기우쿵겐, 또는 니플룽겐(니벨룽겐)이라 불렸다. 그들은 본래 부르군트 사람이었지만, 그들이 뒤에 남긴 황금은 '니플룽겐의 보물'이라고도 불렸다.

오빠들이 이렇게 아틀리 왕의 손에 죽었다는 소식을 마침내 구드룬이 들었다. 그 소식을 듣자마자 구드룬은 곧바로 오빠들을 죽인 남편에게 복수하기로 결심하였다. 그녀는 먼저 아틀리 왕과의 사이에서 낳은 자신의 두 아들을 죽였다. 그의 혈통을 세상에 남기지 않기 위해서였다. 자기 손으로 죽인 아들들의 두개골에 황금과 은으로 장식을 붙여 술잔 두 개를 만들었다.

곧이어 니플룽겐 사람들의 장례식이 이루어졌다. 장례식 뒤에 이어진 향연에서 구드룬은 두 아들의 두개골로 만든 술잔에 그들의 피를 섞은 꿀술을 담아 아틀리 왕에게 주었다. 그뿐이 아니었다. 죽은 두 아들의 심장을 불에 구워 만든 요리도 가져다주었다. 잔칫상에 앉은 다른 사람들도 모두 넉넉한 술과 음식을 즐겼다. 술을 마신 사람들은 대개 잠이 들었다.

왕이 술을 마시고 요리를 먹고 나자 구드룬은 방금 그가 먹은 게 무엇인지 그의 귀에 속삭여서 일러주었다. 그는 말도 못 하게 기가 막혔지만 너무 취한 상태라 깨지 못하고 그대로 잠이 들었다. 밤이 깊어지자 구드룬은 작은오빠 회그니의 아들을 데리고 아틀리 왕이 잠든 곳으로 갔다. 그러고는 조카와 힘을 합쳐 왕을 죽였다. 왕을 죽인 다음 그들은 잔치를 벌인 홀과 건물 전체에 불을 질러 그 안에 잠들어 있던 사람들 모두를 불에 태워 죽였다. 아틀리의 종족도 거의 전멸하였다.

구드룬은 남편이 오빠들을 죽인 데 복수하려고 제 아들들을 죽이고 이어서 남편 아틀리까지 죽인 것이다. 아틀리 왕의 궁전에 불이 붙어 훨훨 타오를 때 구드룬은 바다로 달려가 바닷물에 뛰어들었다. 물에 빠져 죽으려고 했던 것이다. 하지만 그녀의 기구한 운명은 아직도 다 끝나지 않았다. 그녀는 빠져 죽지 않고 파도에 밀려 떠내려가다가 요나쿠어 왕의 땅에 이르러 그곳 사람들에게 구원을 받았다. 그렇게 해서 그녀는 요나쿠어 왕의 궁으로 안내되었다.

✣ 니플룽겐족의 최후

그런 끔찍한 일들을 겪었는데도 구드룬은 아직도 젊은 날의 미모를 간직하고 있었다. 구드룬은 요나쿠어 왕의 마음을 얻어 그와 결혼하였다. 그들 사이에서 세 아들 쇠틀리(Sörli), 함디르(Hamdir), 에르프(Erp)가 태어났다. 이들은 군나르, 회그니와 다른 니플룽겐 사람들이 그랬듯 머리카락이 까마귀처럼 새카맸다. 그러니까 어머니 혈통으로 니플룽겐의 후손이었다.

옛날 구드룬과 지구르트 사이에서 태어난 딸 슈반힐트도 이곳에 있었다. 슈반힐트는 이미 많이 커서 모든 여인 중 가장 아름다운 사람이 되었다. 부자 왕 요르문레크(Jörmunrek)가 그녀의 미모에 대한 소문을 들었다. 그는 이미 나이가 들었는데도, 아름다운 처녀 슈반힐트를 아내로 삼고 싶어했다. 그래서 젊은 아들 란트버(Randwer)를 구혼 사절로 요나쿠어 궁전에 보냈다.

요나쿠어와 구드룬 부부는 요르문레크 왕의 구혼을 받아들여, 아름다운 딸을 늙은 왕과 혼인시키기로 결정하였다. 구혼 사절은 신부를 데리고 요르문레크 왕의 궁전으로 출발하였다. 란트버를 따라왔던 비키(Bicki)가 고향으로 돌아가는 길에, 늙은 왕보다는 젊은 왕자 란트버가 아름다운 슈반힐트를 아내로 맞이하는 쪽이 더 어울린다고 말했다. 아닌 게 아니라 누가 보아도 젊은 두 사람이 훨씬 더 잘 어울렸다. 젊은 남녀도 그의 충고가 옳다고 여겼다. 그랬으니 두 사람이 서로 마음을 주고받았을 것이 분명하다.

구혼 사절은 신부를 데리고 요르문레크의 궁전으로 돌아왔고, 예정대로 늙은 왕이 슈반힐트를 아내로 맞이하였다. 하지만 비키는 란트버와 슈반힐트가 이곳에 오기 전에 이미 서로 마음을 주고받았다는 사실을 요르문레크 왕에게 일러바쳤다. 구혼 사절로 갔던 젊은 아들이 아름다운 슈반힐트의 마음을 차지했다는 것이다.

요르문레크 왕은 화가 치밀어올라 아들을 사형에 처하라고 명령하였다. 란트버는 처형 당하기 전에 매 한 마리를 잡아 그 깃털을 모조리 뽑은 다음 아버지에게로 보냈다. 이어서 교수대에 매달려 죽었다.

요르문레크 왕은 아들이 죽기 전에 마지막으로 보낸 매를 보았다. 깃털이 없는 매를 가만히 바라보다 그는 자기 왕국이 깃털 뜯긴 매와 같다는 것을 깨달았다. 자신은 이미 늙었는데 후계자가 없었던 것이다. 늙은 왕이 젊은 신부를 얻자고 왕자를 죽였으니, 어리석은 늙은이! 늙은이의 욕심이 이 지경이었으니 이곳에 좋은 일이 있을 리 없었다. 허망하게 아들을 잃은—사실은 자기가 죽인—요르문레크 왕은 마음 붙일 데가 없어 시종들을 거느리고 숲으로 사냥을 나갔다. 궁으로 돌아와보니 젊은 왕비가 뜰에서 머리를 감고 있었다. 왕비를 보자 늙은 왕은 더욱 부아가 치밀었다.

"내 저 요망한 것에 홀려서 하나뿐인 아들을 죽였지."

늙은 왕은 몸을 굽히고 있는 그녀를 향해 말을 탄 채로 덤벼들어 짓밟아, 아름다운 슈반힐트는 말발굽에 밟혀 죽고 말았다.

슈반힐트가 이렇게 불쌍하게 죽었다는 소식이 요나쿠어 왕궁에 전해졌다. 불행하고도 무시무시한 왕비 구드룬도 그 소식을 들었다. 슈반힐트는 영웅 지구르트가 세상에 남긴 혈통이었다. 구드룬은 평생 그랬듯이 아직도 복수의 화신이었다. 그녀는 아들 셋을 부추겨 딸을 죽인 원수에게 복수를 하기로 마음먹었다. 먼저 어떤 쇠붙이도 뚫을 수 없는 갑옷과 투구로 아들들을 단단히 무장시켰다. 그런 다음 그들에게 이렇게 일렀다.

"요르문레크 왕의 궁에 이르거든 그가 잠든 다음 그에게로 가라. 쇠를리는 왕의 두 손을 자르고, 함디르가 그의 두 발을 잘라라. 그리고 에르프가 머리를 잘라라."

어머니가 준 갑옷과 투구로 무장하고, 어머니의 충고를 마음에 담고 세 아들은 길을 떠났다. 하지만 쇠를리와 함디르는 어머니가 몹시 못마땅하였다. 그들은 어머니가 평생 동안 가족에게 불행을 불러들인다고 생각하였다. 그녀는 전남편인 아틀리와의 사이에서 낳은 두 아들을 죽였다. 이번 일도 비슷했다. 어머니 자신의 운명이 끔찍한데, 다른 가족을 희생하려 한다고 아들들은 생각하였다.

그들의 이런 생각이 무조건 틀린 것은 아니었다. 아버지가 다른 누이 슈반힐트의 죽음에 복수하려고 자기들을 부추겨 이렇게 불쾌한 여행을 떠나게 만들었기 때문이다. 그래서 그들은 어머니가 가장 싫어할 일을 하기로 결심하였다. 막내 에르프를 어머니가 각별히 사랑한다는 것을 알고 있었기에 그들은 에르프를 죽이기로 마음먹었다.

쇠를리와 함디르가 막내 동생 에르프에게 물었다.

"요르문레크 왕을 만나면 너는 우리를 어떻게 도울 테냐?"

막내가 대답하였다.

"손이 발을 돕듯이 나도 형들을 도울 수 있어."

"손은 발을 돕지 못해."

이렇게 말하면서 그들은 막내 동생을 죽였다.

얼마가 지난 다음 쇠를리가 한 발로 뛰면서 두 손으로 몸을 지탱해 보았다. 몹시 비틀거리기는 해도 쓰러지지는 않았다. 그러자 그가 말했다.

"이것 봐라, 손이 발을 돕네. 암튼 에르프가 살아 있는 편이 나을 뻔했어."

하지만 이미 때는 늦었다. 그들은 요르문레크 왕의 궁전에 도착하였다. 왕이 잠든 밤에 그들은 왕에게로 가서 두 손과 두 발을 다 잘랐다. 그러는 사이에 왕이 깨어나 비명을 지르며 부하들을 불렀다. 함디르가 말했다.

"에르프가 살아 있었다면 지금 머리를 베어야 하는 건데."

왕의 비명을 듣고 궁정의 신하들이 모두 일어나 쇠를리와 함디르 형제를 붙잡았다. 하지만 아무리 창이나 칼로 내리쳐도 그들을 찔러 죽일 수가 없었다. 쇠붙이가 들어가지 않는 갑옷으로 무장하고 있었기 때문이다. 그러자 손발이 다 잘린 요르문레크 왕이 피를 철철 흘리면서 소리를 질렀다.

"놈들을 돌로 쳐 죽여라."

신하들이 그렇게 하였다. 쇠를리와 함디르는 돌에 맞아 쓰러져 죽었다. 이제 기우키 왕의 종족과 모든 후손이 다 멸망하였다. 곧 니플룽겐족이 완전히 망한 것이다.

다만 지구르트의 딸 하나가 살아남았다고 한다. 딸의 이름은 아슬라우크(Aslaug)로, 흘린달리르(Hlindalir)에 있는 하이미르(Heimir)에게서 자랐다. 그녀의 후손은 강력한 종족이 되었다.

또한 뵐중(Wölsung)의 아들이자 지구르트의 아버지인 지그문트에 대해서는, 그가 너무 강해서 독약을 마셔도 끄떡없었다고 전해진다. 그리고 그의 두 아들 진표틀리(Sinfiötli)와 지구르트는 아주 강인한 피부를 가져서 피부에 독약을 뿌려도 끄떡없었다고 한다.

혈족이 서로 죽이는 이 끔찍한 복수의 이야기는 이렇게 끝이 났다. 이 이야기에서 지구르트의 아내였던 구드룬은, 자기는 죽지 않고 계속 자식들만 죽게 하는 사악한 마녀의 측면을 드러낸다. 하지만 신들이 만든 세계의 종말이 다가오고 있었으니, 이런 끔찍한 복수극이 일어난다 해도 이해가 된다. 이미 예언에도 들어 있는 일 아니던가? '바람의 시대, 늑대의 시대'가 되면 아들이 아비를, 아비가 아들을, 형제가 형제를 죽인다고 말이다.

하지만 세상에서 가장 끔찍한 일은 어미가 자식을 죽이는 것이리라. 구드룬은 세 번이나 결혼하여 두 남편과의 사이에서 얻은 자식들을 직접 죽이거나 아니면 죽음의 구덩이로 몰아넣었다. 그녀는 아마도 첫 남편인 지구르트만을 진정으로 사랑했던 모양이다. 나머지 남편들은 억지로 아니면 그냥 운명에 따라 결혼한 사람이었다.

구드룬은 용을 죽인 영웅 지구르트의 아내였다. 그녀를 통해 친정인 니플룽겐 가문 사람들은 완전히 멸망하였다. 오로지 지구르트의 딸 하나만 살아남아 후손을 보았다. 하지만 더욱 두려운 시대가 이미 시작되고 있었다.

신들의 황혼

라그나뢰크는 빛과 질서와 생명을 수호하는 신들과, 어둠과 혼란과 파괴를 지향하는 사악한 거인들 사이에 벌어지는 최후의 일전이다. 그리고 최후의 일전답게 양쪽이 모두 무너지고 하나의 세계가 사라지는 것으로 끝난다. 낡은 세계가 무너져 사라져야만 새로운 세계가 생겨날 수 있다. 곧 낡은 질서가 완전히 붕괴되어야 새로운 질서가 자리 잡는다. 이것은 모든 변혁과 탄생과 창조의 원리다. 새로운 생명의 탄생에 앞서 파괴와 죽음이 오는 것이다. 신화는 이것을 신화의 언어로 표현한다. 북유럽 신화에서 그것은 라그나뢰크, 곧 '신들의 황혼(Götterdämmerung)'으로 나타난다.

모든 생명의 원리를 거대한 순환으로 본다면, 파괴와 죽음은 새로운 탄생의 다른 얼굴이다. 탄생과 성장과 젊음의 힘만을 긍정적인 것으로 여기고 늙음과 죽음을 부정적인 것으로 여기기 쉽지만, 신화에서 탄생과 죽음은 궁극적으로 대등하다. 라그나뢰크는 다음번 순환을 위해 꼭 필요한 전 단계로 볼 수 있다.

기존의 세계와 질서가 붕괴되어 원천의 혼돈, 또는 새로운 탄생 이전의 원천의 물질 상태로 돌아가는 것이다. 이런 혼돈에서 새로운 것이 만들어져 나온다. 신화의 언어에서 파괴의 신은 창조의 신과 대등하다. 인도 신화에 나오는 비슈누와 시바의 모습에서 그것을 확인할 수 있다. 이들은 동일한 신의 다른 얼굴이다. 그렇듯이 북유럽 신화에서도 파괴의 괴물들을 낳은 로키 신은 오딘과 토르의 동반자이기도 하다.

✤ 종말의 징조

발더가 나쁜 꿈을 꾸고 오딘이 죽은 자들의 나라로 가서 오래전에 죽은 여자 예언자 발라를 만났을 때, 오딘은 이미 신들의 최후가 어떤 모습인지를 알고 있었다. 전부터 신들의 최후에 대한 많은 예언들이 있었다. 오딘은 미미르의 샘으로 찾아가 미미르의 머리와도 상의를 하였지만 뾰족한 수가 없었다. 신들도 정해진 운명을 피할 수 없었기 때문이다.

세상의 모든 존재가 그렇듯이 생겨난 것은 언젠가 사라지고 태어난 것은 언젠가 죽는다. 신들이 인간을 만들었고 인간보다 훨씬 더 강력한 존재이기는 했지만, 그들은 거인들과 함께 태초에 태어난 존재였

노르네 여신들이 자아내던 운명의 실이 갑자기 끊어졌다. 여신들은 세계의 운명을 알 수 없게 되었다. 세계의 앞날은 이제 예측할 수도 이해할 수도 없는 것이 되었다. 아서 래컴의 그림, 1911년.

토르는 사나운 숫염소 두 마리가 모는 마차를 타고, 쇠망치 묠니르를 휘두르면서 번개와 천둥을 몰고 폭풍우가 몰아치는 것처럼 나타난다. 라그나뢰크가 오면, 토르는 이렇게 거인들과 최후의 전투를 벌인다. M. E. 윙지의 그림, 1890년경.

다. 세상에 태어났으니 죽음을 면할 길이 없었다. 예언된 일들이 일어나기 시작하였다. 물론 절대로 포기하지 않는 오딘은 마지막 순간까지 있는 힘을 다하여 싸움을 계속하였다. 신들의 최후는 다음과 같다.

먼저 신들의 최후인 라그나뢰크를 알리는 세 가지 징조가 차례로 나타났다. 첫 번째 징조로, 수탉 세 마리가 동시에 울기 시작하면서 온 세상이 그 소리를 들었다. 붉은 수탉 한 마리가 요툰하임과 우트가르트에서 큰 소리로 울어 죽은 거인과 난쟁이 들을 깨웠다. 두 번째 검은 수탉이 헬의 나라에서 죽은 존재들과 저승의 개 가름을 깨웠다. 황금빛 벼슬을 가진 셋째 수탉은 아스가르트에서 발할의 죽은 자들, 곧 아인헤리를 깨웠다.

두 번째 징조로, 온 세상에서 형제가 형제를, 아들이 아비를 죽이는 일이 되풀이되는, 무시무시한 전쟁과 타락의 기간이 삼 년 동안 계속되었다. 이것은 '바람의 시대', '늑대의 시대'였다. 아무도 다른 사람을 배려하지 않고 서로를 배신하고 칼로 찔러 죽였다. 혈족을 죽인 자에 대해서는 언제나 피의 앙갚음을 하였고, 이것이 다시 피를 불러 서로 죽이는 일이 끊이지 않았다. 앞서 이야기한 헤드닝의 전쟁, 흐라이트마르 부자의 이야기, 지구르트의 혼란, 브륀힐트의 복수, 구드룬의 복수 등에도 이미 이런 요소가 들어 있었다.

세 번째 징조로, 여름도 없이 삼 년 동안 겨울이 계속되었다. 세상에서 가장 길고 무시무시한 이 겨울은 핌불(Fimbul)이라 불렸다. 눈 폭풍이 계속되고 서리와 추위가 온 세상을 덮었다. 태양도 차츰 힘을 잃었다.

이런 징조들이 지나가고 본격적인 라그나뢰크가 시작되었다. 처음부터 해와 달을 쫓던 두 마리 늑대, 곧 스퀼(Sköll)과 하티(Hati)가 마침내 하늘에서 해와 달을 붙잡아 삼켜버렸다. 구름이 피처럼 붉게 변하였다. 별들이 하늘에서 떨어져 별빛조차 없는 세상에서 무시무시한 지진이 시작되었다.

산들이 흔들리고 나무가 뿌리째 뽑히고, 세상의 모든 사슬과 속박이 저절로 풀렸다. 늑대 펜리스와 불의 신 로키도 사슬에서 풀려났다. 펜리스 늑대가 커다란 주둥이를 쩍 벌리자 위턱은 하늘에 닿고 아래턱은 땅에 닿았다. 그런데도 여전히 더 크게 벌릴 여력이 있었다. 그의 눈과 코에서 불길이 뿜어져 나왔다.

중간계를 한 바퀴 휘감고 입으로 제 꼬리를 물고 있던 미트가르트 뱀이 바다 속에

발퀴레는 원래 자연의 정령이었으나 뒷날 번쩍이는 갑옷을 입고 사나운 말을 타고 공중을 날아다니는, 아름답고 용감한 처녀 전사로 신분이 바뀌었다. 스티븐 신드링의 조각, 대리석, 1900년경.

서 몸을 뒤흔들자, 거대한 물결이 일면서 배들이 침몰하고 해일이 일어났다. 뱀은 입에서 독을 뿜어냈다. 이 독이 대기와 바다를 오염시켰다. 미트가르트 뱀이 늑대와 한편이 되어 싸우는 꼴은 보기만 해도 무시무시하였다.

죽은 자들의 손톱과 발톱으로 만든 무시무시한 배 나글파리(Naglfari)도 아스가르트로 향하였다. 거인 흐림르(Hrymr)가 나글파리를 이끌고 싸움터로 다가오는 중이었다.

이어서 불칼을 휘두르는 무스펠하임의 거인 주르트르(Surtr)가 엄청난 불의 군대를 이끌고 도착하였다. 이들은 모두 '무스펠의 아들들'이라 불렸다. 주르트르의 칼은 놀랍도록 예리하고 태양보다 번쩍였다. 해와 달과 별이 없는 세상은 무스펠하임의 불과 주르트르의 칼에서 흘러나오는 광채로 다시 환해졌다. 다만 하늘의 빛과 달리 그것은 모든 존재를 집어삼키는 사나운 불의 광채였다.

아스가르트로 연결된 다리 비프뢰스트가 주르트르의 불길에 녹아 버렸다. 불의 거인들뿐 아니라 유령들도 주르트르의 지휘를 받았다. 이들은 모두 광대한 비그리트(Wigrid) 평원에 모였다. 속박에서 풀려난 로키도, 헬의 군대도 이곳으로 달려왔다. 이렇게 신들의 적이 모두 모였다. 로키와 그의 무시무시한 자식 셋, 나글파리를 이끄는 흐림르, 무스펠하임에서 온 주르트르가 이들을 지휘하였다.*

---

* 이 장면은 영화 〈반지의 제왕〉 제3편 '왕의 귀환'에 잘 묘사되어 있다. 서로 대립하는 양편의 군대가 모두 모여서 그야말로 최후의 결전을 펼친다. 심지어는 유령 군대까지 등장한다. 〈반지의 제왕〉은 전투 장면들을 많이 포함하고 또 전체적으로 대단히 어둡고 불길한데, 그를 통해 북유럽 신화의 라그나뢰크 분위기를 잘 보여준다.

마침내 해와 달이 늑대에게 먹혔다. 지축이 흔들리고 나무가 뿌리째 뽑히고 해일이 일어났다. 하늘과 땅의 모든 존재가 두려움에 떨었다. 최후의 전쟁이 시작되었다. 예언은 실현되었다. P. N. 아르보의 그림, 1872년.

✤ 최후의 싸움

신들도 이미 준비가 끝나 완전히 무장을 갖추었다. 그동안 아스가르트에서 훈련을 받은 아인헤리들이 절반으로 나뉘어 각기 오딘과 프라야의 지휘를 받았다. 오딘은 말을 달려 미미르의 샘으로 찾아가 미미르의 머리와 마지막으로 상의를 하였다. 하임달이 뿔나팔 기얄라르로 모든 신을 깨워 그들은 회의를 마쳤다. 이그드라실이 크게 흔들리고, 하늘과 땅의 모든 존재가 두려움에 떨었다.

최후의 전쟁이 시작되었다. 신의 군대와 거인의 군대가 맞붙었다. 오딘 신은 황금 투구를 쓰고 아름다운 갑옷을 입고 빛나가지 않는 창 궁니르(Gungnir)를 들었다. 그러고는 펜리스 늑대와 맞붙어 싸웠다. 그의 옆에서는 토르가 미트가르트 뱀과 싸웠다. 프라이는 주르트르와 맞붙었다.

다만 프라이는 오래전 거인 여인 게르트에게 홀딱 반해 심부름꾼 스키르니르에게 자신의 칼을 내주었기에 변변한 무기조차 없었다. 그래도 황금 돼지를 타고 마지막까지 주르트르에 맞서 용감하게 싸웠지만, 결국 주르트르의 불칼에 몸이 둘로 갈라지고 말았다.

티르 신은 지옥의 개 가름과 싸우다가 둘 다 죽었다. 토르는 망치를 힘껏 내리쳐서 마침내 미트가르트 뱀을 죽이기는 하였지만, 뱀의 독을 쐰 탓으로 미처 한 걸음도 제대로 옮기지 못하고 쓰러져 죽었다. 오딘은 오래 버텼지만 결국 펜리스 늑대에게 먹히고 말았다. 그러자 오딘의 아들 비다르가 펜리스에게 덤벼들었다. 그는 말수는 없어도 토르 다음으로 힘이 센 신이었다. 비다르는 펜리스의 아래턱을 자신의 쇠구두로 밟고 두 손으로 위턱을 잡아당겨서 늑대를 둘로 찢어 죽였다.

힘이 센 하임달은 로키와 맞붙어 용감하게 싸우다가 둘 다 죽었다. 이렇게 신들과 거인들은 서로 적수를 맞아 싸우다가 양쪽 모두 죽었다. 라그나뢰크의 싸움에서 신들과 거인들의 피가 강물처럼 흐르고, 아홉 세계의 죽은 혼령들이 사방으로 안개처럼 돌아다니며 싸움터의 분위기를 더욱 스산하게 만들었다.

해도 달도 이미 먹혀버린 세상은 어둡기 짝이 없었다. 주르트르의 불길만이 사방에서 온갖 것을 삼키며 번쩍였다. 불길이 죽은 것과 산 것을 삼키며 피워내는 피와 살의 연기. 피, 바람, 축축한 안개, 싸움터의 외침, 죽은 혼들이 뒤엉켜 세상은 더욱더 어둡고 음산하였다.

✤ 새로운 세계의 시작

전쟁이 끝나자 세상은 검은 연기와 재로 뒤덮였다. 온 세상에 시체들이 널렸다. 불길이 사라지자 검은 연기 사이로 삭막한 바람만 불었다. 축축한 안개로 뒤덮인, 빛이라곤 없는 세상. 신들도 거인들도 사라졌다. 아인헤리와 인간 들도 모두 죽었다. 더 이상 삼킬 것이 없어지자 주르트르도 마침내 꺼져버렸다.

시간이 한참 흘렀다. 그러자 기적 같은 일이 일어나기 시작하였다. 바다에서 땅이 위로 솟아올랐다. 녹색으로 뒤덮인 아름다운 땅, 그곳에서 곡식이 자랐다. 그리고 놀랍게도 해가 늑대에게 먹히기 전에 해를 낳았고, 달도 또 다른 달을 남겼다. 시간이 지나자 새로 태어난 해와 달이 빛을 내기 시작하였다.

오딘의 아들들인 비다르와 발리가 죽지 않고 살아남았다. 사나운 바다도, 주르트르의 불길도 그들을 해치지 못했다. 그들은 전에는 아스가르트였던 이다 평원에서 살게 되었다. 토르의 아들인 모디(Modi)와 마그니(Magni)도 아버지의 망치 묠니르를 들고 일어섰다. 곧 이어서 발더와 그 아내 난나 여신과 눈먼 동생 회두르가 손을 잡고 죽은 자들의 나라에서 돌아왔다. 그들은 모두 모여 지난 일들을 이야기하였다. 그리고 웃으며 초록 들판을 거닐었다.

신들만이 아니었다. 미트가르트에서도 인간 한 쌍이 최후의 전쟁을 견디고 살아남았다. 그들도 보금자리를 틀었다. 그들은 처음에는 아침 이슬만 먹고 살았지만 곧 들판에 자라는 식물을 먹게 되었다. 새로 생겨난 세계는 전투적인 아제 신들이 다스리던 이전 세계보다 평화로워 보였다.

2권을 마치며

　　마침내 긴 종말의 터널을 빠져나왔다. 신들과 거인들이 서로 싸우다 모두 죽고, 검은 연기가 자욱하게 뒤덮인 죽음의 세계에서 새로운 희망처럼 녹색의 땅이 솟아올랐다.

　　우리 삶의 허망함과 끈질김이 이보다 더할 수가 있을까? 한 세대가 왔다가 싸움 끝에 떠나가고, 또 다시 희망을 품고 새로운 세대가 오고, 만 년 전에도 그랬듯이 만 년 뒤에도 우리는 여전히 그럴 것인가? 젊은 날 읽었던 한 시인의 시가 새삼스레 마음에 다가온다.

우리가 물이 되어

우리가 물이 되어 만난다면
가문 어느 집에선들 좋아하지 않으랴.
우리가 키운 나무와 함께 서서

우르르 우르르 비오는 소리로 흐른다면.

흐르고 흘러서 저물녘엔
저혼자 깊어지는 강물에 누워
죽은 나무뿌리를 적시기도 한다면.
아아, 아직 처녀인
부끄러운 바다에 닿는다면.

그러나 지금 우리는
불로 만나려 한다.
벌써 숯이 된 뼈 하나가
세상에 불타는 것들을 쓰다듬고 있나니.

만리 밖에서 기다리는 그대여
저 불 지난 뒤에
흐르는 물로 만나자.
푸시시 푸시시 불꺼지는 소리로 말하면서

올 때는 인적 그친
넓고 깨끗한 하늘로 오라.
—강은교, 《풀잎》에서

바그너
Der Ring des Nibelungen

니벨룽의 반지

라인의 황금

Das Rheingold

1.

라인 강 속에는 아름다운 요정들이 살았다. 이들은 라인의 세 딸로, 보클린데(Woglinde), 벨군데(Wellgunde), 플로스힐데(Flosshilde)였다. 우리말로는 별 느낌이 없지만 도이치 말로 읽으면 이 이름들은 뺨을 간질이며 스쳐 지나가는 부드러운 물살과 파도와 강물 느낌이 난다. 강물 자체이기도 한 라인의 딸들은 강바닥에 있는 크고 작은 바위들 사이로 이리저리 헤엄쳐 다니는 명랑하고 즐거운 존재였다. 근심 걱정 없는 이들 요정들은 아버지의 명에 따라 강바닥 바위 위에 놓인 붉은 황금을 지켰다. 물 밖에서는 보이지 않는 곳이었다.

어느 날 검은 난쟁이 알베리히(Alberich)*가 요정들의 아름다운 모습에 홀려 물속으로 들어왔다. 그는 난쟁이 니벨룽족의 하나였다. 물속

---

* 출전 신화에서는 안드바리로 나온다. 안드바리는 물속에서 놀다가 불의 신 로키에게 사로잡힌다.

을 헤엄쳐 다니는 아름다운 세 아가씨를 보자, 그 중 누구라 할 것도 없이 아무나 한 명의 마음을 얻으려고 안달이었다. 요정들은 시커멓고 못생긴 난쟁이 알베리히가 욕정에 사로잡혀 제정신이 아닌 것을 금방 알아보았다. 늘씬하고 하얀 요정 아가씨들에게 앞뒤 없이 덤비는 난쟁이의 꼴은 우스꽝스럽기 짝이 없었다.

라인의 딸들을 유혹하려는 난쟁이 알베리히.

　라인의 딸들은 장난기가 발동하여 난쟁이를 놀리기 시작했다. 마치 사랑을 주기라도 할 듯이 그에게 다가와 속삭이다가도, 알베리히가 잡으려고 하면 미꾸라지처럼 요리조리 잽싸게 빠져 달아났다. 그들은 이 새로운 놀이가 너무 재미있어서 깔깔거리고 웃으며 난쟁이를 피해 달아나다가, 아뿔싸 그만 황금이 있는 곳을 들키고 말았다.

　마침 구름에 가렸다가 밖으로 나온 햇살이 강물 깊은 곳까지 내려와 붉은 황금을 비추자, 알베리히는 물속에서 황홀하게 빛나는 황금에 마음이 끌렸다. 물론 난쟁이인 그는 땅속에서 황금을 얼마든지 찾아낼 수 있었지만, 이것은 분명 특별히 아름다운 황금이었다. 그 사이 라인의 딸들은 황금을 들킨 것이 상대 탓이라며 서로 비난하다가 알베리히

앞에서 더욱 중요한 비밀을 털어놓고 말았다.

"라인의 황금으로 반지를 만드는 사람은 세계의 모든 유산을 얻을 것이다. 반지가 그에게 무한한 권력을 줄 것이기에."

"오로지 사랑의 힘을 포기한 사람, 사랑의 즐거움을 버린 사람만이 반지를 만들 수 있는 마법을 갖게 될 것이다."

저렇게 여자를 밝히는 것을 보니 이 못생긴 난쟁이는 절대로 사랑을 포기하지 못할 것이라고 그들은 지레 짐작하였다. 하지만 알베리히는 재빨리 황금을 바위에서 낚아채고는 이렇게 외쳤다.

"나는 영원히 사랑을 저주한다."

이렇게 해서 난쟁이 알베리히는 라인의 황금을 손에 넣었고, 또 그것으로 반지를 만들 수 있는 조건을 갖추었다. 그는 황금과 더불어 라인 강에서 사라졌다.

2.

산의 언덕 위, 보탄(Wotan)이 다스리는 세계에 아침이 밝았다. 지난 밤 거인 건축가 둘이 보탄의 궁전인 발할을 모두 완성하였다. 그들은 발할을 지어주는 대가로 젊음의 사과를 보관하는 아름다움의 여신 프라야(Freia)를 데려가기로 이미 신들과 약속한 상태였다. 잠에서 깨어난 보탄의 아내 프리카(Fricka)는 발할이 완성된 것을 보고 슬픔에 잠겼다.

보탄도 잠에서 깨어났다. 발할을 보고 기뻐하는 것도 잠시, 그는 로게(Loge)가 어디 있는지 그것부터 물었다. 오래전에 떠난 로게는 아직도 돌아오지 않았다. 로게는 거인 건축가들의 제안을 받아들이라고 권하면서, 그들이 프라야를 데려가지 못하게 할 방책을 찾아내겠노라 약속했던 것이다. 로게는 아직 나타나지 않았는데 거인 건축가 파졸트(Fasolt)와 파프너(Fafner)가 나타나 프라야를 데려가려 하였다. 다른 신들도 모여들었다. 천둥신 돈너(Donner)*가 망치를 움켜잡고 거인들을 단번에 물리치려고 하였지만 보탄이 말렸다.

최고신 보탄은 계약의 신이기도 하였다. 그는 자기 창에다 루네 문자로 계약을 수호하는 글을 새겼다. 그 창은 세계나무의 가지를 잘라 손수 만든 것이었다. 그런 만큼 보탄은 약속을 지키지 않을 수 없었고, 또 다른 신들도 약속을 지키도록 엄격히 통제하였다. 계약의 신으로서 스스로의 약속에 얽매인 보탄은, 거인 건축가들에게 프라야 여신을 내주지 않을 수 없었다.

그 순간 불의 신 로게가 모습을 드러냈다. 모두들 기쁨과 원망이 뒤섞인 소리를 질렀다. 그가 무슨 방책을 가져왔으려니 하고 기대했다. 하지만 로게는 신들의 기대와 달리 엉뚱하게도 라인의 딸들이 황금을 잃어버렸다는 소식을 전하였다. 황금을 훔쳐 간 알베리히가 벌써 황금으로 반지를 만들었다는 것이다. 그것은 권력과 보물을 무제한으로 만들어주는 반지로, 알베리히가 반지의 힘을 이용하여 지금 엄청난 재산을 모으는 중이라는 소식이었다.

신들만이 아니라 거인들도 그 소식을 들었다. 그러자 파프너는 파졸트를 설득하여 프라야 여신 대신 난쟁이의 보물을 차지하기로 했다. 오늘 저녁까지 신들이 자기들에게 알베리히의 보물을 가져다준다면

---

* 출전 신화에서는 토르 신으로 나온다. 도이치 말로 '돈너'는 천둥을 뜻한다. 바그너 작품에서는 〈라인의 황금〉에 잠시 등장하고 모습을 보이지 않는다. 보탄은 물론 오딘 신이다.

프라야 여신을 끌고 가는 거인들.

프라야 여신을 돌려주겠다고 말하고, 거인들은 여신을 끌고 사라져버렸다.

프라야 여신이 사라지자마자 신들은 곧 늙기 시작하였다. 신들은 프라야가 자기들에게 얼마나 중요한 존재인지를 새삼 깨달았다. 그들은 마음이 급해졌다. 로게와 보탄은 보물을 가지러 알베리히의 나라로 떠났다.

3.

두 신은 산의 높은 언덕에서 땅속으로 내려갔다. 맨 먼저 알베리히의 동생 미메(Mime)*의 대장간에 이르렀다. 미메는 방금 알베리히의 주문대로 이상한 마법을 지닌 투구 하나를 완성한 참이었다. 채찍을 손에 든 알베리히가 대장간으로 들어왔다. 미메는 투구를 형에게 주지 않고 자기가 갖고 싶었지만, 사용 방법도 몰랐고 또 힘도 약해서 형에게 투구를 빼앗기고 말았다.

알베리히가 그것을 쓰자마자 모습이 보이지 않았다. 이것은 사람의 모습을 보이지 않게 하거나, 원하는 모습으로 변신하게 해주는 투구였

---

* 출전 신화에서는 파프니르의 동생 레긴으로 나온다. 원래 미미르(또는 미메)는 지혜로운 거인이지만 여기서는 알베리히의 동생인 대장장이로 등장한다.

다. 알베리히는 절대반지와 함께 변신투구까지 손에 넣은 것이다. 그는 다른 난쟁이들을 다그쳐 더 많은 보물을 찾게 하려고 그쪽으로 달려갔다. 알베리히는 반지의 마법을 이용하여 많은 재산을 모은 다음, 그 재물로 이 세계를 지배하려는 야욕을 품었다. 결국은 보탄에게 도전하려는 것이었다.

알베리히는 반지와 변신투구의 힘으로 자신의 동족을 학대해 보물을 모은다.

보탄과 로게는 대장간 한구석에 숨어서 난쟁이 형제가 하는 꼴을 지켜보았다. 알베리히가 사라진 다음 그들은 미메에게서 알베리히의 행적에 대해 자세히 들었다. 그러다가 다시 이쪽으로 돌아온 알베리히에게 들켰다. 이미 권력의 기반을 갖추기 시작한 알베리히는 신들에게 자신의 속셈을 감출 필요조차 느끼지 않았다. 그는 자기가 그동안 모은 보물을 신들에게 보여주었다. 그러고는 앞으로 얼마든지 더 모을 수 있다고 하였다.

꾀바른 로게가 나섰다.

"너의 막강한 힘은 알겠다. 네가 모은 엄청난 보물도 보았다. 하지만 네가 잠이 들면 어떻게 되나? 잠든 사이에 누가 그 반지를 훔쳐간다면?"

알베리히는 변신투구를 이용하여 감쪽같이 모습을 감추었다. 신들은 깜짝 놀라는 척하면서 물었다. "그럼, 너 혹시 아주 큰 것으로도 변할 수 있니?" 알베리히는 엄청나게 큰 구렁이로 변신하였다. 로게는 깜짝 놀라는 척했다. 도로 제 모습으로 돌아온 알베리히에게 로게가 다시 물었다. "그럼 아주 작은 것도 될 수 있어? 일테면 두꺼비 같은 거?" 알베리히는 재빨리 두꺼비로 변신하였다.

이 순간을 놓치지 않고 신들은 두꺼비를 발로 밟아 붙잡았다. 이렇게 해서 막강한 알베리히는 순식간에 신들의 포로가 되고 말았다.

4.

보탄과 로게는 알베리히를 이끌고 신들의 세계로 돌아갔다. 알베리히는 몸값으로 자신이 모은 보물을 모조리 신들에게 내놓아야 했다. 난쟁이들이 땅속에서 언덕 위로 보물을 실어 날랐다. 엄청난 양의 보물이 언덕에 쌓였다. 로게는 변신투구도 그 위에 올려놓으라고 요구하였다. 알베리히는 마지못해 투구를 올려놓았다. 마지막으로 보탄은 알베리히가 손가락에 낀 황금반지를 요구하였다. 알베리히는 목숨보다 소중한 반지를 내놓지 않으려고 버텼지만 어쩔 수 없이 빼앗기고 말았다. 보탄이 그 반지를 손가락에 꼈다. 모든 것을 탈탈 털리고 나서 알베리히는 풀려났다. 자유롭게 된 알베리히는 반지에 저주를 걸었다.

"이것을 낀 자의 마음을 근심이 파먹을 것이다. 제대로 사용해보지도 못하고 살인자들을 불러들여 목숨을 빼앗기고 말 것이다."

저주의 말을 남기고 알베리히는 사라졌다. 이미 저녁이 되었고, 머지않아 두 거인이 프라야를 데리고 나타났다. 그들은 신들에게 프라야 주위로 보물을 쌓아올려 그녀의 모습이 완전히 보이지 않게 만들어달라고 요구하였다. 신들은 알베리히의 보물을 다 쓰고서야 그녀의 모습을 가릴 수 있었다. 프라야를 돌려주고 싶지 않았던 거인 파졸트는 보물을 쌓아올린 틈 사이로 프라야의 빛나는 눈이 보인다고 떠나지 않으려 했다. 파프너가 그 틈을 반지로 가려달라고 요구했으나 보탄은 거절하였다. 신들과 거인들 사이에 팽팽한 긴장이 감돌 무렵, 갑자기 암벽의 틈 사이에서 대지의 정령인 에르다(Erda)가 모습을 드러냈다. 그녀는 고귀한 모습으로 보탄에게 무서운 경고를 하였다.

"보탄이여, 지금 존재하는 모든 것은 결국 언젠가 끝나고 말 것이다. 그러나 지금은 반지의 저주를 피하여라. 어서 반지를 내주어라."

에르다는 자신이 태초 발라(Ur-Wala)로, 운명의 세 여신인 노르네의 어머니라고 말하였다. 지금 반지의 위협이 너무 커서 자기가 직접 경고하러 나왔다는 말을 남기고 도로 사라져버렸다. 보탄은 그녀에게 더 많은 것을 묻고 싶었지만 그럴 기회가 없었다.

보탄은 마지못해 반지를 내놓았고, 마침내 거인들이 니벨룽족 알베리히의 보물을 모조리 차지하였다. 그러자 프라야는 풀려났다. 하지만 거인들이 보물을 놓고 다투기 시작하였다. 서로 다투다가 파프너가 파졸트를 죽이고 혼자서 보물을 차지하였다. 반지의 저주가 실현되기 시작한 것이다. 파프너는 보물을 가지고 멀리 떨어진 동굴로 들어갔다. 그러곤 변신투구를 이용해 용으로 변신하고 그곳에 숨어 보물을 지켰다. 알베리히의 보물은 이제 용의 보물이 되었다.

신들은 무지개다리를 건너 발할로 올라갔다. 그들이 발할로 올라가는 동안 라인의 딸들이 물의 노래를 불렀다. 나직하고 부드러웠지만 그것은 세상의 균형이 깨졌음을 탄식하는 노래였다.*

---

* 바그너는 아스가르트의 성벽 건축 이야기를 발할 건축으로 바꾸고, 그것을 다시 파프니르, 레긴 형제의 이야기와 섞어서 등장인물의 수를 줄이고 줄거리를 간략하게 만들었다. 출전 신화를 정확하게 아는 사람은 바뀐 것도 쉽게 알아볼 수 있을 것이다. 몇 가지 창안을 덧붙여 놓았지만 전체 틀은 그대로 남았다. 출전 신화에 없던 '에르다'라는 태초 발라가 등장한다는 것도 눈여겨볼 만하다.

Die Walküre

발퀴레

1.

폭풍우가 몰아치는 이른 저녁, 훈딩(Hunding)의 집으로 몹시 지친 젊은이 하나가 들어와 잠시 머물다 가게 해달라고 청하였다. 집주인 훈딩은 일 보러 나가고, 그 아내 지글린데(Sieglinde)만 홀로 남아 있었다. 훈딩의 집 한가운데에는 거대한 물푸레나무 한 그루가 하늘 높이 솟아올라 있었다. 지글린데는 게르만 사람들의 관습에 따라, 낯선 나그네에게 꿀술을 주고 아궁이 곁에서 몸을 녹이게 해주었다.

그러던 차에 훈딩이 돌아왔다. 그는 나그네의 얼굴이 아내와 똑같은 것을 보고 깜짝 놀랐다. 그는 나그네를 저녁식사에 초대하였다. 훈딩 부부는 식사를 하면서 나그네에게 여기까지 오게 된 사연을 물었다.

어느 날 그가 아버지 벨중(Wälsung, 또는 벨제 Wälse)과 함께 사냥에서 돌아와 보니 집이 모두 불탄 채 어머니와 쌍둥이 누이가 사라져버렸고, 얼마 후 아버지마저 늑대 가죽만 남기고 사라져버렸다. 그 뒤로

집으로 찾아온 낯선 나그네를 맞이하는 지글린데.

혼자 살아남은 그에게 언제나 불운이 따라다녔다. 오늘은 친척들의 강요에 떠밀려 싫어하던 남자와 억지로 혼인할 처지에 몰린 처녀가 그에게 구원을 청하였다. 그래서 처녀를 도와주려다가 그만 그 오빠들을 죽이고 말았다. 처녀가 오빠들의 죽음을 슬퍼하는데 친척들이 몰려왔다. 나그네는 그들과 싸워 처녀를 보호하려고 했지만 그녀가 몸을 피하지 않는 바람에 그만 죽고 말았다. 그녀가 죽은 다음 칼이 부러져 도망치다가 이곳에 이르렀다.

훈딩은 사나운 얼굴로 나그네를 바라보았다. "그래, 바로 너였구나." 훈딩이 바로 그 친척들을 지휘하던 사람이었다. 그는 낯선 훼방꾼을 놓쳤다가 지금 제집에서 다시 만난 것이다. 훈딩은 오늘 밤은 그에게 나그네의 권리를 베풀어 여기 묵게 하지만 날이 밝는 대로 그와 한판 붙겠다고 선언하였다. 그러고는 잠자리에 들었다. 나그네는 부엌 아궁이 곁에서 눈을 붙이기로 하였다.

나그네는 홀로 앉아, 옛날에 자기를 두고 떠난 아버지가 꼭 필요한 순간에 칼을 찾아낼 것이라고 일러주었던 일을 기억하였다. 지금이야 말로 칼이 필요한 순간이었다. 날이 밝으면 칼도 없이 훈딩과 한판 붙어야 할 참이기 때문이다. 잠 못 이루고 이런저런 생각에 잠겨 있는데 달은 휘영청 밝았다. 그 순간 여주인 지글린데가 살그머니 밖으로 나왔다. 그녀는 수면제를 먹여 남편이 깊이 잠들어 있다고 알려주었다.

두 사람은 이제 마음 놓고 이야기를 나눌 수 있었다. 지글린데는 자기가 억지로 훈딩과 혼인한 이야기를 하였다. 혼인식 날 애꾸눈의 나그네가 들어와 저 물푸레나무 기둥에 칼 하나를 꽂아넣고는, "누구든 이 칼을 여기서 뽑아내는 사람이 칼의 임자"라고 했다고 알려주었다. 그 뒤로 아무도 그 칼을 뽑아내지 못했다. 그녀는 나그네가 바로 칼의 임자임을 느꼈다.

두 사람은 서로의 모습이 너무나 똑같아서 처음부터 오누이임을 알았다. 이제 휘영청 달 밝은 밤에 단 둘이 남은 젊은 남녀는 깊은 눈길로 서로를 바라보았다. 그 순간 지글린데는 누군가 집 안으로 들어오는 것을 느꼈다. 사내는 봄이 찾아온 것이라 설명해주었다. 두 사람은 향긋하고 온화한 봄밤에 서로에게 한없이 끌렸고, 또 서로의 사랑을 확인하였다. 여자가 남자에게 이름을 지어주었다. '지그문트(Siegmund)'.

지그문트는 물푸레나무에서 칼을 뽑아냈다. 그것은 바로 아버지 벨중이 그에게 남겨준 칼이었다. 지그문트는 그 칼에 '노퉁(Nothung)'이라는 이름을 붙였다. 두 사람은 쌍둥이 오누이였고, 벨중의 자손인 이들은 그 밤에 깊은 사랑을 나누었다. "나의 누이, 나의 신부여."*

아버지 이름 벨중(Wälsung)에는 '늑대(Wolf)'라는 말이, '훈딩

223

(Hunding)'이라는 이름에는 '개(Hund)'라는 말이 들어 있다.

2.

보탄의 아내 프리카는 결혼을 수호하는 여신이다. 지금 그녀는 단단히 화가 났다. 남편이 노상 바람피우고 돌아다니는 일에 이미 신물이 났는데, 지난밤에는 남편이 인간 계집과 붙어서 낳은 쌍둥이 오누이 지그문트와 지글린데가 사랑에 빠지면서 훈딩의 결혼까지 깨뜨린 탓이다. 프리카는 남편을 찾아내 닦달하기 시작하였다.

한번은 보탄이 어딘가로 사라지더니 '에르다'인지 뭔지 하는 발라를 찾아내 그녀와의 사이에 발퀴레 아홉이 생겨났다.* 그 중 브륀힐데(Brünnhilde)라는 딸을 극진히 사랑하여, 아내인 자기보다 더 가까이 하는 통에 그렇지 않아도 늘 속에서 불이 나던 참이었다. 아내가 이렇게 펄펄 뛰면서 정절 없고 신의 없는 남편을 비난하는데도 보탄은 태평스럽게 사랑을 옹호하고 나섰다. "사랑하는 사람들이 서로 사랑하게 놔두어라."

예전에 보탄은 프리카를 얻기 위해서 자신의 한쪽 눈을 바쳤다. 하지만 프리카를 아내로 얻은 뒤로도 그는 늘 사랑을 마다하지 않았다. "사랑을 놓치고 싶지 않았다. 권력을 지니고도 나는 사랑을 갈구하였다."*

프리카는 보탄에게 오늘 벌어질 훈딩과 지그문트의 싸움에서 지그문트를 편들지 말고 죽게 놔두라고 요구하였다. 보탄은 프리카가 오기

---

* '나의 누이, 나의 신부여'는 《구약성서》의 아주 야한 사랑 노래 〈아가서〉에 나오는 구절이다. 여러 가지로 해석할 수 있는 구절이지만, 어쨌든 자주 인용된다.
* 발퀴레의 탄생 이야기를 바그너는 자유롭게 창안하였다. 덕분에 브륀힐데는 보탄의 딸이 되었다.
* 권력가들은 보탄의 이 말을 사랑하는 것 같다. 세계를 지배하는 자는 당연히 여러 개의 사랑도 차지할 권리가 있다고 느끼는 것이다. 그리고 현실도 여기서 크게 벗어나지 않는다. 알베리히는 재물과 권력을 얻기 위해 사랑을 포기하였다.

전에 브륀힐데를 불러서 지그문트를 수호하라는 명령을 내리려던 참이었다. 하지만 아내의 정당한 요구에 그만 할 말이 없었다. 아무리 최고신이라 해도 프리카 여신의 말을 마구 무시할 수는 없었다. 그는 마지못해 아내의 말에 동의하고 크나큰 번뇌에 빠졌다.

프리카가 떠나자 사랑하는 딸 브륀힐데가 나타났다. 보탄은 딸에게 자신의 속마음을 모두 털어놓았다. 그가 브륀힐데의 어머니 에르다를 찾아갔을 때 세계의 미래가 궁금했다. 보탄은 사랑의 힘으로 에르다를 사로잡아 미래에 대한 예언을 들었다.

예언에 따르면, 사랑을 저주한 알베리히가 반지를 되찾는 날이면 신들의 종말이 멀지 않았다는 것이다. 반지는 지금 거인 파프너가 갖고 있었다. 파프너는 변신투구를 이용하여 용으로 변신한 뒤 동굴 속에 누워 보물을 지키고 있었다. 반지가 알베리히의 손에 들어가지 못하도록 누군가 나서야 했다. 보탄은 파프너와의 계약으로 묶여 있어 손수 나설 수가 없었다. 궁리 끝에 보탄은 아들 지그문트를 얻은 다음 그를 버렸다. 버림받은 아들이 거칠게 자란 다음 보탄이 청하지 않았는데도 보탄의 뜻대로 용에게서 반지를 빼앗아 라인의 딸들에게 돌려주기를 바라는 마음이었다.

그런데 지금 프리카의 강요로 오늘 싸움에서 지그문트는 죽어야 할 판이었다. 보탄은 분노와 회한에 사로잡혔다. 더구나 발라는 다음의 예언도 했다.

"사랑을 미워하는 자가 분노 속에 아들을 얻으면 신들의 종말이 눈앞으로 다가온다."

최근에 보탄은 알베리히가 인간 여자를 억지로 꾀어서 아들 하겐

(Hagen)을 얻었다는 소식을 들었다. 하겐은 증오의 열매요, 질투의 힘이었다. 보탄은 탄식하면서도 프리카에게 약속한 대로 딸 브륀힐데에게 오늘 싸움에서 지그문트를 죽게 해 발할로 데려가라고 명령하였다.

그 사이 날이 완전히 밝았다. 지그문트와 지글린데는 사랑의 하룻밤을 보냈고, 지그문트는 노퉁이라는 칼을 얻었다. 두 사람은 훈딩의 집에서 도망쳐 나오기는 했지만 이제 지그문트는 훈딩과 목숨을 건 싸움을 벌여야 할 판이었다.

싸움이 시작되기 전에 지그문트의 눈앞에 발퀴레 여신 브륀힐데가 나타났다. 지글린데는 잠깐 잠이 들었다. 발퀴레 여신은 지그문트에게 그가 오늘 발할로 올라갈 것(전사할 것)이라고 말하였다. 지글린데도 함께 갈 수 있냐고 물었으나 불가능하다는 여신의 대답을 듣고 지그문트는 그녀를 먼저 죽이려 하였다. 지글린데가 임신했다는 말에도 그는 가엾은 여자를 이 세상에 홀로 버려둘 수 없다면서 죽이려 하였다. 그 순간 브륀힐데가 마음을 돌렸다. 오늘 싸움에서 자기는 보탄의 명을 어기고 지그문트의 편을 들 것이라고 일러주었다. 그 말에 지그문트는 칼을 거두고 잠든 지글린데를 놓아두고 싸움터로 향하였다. 이들 셋은 따지고 보면 아버지가 같은 남매였다.

훈딩과 지그문트의 싸움이 시작되었다. 보탄은 브륀힐데가 지엄한 자신의 명령을 어기고 지그문트 편을 들고 있는 것을 보았다. 머리 꼭대기까지 화가 난 보탄이 직접 싸움에 개입해서 지그문트가 쓰러졌다. 보탄의 창이 지그문트의 칼 노퉁을 두 조각 냈다. 이어서 보탄은 훈딩을 그 자리에 고꾸라뜨렸다. 멀리서 그것을 지켜보던 지글린데가 자기도 죽으려 하였지만 브륀힐데가 그녀를 구하였다. 지그문트의 아이를 임신하고 있으니 반드시 살아야 한다고 했다. 지글린데는 사랑하는 지그문트의 아기를 구하기로 굳게 마음먹고 브륀힐데의 도움을 받아 무사히 도망쳤다. 브륀힐데는 헤어지면서 아기를 낳으면 이름을 '지크프리트(Sigfried)'로 하라고 일렀다.

3.

보탄의 모든 노여움은 이제 브륀힐데를 향하였다. 감히 자신의 말을 어기다니. 심지어 지그문트가 죽은 일에 대한 노여움까지 그녀를 향하였다. 보탄은 브륀힐데를 찾아내 벌을 내렸다. "산 위에서 깊이 잠들어라. 누구든 지나가는 나그네가 너를 깨우면 그의 아내가 되어라."

이런 가혹한 말에 브륀힐데가 아버지에게 항의하였다.

"적어도 내가 잠든 주위로 사나운 불꽃의 울타리를 쳐 주세요. 오로지 최고 영웅만이 뛰어넘을 수 있는 불꽃을요."

아직도 딸을 깊이 사랑하는 보탄이 그것을 허락해주었다. 보탄은 불의 신 로게를 불러 브륀힐데가 잠든 주위에 불꽃을 일으키라고 명령하였다. 그렇게 불꽃 울타리에 둘러싸인 채 브륀힐데는 세월을 뛰어넘는 깊은 잠에 빠져들었다. 갑옷을 입고 투구를 쓴 채 완전히 무장한 발퀴레의 모습으로.

지크프리트

Sigfried

1.

난쟁이 미메(레긴)와 어린 지크프리트(지구르트).

지크프리트* 는 부모가 누군지 모른 채 미메의 대장간에서 자랐다. 미메는 용으로 변신한 파프너의 동굴에서 그리 멀지 않은 곳에 있는 대장간에서 일을 하였다. 지크프리트는 기운이 장사에다가 두려움을 모르는 씩씩한 젊은이로 자랐다. 숲에서 사람 구경 못 하고 동물들과 함께

---

* 지크프리트의 탄생 이야기는 대부분 바그너가 만들어낸 것이다. 다만 등장인물의 이름들은 출전 문서의 영웅 이야기 이곳저곳에 등장한다. 물론 이 인물들도 적절하게 변조되었다.

뛰어놀며 자란 탓에 세상일을 전혀 몰랐다. 기운이 너무 좋아서, 미메가 아무리 공들여 칼을 만들어주어도 금방 부러뜨리곤 하였다.

어느 날 젊은 지크프리트가 숲에서 돌아와 미메에게 자신의 부모에 대해 물었다. 기운이 넘치는 지크프리트의 기세에 눌려서 미메는 어머니 지글린데 이야기를 들려주었다. 거친 숲에서 신음하는 여자를 그가 발견하여 이리로 데려와 몸을 녹여주었다. 여자는 임신한 상태였는데, 지크프리트를 낳다가 죽었다. 미메는 그의 아버지를 본 적이 없었다. 다만 어머니는 지크프리트 아버지의 부러진 칼 두 쪽을 아들에게 남겼다.

이런 이야기와 함께 미메는 둘로 부러진 노퉁 조각을 지크프리트에게 넘겨주었다. 그의 아버지가 마지막 싸움에서 이 칼로 싸우다 죽었고, 칼은 이렇게 부러지고 말았다는 것이다. 지크프리트는 대장장이 미메에게 이 조각들을 손질해 다시 칼로 만들어달라고 부탁하였다. 이 말만 남기고 지크프리트는 다시 숲으로 달려나가 버렸다.

미메는 한숨을 내쉬며 칼 조각을 이어 붙이려고 여러모로 애를 썼다. 알베리히의 동생인 미메는 겉모습은 허약하고, 마음속은 사악하고, 생각은 어리석은 난쟁이였다. 지크프리트의 힘을 이용하여 파프너를 죽이고 어떡하든 보물을 차지할 생각뿐이었다. 물론 형 알베리히를 누를 생각도 굴뚝같았다. 하지만 지금 당장 다급한 일은 따로 있었는데, 그가 아무리 애를 써도 부러진 노퉁 조각이 도무지 달라붙지 않는 것이었다.

그러던 차에 나그네 하나가 대장간 안으로 들어왔다. 챙이 넓은 모자를 깊이 눌러써서 애꾸눈을 가리고, 망토를 걸친 키가 큰 사람이었다. 나그네는 지팡이를 들었다. 하지만 미메는 나그네를 맞아들일 생각이 없어 그냥 귀찮게만 여겼다. 나그네는 나갈 생각은 하지 않고 지혜 문답을 제안하였다. 미메의 세 가지 질문에 자기가 답변을 못 하면 목숨을 내놓는다는 조건이었다.

  미메는 어서 나그네를 쫓아낼 생각에 닥치는 대로 아무 것이나 물었다. 땅속 깊은 곳에는 어떤 종족이 사는지, 그 다음으로 땅의 등에는 어떤 종족이 사는지, 마지막으로 구름 높이에는 어떤 종족이 사는지를 물었다. 각각 난쟁이, 거인, 신이 답이었다. 애꾸눈의 나그네는 정답을 말하고 이번에는 자기가 질문을 하였다. 첫째, 보탄이 고약하게 대하면서도 속으로는 가장 사랑하는 종족은? 벨중 집안. 둘째, 지크프리트가 파프너를 쓰러뜨리고 반지를 차지하려면 어떤 칼을 가져야 하나? 노퉁. 마지막 질문은 누가 노퉁을 만들 수 있나? 미메는 마지막 질문에 답을 하지 못했다. 나그네는 미메의 어리석음을 나무라며, 두려움을 모르는 자가 노퉁을 새로 만들 것이고, 미메는 그의 손에 죽을 것이라고 일러주고는 사라졌다.

  다음 순간 지크프리트가 숲에서 돌아왔다. 이제 미메는 다른 두려움에 떨었다. 미메가 칼을 만들지 못한 것을 보자 지크프리트는 미메를 밀어내고 자기가 손수 칼을 만들기 시작하였다. 미메는 어떻게 해서든 그에게 두려움을 가르치려고 애썼다. 그러거나 말거나 지크프리트는 먼저 칼을 나사 틀에 집어넣고 잘게 쪼갰다. 그런 다음 쇳조각을 용광로에 집어넣고 불을 가장 뜨겁게 피워 올렸다. 쉬지 않고 풀무질을 계속하여 쇠가 녹자 틀에 부어 주형을 뜨고, 그것을 물에 집어넣어 식힌 다음 다시 석탄불에 집어넣고 달구었다. 그것을 모루에 올려놓고 커다란 대장장이 망치로 두들겨서 칼의 모양을 만들어나갔다. 석탄불에 달구었다 물에 넣었다 망치질을 했다 하면서 지크프리트는 칼을 더욱 단단히 단조(鍛造)하여 튼튼한 노퉁을 새로 만들어냈다.

2.

알베리히의 보물을 차지한 파프너는 용으로 변신하여 동굴 속에서 그 보물을 지켰다. 그것은 실로 어리석은 선택이었다. 친구인 파졸트를 죽이고 자신은 결국 보물의 노예가 된 셈이니. 얼마 전 파프너의 동굴 앞에서 알베리히와 보탄이 우연히 만났다. 방법은 달라도, 난쟁이와 신은 둘 다 반지 사냥꾼이었다. 알베리히는 반지만 차지하면 신들의 세계 지배가 끝날 것이라고 경고하였다. 보탄은 계약에 묶인 자신이 용에게서 보물을 빼앗지는 못하지만 경고는 할 수 있다면서, 머지않아 젊은 청년이 너를 죽이러 올 것이라고 파프너에게 경고하였다. 보탄은 사라지고, 알베리히는 몸을 숨겼다.

미메가 노퉁을 완성한 지크프리트를 동굴로 데려왔다. 지크프리트는 자신을 길러준 대가로 미메의 부탁을 마지막으로 들어주고는, 잔소리 많은 그에게서 영원히 벗어날 생각이었다. 지크프리트는 보리수나무 아래 앉아서 용이 물을 마시러 나오기를 기다렸다. 기다리면서 새의 노래를 흉내내려고 했지만 잘 되지 않았다. 마침내 파프너가 동굴 밖으로 모습을 드러냈다. 지크프리트는 먼저 용의 꼬리에 상처를 입힌 다음, 용이 몸을 번쩍 쳐들었을 때 그 심장 깊숙이 칼을 꽂아넣었다. 이렇게 용은 죽었다.

지크프리트가 칼을 뽑는데 용의 피가 손가락에 묻었다. 손가락이 불에 덴 것처럼 화끈해서 얼른 손가락을 입에 넣었다. 그러자 갑자기

우연히 용의 피를 맛본 지크프리트는 미메의 음모를 알아채고 그를 죽인다.

근처에 있던 박새들이 부르는 노랫소리의 뜻을 알아들을 수 있었다.

"지크프리트가 용이 가졌던 변신투구와 반지를 차지하면 좋으련만."

지크프리트는 변신투구와 반지를 가지러 동굴로 들어갔다. 그 사이 동굴 밖에서는 알베리히와 미메가 누가 보물의 임자냐를 놓고 다투었다. 머지않아 지크프리트가 동굴 밖으로 나왔다. 박새들은 그에게 미메를 믿지 말라고 경고하였다. 알베리히는 도로 모습을 감추고, 미메가 다가와서 지크프리트에게 말을 걸었다. 그래서 지크프리트는 갑자기 미메의 마음속 생각을 들을 수 있었다. 그가 자기를 죽이고 용의 보물을 차지하려 한다는 생각을 뚜렷하게 들었다. 그래서 지크프리트는 미메를 죽이고 말았다. 숲의 나무 뒤에서 알베리히가 웃음을 터뜨렸다. 지크프리트는 박새의 안내를 받아 앞으로 나아갔다.

3.

그 사이 보탄은 어두운 골짜기로 가서 잠든 에르다를 깨웠다. "일어나라, 에르다! 영원한 여인이여!" 보탄의 강력한 주문에 에르다가 졸린 눈을 비비며 나타났다. "게 누가 내 잠을 깨우느냐?" 보탄은 에르다에게 자신이 이제는 신들의 종말을 바란다고 선언하였다. "이제 너는 돌아가 잠들거든 꿈속에서 나의 최후를 보아라."

지크프리트는 박새의 안내를 받으며 가다가 브륀힐데가 잠들어 있는 산 근처에 이르렀다. 나그네 차림의 보탄이 그의 앞길을 가로막고 시비를 걸었다. 대화 중에 문득 자기가 옛날에 명검 노퉁을 부러뜨린 적이 있노라고 말했다. 지크프리트는 이 나그네가 제 아비를 죽인 원수임을 알아차렸다. 격분한 그는 나그네의 창을 부러뜨렸다. 이제 세계의 질서가 바뀌었다. 보탄의 권능의 창이 부러진 것이다.

지크프리트는 산으로 올라갔다. 꼭대기에 거의 다 이르렀는데 불길의 고리가 그곳을 둘러싸고 있었다. 지크프리트는 태연하게 불길을 통과해 산꼭대기에 도달하였다. 그곳에는 갑옷과 투구로 무장한 사람이 깊은 잠에 빠져 있었다. 그는 먼저 투구를 조심스럽게 벗기고 이어서 갑옷도 벗겼다. 갑옷 입은 사람은 뜻밖에도 남자가 아니라 아름다운 여자였다. 지크프리트는 생전 처음으로 여자를 보았다. 그리고 생전 처음 두려움을 맛보았다. 그가 조심스럽게 키스를 하자 여자가 깊은 잠에서 깨어났다.

브륀힐데는 사태를 알아차렸다. 자기가 잠든 사이에 지크프리트가 태어나 청년으로 자란 것이다. 여신에서 인간으로 신분이 바뀐 브륀힐데는 인간 남자와의 사랑을 한동안 거부하지만, 마침내 두 사람은 깊은 사랑에 빠져 무한한 사랑의 희열을 맛보았다. 그들은 "빛나는 사랑, 웃음 짓는 죽음!"을 남김없이 맛보았다.

신들의 황혼   Götterdämmerung

1.

노르네 여신들이 자아내고 있던 운명의 실이 갑자기 끊어졌다. 이제 여신들은 세계의 운명을 알 수 없게 되었다. 운명의 실마리가 끊겼기 때문이다. 세계의 앞날은 이제 예측할 수도 이해할 수도 없는 것이 되어버렸다. 그들은 어머니 에르다에게로 돌아갔다.

브륀힐데와 사랑의 보금자리에서 한동안 달콤한 시간을 보낸 영웅 지크프리트는 다시 모험을 찾아 길을 떠나기로 하였다. 브륀힐데는 자신이 가진 모든 능력을 다하여 그에게 보호 장치를 해주었다. 용을 죽인 영웅 지크프리트는 자신의 능력 말고도 발퀴레였던 브륀힐데가 부여한 능력을 지니게 되었다. 작별하면서 그는 반지를 그녀에게 주고, 그녀는 자신의 말을 그에게 내주었다. 지크프리트는 말을 타고 새로운 모험을 찾아 길을 나섰다.

라인 강변에는 기비쿵 왕가 사람들(Gibichungen)인 군터(Gunther),

하겐, 구트루네(Gutrune)가 살
고 있었다. 이들은 모두 그림
힐트(Grimhild)의 자식이었
다. 하겐은 그림힐트가 알베
리히의 꾐에 넘어가 얻은 아
들이고, 군터와 구트루네는
기비크(Gibich) 왕의 자식이
었다. 이들은 아직 아무도 혼
인을 하지 않았기에 하겐이
두 오누이에게 충고를 하였
다. 군터에게는 세상에서 가
장 아름다운 여인 브륀힐데

기비크 왕의 딸 구트루네가 지크프리트에게 망각의 약을 건네려 한다.

가, 구트루네에게는 용을 죽인 영웅 지크프리트가 알맞은 짝이라는 충
고였다.

하겐은 지크프리트와 브륀힐데가 하나로 맺어져 있음을 잘 알고 있
었지만, 어머니 그림힐트가 남겨놓은 마법의 음료가 찬장 깊은 곳에
있으니 아무 걱정이 없었다. 하겐은 머지않아 지크프리트가 이곳으로
올 것이니 그것을 꺼내 지크프리트에게 대접하라고 말했다.

머지않아 정말로 지크프리트가 라인 강을 따라 이곳 기비쿵에 도착
했다. 구트루네는 하겐의 권고대로 어머니가 남긴 마법의 음료를 꺼내
목이 마른 영웅에게 대접했다. 그것을 마시자 지크프리트는 이전의 사
랑을 깨끗이 잊고 눈앞에 서 있는 구트루네에게 홀딱 반하고 말았다.

지크프리트는 군터에게 결혼했는지를 물었다. 군터는 결혼 전이지

만 마음에 둔 사람이 있으며, 그 이름은 브륀힐데라고 답하였다. 과거를 잊은 지크프리트는 그 이름을 듣고도 아무 생각이 없었다. 군터는 브륀힐데가 사는 집을 둘러싼 불길을 뚫을 수가 없어서 구혼할 수 없다는 사정을 솔직하게 털어놓았다. 지크프리트는 구트루네와 얼른 혼인하고 싶은 마음에 자기가 대신 그 일을 해주겠노라고 제안하였다. 변신투구의 힘을 빌리면 자기가 군터의 모습으로 변신할 수 있으니.

지크프리트와 군터는 구혼을 위해 출발하기에 앞서, 서로 손가락을 베어 그 피를 포도주가 담긴 잔에 떨어뜨린 다음 그것을 저어 나누어 마셨다. 그들은 이렇게 혈육의 맹세를 했다.

브륀힐데는 산 위에서 그리운 지크프리트만을 기다리며 살았다. 한번은 옛날에 함께 말을 달리며 전쟁터를 누비던 발퀴레 자매 한 명이 찾아와, 지크프리트가 그녀에게 준 반지를 라인의 딸들에게 돌려주자고 설득했지만, 브륀힐데는 단호히 거절했다. 아버지 보탄의 부탁이라 해도, 사랑하는 지크프리트의 반지를 내놓을 수는 없었다. 사랑에 빠진 여자는 지크프리트가 그리웠다.

어느 날 누군가가 사나운 불길을 뚫고 브륀힐데의 영역 안으로 들어왔다. 이 불길을 뚫고 이곳으로 올 수 있는 사람은 지크프리트뿐이니, 그녀는 당연히 그가 돌아온 것이라 여기고 반가운 마음에 달려나갔다. 하지만 그곳에는 낯선 사내가 서 있었다. 대체 누구기에 저 사나운 불길을 뚫고 올라왔단 말인가? 낯선 사내는 자기를 군터라고 소개하고는 브륀힐데를 아내로 맞이하려 왔다고 밝혔다. 브륀힐데는 손가락에 낀 반지를 보여주면서 자기는 이미 혼인한 몸이니 그럴 수 없다고 대답했다. 하지만 사내는 힘으로 그 반지를 빼앗아 자기 손가락에 꼈다.

첫날밤의 침상에 들었을 때 사내는 자신의 칼 노퉁을 뽑아 새색시와 자기 사이에 꽂았다. 그는 신부의 몸을 건드리지도 않았다.

2.

라인 강변 기비쿵 궁전에서 하겐은 구혼 여행을 떠난 일행을 기다렸다. 어두운 밤을 틈타 시커멓고 못생긴 난쟁이 알베리히가 하겐을 찾아왔다. "반지를 빼앗아 내게 넘겨라." 알베리히가 사랑 없이 증오의 힘으로 낳은 아들 하겐은 아비에게도 냉혹하였다. 그는 반지를 제가 차지할 속셈이었다. 그렇다 해도 그들은 지크프리트에게서 반지를 빼앗으려는 마음만은 같았다. 누가 차지하느냐는 그 다음 문제였다.

지크프리트가 여행에서 먼저 돌아왔다. 그리운 구트루네를 한시라도 빨리 보고 싶었던 것이다. 하겐은 두 쌍의 결혼식 준비를 서둘렀다. 뒤를 이어 군터와 브륀힐데가 탄 배도 도착하였다. 그들도 궁전으로 들어왔다. 손님들도 모이고 결혼식을 치를 준비도 이미 다 끝났다. 브륀힐데는 구트루네와 함께 있는 지크프리트를 발견하고는 제정신이 아니었다. 대체 어찌 된 일인가? 더구나 지크프리트는 브륀힐데를 보고도 모르는 사람처럼 행동하였다.

안 그래도 브륀힐데는 돌아버릴 것만 같은데 그의 손가락에 낀 반지를 보자 더욱 놀랐다. 군터가 빼앗아간 반지가 어떻게 지크프리트의 손가락에 있단 말인가? 그녀는 지크프리트에게 군터한테서 그 반지를 받았느냐고 물었다. 아니라는 답변이었다. 그러자 브륀힐데는 군터에게 반지를 어서 되찾아오라고 요구하였다. 하지만 군터는 그 반지를 알지도 못하였다.

브륀힐데는 여기에 엄청난 기만과 거짓이 있음을 깨달았다. 그녀는 결혼식에 참석하기 위해 모인 모든 사람들에게 자기는 반지를 낀 저 남자와 결혼했다고 발표하였다. 그는 내게서 온갖 즐거움과 사랑을 다 맛보았다고 말했다. 모든 사람들이 깜짝 놀라고, 지크프리트 또한 몹시 황당해했다. 군터를 위해 구혼하러 갔을 때 그는 브륀힐데를 손끝 하나 건드리지 않았기 때문이다. 그는 자기가 (형제의) 맹세에 어긋난 짓을 한 적이 없노라고 말하였다. 그러나 브륀힐데는 그가 정절을 버렸으며 (사랑의) 맹세를 어겼다고 선언하였다. 하겐만 빼고 모두가 혼란을 느꼈다.

지크프리트는 누구든 무기를 빼들면 자기가 그 무기에 대고 맹세를 하겠다고 제안했다. 하겐이 자신의 창을 내밀고 그의 부하들이 둥글게 원을 만들었다. 지크프리트는 그 원 안에서 하겐의 창에 대고 자기가 맹세를 어겼다면 이 창에 찔려 죽으리라고 말하였다. 화가 잔뜩 난 브륀힐데도 원 안으로 뛰어들었다. 이 사내가 맹세를 어기고 지금 거짓 맹세를 하고 있으니 이 창끝이여, 내 축복을 받아 그를 찔러 죽여라.

이런 맹세 소동이 지난 다음 지크프리트는 구트루네와 먼저 결혼식장으로 향했다. 브륀힐데와 군터와 하겐은 뒤에 남았다. 브륀힐데와 군터는 제각기 지크프리트에게 속았다고 생각하였다. 군터는 지크프리트가 첫날밤에 자기의 신부에게 손을 댔다고 생각했다. 셋이 남자 브륀힐데는 자기를 위해 누가 칼을 휘둘러줄 것인지 물었고, 하겐이 나섰다. 하지만 브륀힐데는 그를 비웃었다. 어찌 감히 네가 영웅 지크프리트를 감당한다는 말이냐? 하겐은 브륀힐데에게 방법을 물었다. 브륀힐데는 마법으로 지크프리트의 온몸을 보호하였으나 그의 등은 안전하다고 생각하여 마법을 걸지 않았으니 하겐의 창으로 그 등을 찌르라고 일러주었다. 세 사람은 이렇게 지크프리트를 죽이기로 공모하였다.

이런 공모를 먼저 한 다음에 결혼식이 이루어졌다. 지크프리트는 구트루네와, 브륀힐데는 군터와 혼인하였다.

3.

어느 날 군터, 하겐, 지크프리트는 부하들을 거느리고 사냥을 나갔다. 사냥 도중에 일행을 놓친 지크프리트가 목을 축이려 라인 강으로 갔다. 라인의 딸 셋이 그의 눈앞에 나타나서, 그가 손가락에 끼고 있는 반지를 돌려달라고 부탁하였다. 지크프리트는 반지의 힘을 몰랐기에 그들에게 줄 생각도 있었지만 요정들은 오래 조르지 않고 어리석은 지크프리트를 조롱하고는 사라져버렸다. 그는 일행을 찾아 돌아갔다.

일행과 합류하고 보니 지크프리트만 짐승을 한 마리도 잡지 못했다. 그래도 다른 사람이 잡은 짐승을 구워 식사를 하였다. 군터는 여러 모로 마음이 편치 못했다. 오늘 사냥은 지크프리트의 목숨을 빼앗기 위한 것이었기 때문이다. 아무것도 모르는 지크프리트는 무척 쾌활하였다. 그 꼴을 보자 군터는 마음이 더욱 어두워졌다. 형제의 맹세를 하였는데, 그의 뒤에서 작당하여 그를 죽이기로 맹세한 셈이기 때문이다. 게다가 남편을 잃을 누이 구트루네도 걱정이었다.

군터가 우울한 것을 보고 지크프리트는 그를 위로할 셈으로 자신의 어린 시절 이야기를 꺼냈다. 그는 용을 죽인 이야기며, 박새들의 노래를 이야기하였다. 그 순간 하겐이 자신의 잔을 그에게 내밀었다. 그 잔을 들이켜자 그가 예전에 마신 마법 음료의 힘이 사라졌다. 그는 이야

239

기를 계속하다가 브륀힐데와 결혼했던 것을 기억해냈다. 군터가 깜짝 놀라고 지크프리트 자신도 놀랐다. 그 순간 하겐이 창으로 그의 등을 찔렀다.

브륀힐데가 말을 타고 지크프리트의 시신이 놓인 불 붙은 장작더미 속으로 뛰어들고 있다.

죽어가는 지크프리트는 그제야 모든 기억을 되찾았다. 하지만 이미 너무 늦었다. 지크프리트가 그렇게 죽고 일행은 그의 시신을 메고 궁전으로 향하였다. 궁전에서는 그의 아내 구트루네가 불길한 예감에 시달리며 사냥 나간 일행이 돌아오기만을 초조하게 기다렸다. 마침내 돌아온 하겐은 그녀에게 지크프리트의 죽음을 알렸다. 나머지 사람들이 그의 시신을 메고 돌아왔다.

구트루네는 가슴 저미는 슬픔에 몸부림쳤다. 누이의 슬픔에 마음이 흔들린 군터는 하겐이 그를 죽였다고 알려주었다. 하겐은 하는 수 없이 사실을 인정하고, 대신 자기가 지크프리트의 반지를 갖겠노라고 말했다. 군터는 그 반지가 자기 것이라고 주장했다. 그러자 하겐이 칼을 뽑아 군터를 찔러 죽였다. 하겐이 지크프리트의 손가락에서 반지를 빼내려 하자, 갑자기 지크프리트의 팔이 벌떡 올라가며 그를 위협하였다. 여자들은 모두 소스라치게 놀랐다. 하겐은 감히 반지를 빼내지 못했다.

그 순간 브륀힐데가 나타났다. 남자들을 부추겨 지크프리트를 죽게 한 여자라고, 구트루네가 그녀를 비난하였다. 브륀힐데는 당당히 대꾸하였다. "너는 단 한순간도 그의 아내였던 적이 없어. 그냥 정부였을 뿐이지. 내가 그의 영원한 아내였으니." 브륀힐데의 선언에 구트루네는 꼼짝 못하고 물러났다. 자기가 지크프리트에게 망각의 약을 주지 않았던가. 그녀는 오빠 군터의 시신을 부둥켜안은 채 지크프리트의 장례식에서 침묵을 지켰다.

브륀힐데가 지크프리트의 장례식을 지휘하였다. 그녀는 라인 강변 높은 바위 위에 장작더미를 쌓아올리도록 하고, 그 위에 시신을 눕혔다. 그는 손가락에 아직도 절대반지를 끼고 있었다. 장작더미에 불이 붙어 활활 타오르자, 브륀힐데는 지크프리트에게 주었던 자신의 말을 타고는 불길 속으로 뛰어들어 함께 불타 죽었다.

불붙은 장작더미가 무너지면서 라인 강으로 떨어져 내렸다. 라인의 딸들이 나타나 지크프리트의 손에서 반지를 거두어 갔다. 깜짝 놀란 하겐이 덤벼들어 반지를 가로채려는 순간, 무심한 강물이 하겐도 함께 끌고 들어갔다.

지크프리트의 장례식이 진행되는 동안, 멀리서 발할도 똑같이 불타오르고 있었다. 지크프리트가 보탄의 창을 부러뜨린 순간 보탄의 권능은 이미 힘을 잃었다. 이제 지크프리트의 장례식 불길과 더불어 보탄이 다스리던 세계도 종말을 고하였다. 까마귀들이 하늘을 날고, 보탄의 세계의 질서도 함께 사라지고 있었다.*

---

* 〈니벨룽의 반지〉의 배경 설명과 자세한 해설은 다음 책을 참조할 것. 안인희, 《게르만 신화 바그너 히틀러》, 민음사, 2003.

용어 설명

옛날 북유럽 언어가 지닌 각 낱말의 본래 뜻을
괄호 안 원어 표기 다음에 적어놓았다.

| ㄱ |

- **가름**(Garm) | 저승의 입구를 지키는 개이며, 지하의 악령. 저승의 입구인 그욜 강가에 도착한 존재에게 사납게 짖어대며 덤벼든다. 눈이 넷이고, 피투성이 가슴을 한 것으로 생각된다. 펜리스 늑대나 그리스 신화의 케르베로스와 비슷한 존재이다.

- **가이로트**(Geirrod, Geirröd)**와 아그나르**(Agnar) | 인간 왕의 아들들. 바다에서 길을 잃은 이들 형제를 오딘과 프리크가 구해서 한겨울 동안 키웠다. 뒷날 이들을 두고 오딘과 프리크가 말싸움을 벌인다. 가이로트는 아무것도 모르고 오딘을 함부로 대했다가 제 칼을 밟고 죽는다.

- **가이뢰트**(Geirröd, 창 보호) | 토르 신에게 도전했다가 죽은 거인.

- **강글레리**(Gangleri) | 길피 왕의 다른 이름.

- **게르트**(Gerd, Gerda) | 게르다. 땅의 거인이며 땅의 여신. 거인 기미르와 아우르보다의 딸로, 프라이의 아내가 된다.

- **게프욘**(Gefjon, 주다) | 베푸는 존재. 행운과 풍요를 나타내는 거인이었다가

나중에는 여신이 된다. 뒷날 처녀성의 여신으로서, 처녀로 죽은 여자들을 불러모은다. 셸란 섬의 기원을 설명해준다.

◆ **구드룬**(Gudrun) | 기우키와 그림힐트의 딸. 군나르, 회그니, 구토름의 누이. 지구르트의 아내.

◆ **구토름**(Gutthorm) | 군나르, 회그니, 구드룬의 아버지 다른 형제. 지구르트를 죽인다.

◆ **군나르**(Gunnar) | 기우키와 그림힐트의 아들. 구드룬과 구토름의 형.

◆ **군뢰트**(Gunnlöd, **싸움을 청함**) | 거인 주퉁의 딸. 시인들의 꿀술을 지킨다. 오딘이 그녀를 유혹한 다음 꿀술을 모조리 마시고 도망친다.

◆ **굴바이크**(Gullweig, Gullveig, **황금열망**) | 굴베이그. 예언자이며 마법을 잘 아는 여자 마법사. 보물을 수호하는 여신이자 황금에 대한 열망을 의인화한 것이다. 때론 프라야의 모습과 뒤섞이기도 한다.

◆ **굴보르스테**(Gullborste, **황금 돼지**) | 프라이가 타고 다니는 황금 수퇘지. 털이 모두 황금으로 되어 있어 밤에도 주변을 환히 밝힌다.

◆ **궁니르**(Gungnir) | 오딘 신의 창으로, 신의 상징물 중 하나. 난쟁이 대장장이인 이발디의 아들들이 만들었다.

◆ **그니타 황야**(Gnitaheide) | 파프니르가 용으로 변신하여 보물을 지키는 곳. 지구르트가 레긴의 안내를 받아 이곳으로 찾아가 용을 죽이고 보물을 차지하게 된다.

◆ **그라니**(Grani) | 지구르트의 말. 히얄프레크 왕에게서 받은 것이다.

◆ **그람**(Gram) | 지구르트의 칼. 그를 기른 레긴이 만들어준 칼이다.

◆ **그로아**(Groa) | 《옛 에다》 13번 〈그로아가 무덤에서 깨어나다〉에 나오는 여자 예언자. 용사들을 보호하는 온갖 주문과 마법의 힘을 지녔다. 베르

제르커 용사인 아들 스빕다크르에게 마법의 주문을 걸어준다. 또 토르신이 거인 흐룽니와 싸우다가 이마에 커다란 숫돌 조각이 박혀 괴로워할 때 그를 도와준다.

◆ **그로티(Grotti)** | 산악거인의 딸인 페냐와 메냐가 돌리는 마법의 맷돌. 이 맷돌을 돌리면 주인이 원하는 것을 무엇이든 만들어낼 수 있다.

◆ **그리트르(Gridr)** | 서리거인. 오딘과의 사이에 아들 비다르를 두었다. 로키가 토르를 꾀어 무기도 없이 가이뢰트의 성으로 갈 때, 토르에게 자신의 장비를 빌려주고 위험을 경고해준다.

◆ **그림니르(Grimnir, 가면 쓴 사람)** | 오딘을 가리키는 이름의 하나.

◆ **그림힐트(Grimhild)** | 기우키의 아내이며, 구드룬, 군나르, 회그니, 구토름의 어머니. 마법의 음료를 이용하여 지구르트가 사랑하는 브륀힐트를 잊게 한다. 지구르트가 죽은 다음에는 딸 구드룬을 억지로 아틀리 왕과 혼인시킨다.

◆ **그욜(Gjöll, 소음)** | ① 죽은 자들의 나라인 헬의 가장자리에 있는 저승의 강. 이곳에서 가름이 새로 도착하는 자들을 기다린다. 황금으로 된 그얄라르 다리가 놓여 있으며, 거인 여인 모트구트도 이곳을 지킨다. ② 신들이 펜리스 늑대를 묶어놓은 돌덩이의 이름.

◆ **글라이프니르(Gleipnir, 열린 것)** | 난쟁이들이 고양이 발소리, 여인의 수염, 산의 뿌리, 곰의 인대, 물고기 숨결, 새의 침 등을 이용하여 만든 끈. 펜리스 늑대를 묶은 끈으로, 실처럼 가늘지만 아무도 끊을 수가 없다.

◆ **기눙가가프(Ginnungagap, 빈 공간, 아가리)** | 태초의 빈 공간. 거대한 심연 또는 빈 아가리. 이곳의 남쪽에 불의 나라 무스펠하임, 북쪽에 서리의 나라 니플하임이 있다.

◆ **기미르**(Gymir, 바다) | 바다거인이며 동시에 대지의 신. 아우르보다의 남편이며 게르트와 벨리의 아버지이다. 이따금 바다거인 에기르와 동일한 존재가 된다.

◆ **길피**(Gylfi, 바다, 파도) | 스웨덴의 왕. 《스노리 에다》의 제1부 〈길피 왕이 헛것을 보다〉에 나오는 왕이다. 게프욘 여신이 그에게서 얻은 땅으로 덴마크에 셸란 섬을 만들어준다.

| ㄴ |

◆ **나글파리**(Naglfari, Naglfar, 손톱 발톱 배) | 나글파르. 죽은 자들의 배. 세상에서 가장 큰 배. 라그나뢰크가 시작될 때 무스펠의 아들들이 이 배를 타고 무스펠하임에서 아스가르트로 온다. 나글파리가 만들어지는 것을 피하기 위해서는 죽은 시신의 손톱 발톱을 잘 깎아주어야 한다.

◆ **난나**(Nanna, 어머니) | 어머니 여신. 발더의 아내이며 포르세티(Forseti)의 어머니. 남편의 죽음을 슬퍼하다가 남편을 따라 죽는다. 그녀의 시신은 발더와 나란히 배에 실려 화장된다.

◆ **네르투스**(Nerthus) | 땅과 풍요의 여신. 뇨르트의 누이이며 아내이다. 라틴 이름만 남았다.

◆ **노르네 여신들**(Nornen) | 운명의 여신들이며 탄생을 돕는 여신들. 인간과 신의 운명의 실을 잣는다. 세 자매인 이들은 우르트(Urd), 베르단디(Werdandi), 스쿨트(Skuld)이다. 이그드라실 아래에 있는 우르트 샘가에 산다.

◆ **노트**(Nott, 밤) | 거인 여인. 흐림팍시(서리갈기)라는 말을 타고 하늘을 날다

아침이 되면 땅으로 돌아온다. 말이 거품을 땅에 떨어뜨리면 새벽이슬이 되고, 그러면 아들 다그가 길을 떠난다.

◆ **뇨르트**(Njörd, Njördr) | 바람과 바다의 신. 불과 풍요의 신. 뱃사람과 어부 들의 수호신. 본래 바네 신으로, 누이 네르투스 여신의 남편이자 프라이와 프라야의 아버지이다. 나중에 스카디와 결혼한다.

◆ **니트회크르**(Nidhöggr, 미움으로 가득 차서 때리는 자) | 죽은 자들의 피를 마시고, 흐베르겔미르 샘에서 시신을 먹는 용. 이그드라실 뿌리 아래 살면서 그 뿌리를 갉아먹는 용으로, 사악함의 원천이다. 라그나뢰크를 무사히 넘기고 그 이후의 새 세계에서도 계속 살아남는다고 한다.

◆ **니플룽**(Niflung), **니플룽겐**(Niflungen) | 니벨룽겐(Nibelungen)의 북유럽 표기. 기우쿵겐 또는 기우키의 아들과 딸 들이라고도 불린다.

◆ **니플하임**(Niflheim, 안개의 세계) | 안개, 얼음, 어둠, 추위의 세계. 기눙가가프의 북쪽에 자리 잡은 이곳이 무스펠하임보다 먼저 생겨났다. 헬의 나라가 이곳에 있으며, 기독교가 자리 잡은 뒤로 지옥의 표상과 결합되었다.

| ㄷ |

◆ **다그**(Dag, 낮) | 노트의 아들. 오딘에게서 말과 마차를 받아 하늘을 여행한다. 그의 말 스킨팍시(빛의 갈기)는 하늘을 나는 동안 갈기에서 빛이 난다.

◆ **디제 여신들**(die Disen, 여자들) | 풍요와 운명과 탄생을 돕는 여신들을 가리키는 복수형 명칭. 발퀴레와 노르네가 디제 여신들에 속한다. 프라야는 '바네 신들의 디제 여신'이라 불린다.

| ㄹ |

* **라그나뢰크**(Ragnarökr) | 라그나뢰크르. 도이치 말로는 보통 '신들의 황혼 (Götterdämmerung)' 이라 번역된다. 널리 쓰이는 낱말 '라그나뢰크 (Ragnarök)' 는 '신들의 운명' 이라는 뜻으로, 실은 '라그나뢰크르' 가 더욱 정확한 말이다. 다만 라그나뢰크가 너무 널리 알려져 있어 여기서는 그대로 사용하였다.

* **란**(Ran) | 바다거인 에기르의 아내이고 아홉 파도의 어머니. 커다란 그물로 뱃사람들을 사냥하고, 아제 신들을 좋아하지 않는다.

* **레긴**(Regin, 강력한 자) | 기술이 훌륭하지만 사악한 난쟁이. 흐라이트마르의 아들이며 용이 된 거인 파프니르의 동생. 지구르트를 맡아 기른다. 지구르트에게 명검 그람을 만들어주고, 자신의 형 파프니르를 죽이라고 사주한다.

* **로키**(Loki, 활활 타오르는 불길) | 불의 신. 모든 것을 삼키는 불이 신격화된 존재로, 몹시 변덕스럽고 이중적인 특성을 가졌다. 매, 암말, 연어 등 여러 모습으로 변신이 가능하다. 거인 파르바우티(Farbauti)와 아제 여신 라우파이야(Laufeyja, Laufey) 또는 날(Nal) 사이에서 태어난 아들로, 아내는 지긴 여신이다. 거인 여인 앙그르보다(두려움을 만드는 여인)와의 사이에 늑대 펜리스, 미트가르트 뱀, 헬을 자식으로 두었다.

* **루네 문자**(Runen) | 1세기부터 8세기 무렵까지 쓰인 게르만 문자로서, 문자와 상징 기호가 혼합되어 있다. 5세기에 하나의 통합된 루네 문자가 만들어졌다. 24개의 알파벳으로 이루어졌으며, 이들 루네 문자 하나하나는 각각의 이름과 마법의 뜻을 갖는다.

* **리크르**(Rigr, 왕) | 인간의 세 계급인 노예, 농부, 귀족의 조상이 되는 신. 보

통 하임달 신으로 여겨지지만, 이따금 오딘의 이름으로 생각되는 수도 있다.

◆ **린트**(Rind) | 땅과 풍요의 여신. 오딘과의 사이에 복수의 신 발리를 아들로 두었다.

| ㅁ |

◆ **마그니**(Magni, 강한 자)**와 모디**(Modi, 분노한 자) | 토르 신의 아들이며 동시에 토르 신의 강함과 분노를 상징하는 존재. 토르와 거인 여인 야른작사 사이에서 태어났다. 라그나뢰크가 지난 다음 그들은 새로운 세계로 돌아와 아버지의 망치 묠니르를 물려받는다.

◆ **멘글라다**(Menglada, 장신구를 보고 좋아하는 여자) | '태양처럼 빛나는' 여인. 히피아산(Hyfiaberg) 꼭대기에 산다. 브륀힐트처럼 불꽃으로 둘러싸인 산꼭대기의 요새에 산다. 불꽃을 뛰어넘어 이 요새로 들어오는 베르제르커 용사 스빕다크르만이 남편이 될 수 있다는 우르트 여신의 예언에 따라 신랑을 기다리면서 병든 사람들을 치료한다. 치료와 위안의 여신이다.

◆ **묠니르**(Mjöllnir) | 토르의 망치. 언제나 목표물을 맞히고 나서는 던진 사람의 손으로 돌아온다. 난쟁이 진드리와 브로크가 만든 것으로 게르만 사람들의 상징이다. 30년 전쟁 시대(1618~1648년)의 새로운 게르만 신앙 연합은 토르의 망치에서 '함머분트(Hammerbund, 망치 연합)'라는 이름을 얻었다.

◆ **무스펠하임**(Muspelheim, 무스펠의 세계) | 불의 공간. 창조 이전의 밝음과 불의 공간으로, 기눙가가프 남쪽에 있다.

◆ **뮈징르(Mysingr)** | 바이킹 왕의 한 사람. 메냐와 페냐가 그로티 노래를 부르던 밤에 그들에게 불려나와 프로디 왕을 죽이고 평화의 시대를 끝낸다.

◆ **미미르(Mimir, 기억하는 자, 지혜로운 자) 또는 미메(Mime)** | 대단한 지혜를 가진 거인. 이그드라실의 뿌리가 닿아 있는 세 개의 샘 중 두 번째인 미미르의 샘을 지킨다. 나중에는 머리만 남는다.

◆ **미미르의 샘** | 지혜의 샘.

◆ **미트가르트(Midgard)** | 중간계, 곧 지상의 세계. 인간들이 사는 곳이다.

◆ **미트가르트 뱀(Midgardsomr) 또는 요르문간트르(Jörmungandr)** | 세계바다에 머물며 미트가르트 세계를 한 바퀴 감싸고 제 꼬리를 입에 물고 있는 뱀. 로키와 거인 여인 앙그르보다 사이에서 태어난 아들이다. 기독교가 들어온 다음 유대인들이 생각한 바다 괴물 리바이어던과 동일시되기도 하였다.

| ㅂ |

◆ **바네 신들(Wanen, Vanen, Vanir, 빛나는 존재들)** | 바니르. 아제보다 더 오래되고 규모가 작다. 풍요의 신으로, 농부와 어부와 뱃사람 들을 수호한다. 바나하임(Vanaheimr, Wanaheim)에 살며 마법을 이해하고 있다. 아제 신들과 달리 오누이끼리 결혼한다. 아제 신들과 싸우다 평화조약을 맺고 프라이, 프라야, 뇨르트를 볼모로 내준다.

◆ **바리(Barri, 옥수수 들판, 배꼽 숲)** | 프라이와 게르트가 결혼식을 올렸다는 신화의 장소.

◆ **발더(Balder, Baldr, 왕, 주인)** | 발트르. 빛의 신. 순수함과 아름다움과 정의의 신이고 봄의 신으로, 죽었다가 부활한다. 오딘과 프리크의 아들이며,

회두르와 헤르모트르의 형이다. 아내 난나와의 사이에 아들 포르세티를 두었다. 라그나뢰크 이후에 발더와 회두르는 헬의 세계를 떠나 새로운 세계로 돌아온다.

◆ **발라**(Wala, Völva) | 뵐바. 먼 미래를 볼 수 있는 여자 예언자. 보통 오래전에 죽은 존재이다. 상징물은 마법 지팡이이며, 동물 털로 된 옷을 입고 마법의 주문을 왼다. 죽은 자들의 세계로 찾아온 오딘에게 이제 신들의 미래를 알려준다.

◆ **발리**(Wali, Vali) | 복수의 신. 오딘과 린트 사이에서 태어난 아들. 태어난 지 하루 만에 발더를 죽게 한 회두르를 살해한다.

◆ **발퀴레 여신들**(Walküren, 죽은 자들을 선별하는 여인) | 원래는 자연의 정령. 뒷날에는 번쩍이는 갑옷을 입고 사나운 말을 타고 공중을 날아다니는 처녀 전사들을 가리킨다. 오딘의 명을 받고 지상의 싸움에 개입하여 전쟁터에서 죽은 영웅들을 발할로 데려온다. 발퀴레 중 이름이 알려진 여신으로는 볼켄트루트(Wolkentrut, 구름의 힘)와 미스트(Mist, 안개)가 있다. 바그너의 〈니벨룽의 반지〉 중 두 번째 작품인 〈발퀴레〉를 통해 널리 알려졌다.

◆ **발할**(Walhal, 죽은 용사들의 집) | 아스가르트에 있는 오딘의 궁전. 벽이 황금으로 덮여 있다. 540개의 문을 통해 각기 800명의 전사들이 드나들 수 있다.

◆ **베**(We, Ve) | 뵈르와 베스틀라의 아들. 다른 이름은 로두르. 형제인 오딘, 빌리와 함께 최초의 인간을 만들고, 그들에게 언어와 시각과 청각을 준다.

◆ **베르겔미르**(Bergelmir, 산에서 포효하는 자) | 물의 거인이자 거인들의 조상. 오딘이 태초거인 이미르를 죽이자 그 몸에서 나온 피가 바다를 이룬다. 그때 모든 거인이 그곳에 빠져 죽는데, 베르겔미르와 그 아내만은 배에 올라

타 죽지 않고 살아남아 거인들의 조상이 된다.

◆ **베르제르커(Berserker, 곰 가죽)** | '곰 가죽을 둘러쓴' 용사들. 오딘 신을 절대적으로 따르는 난폭한 전사들이다. 이들은 동물의 힘과 몸짓을 획득하여, 망아(忘我)의 상태에서 완전히 지쳐 널브러질 때까지 싸움을 계속한다. 오늘날에는 '분노한 전사'를 뜻하며, '베르제르커의 분노'라고 하면 광적으로 파괴하는 폭발적인 힘을 가리킨다.

◆ **베스틀라(Bestla)** | 태초의 거인 여인. 신들의 어머니. 뵈르와 결혼하여 오딘, 빌리, 베 등 삼 형제를 낳는다.

◆ **벡탐(Wegtam, 여행에 익숙한 사람)** | 오딘의 가짜 이름. 죽은 여자 예언자 발라를 찾아갔을 때 그는 이 이름을 댄다.

◆ **뵈르(Bör, 아들)** | 부리의 아들. 베스틀라와 결혼하여 오딘, 빌리, 베 등 삼 형제를 낳는다.

◆ **부리(Buri, 아버지)** | 태초암소 아우둠라가 핥은 소금돌에서 생겨난 남자. 아제 신들의 조상. 남자이며 동시에 여자로, 혼자서 아들 뵈르를 낳는다.

◆ **브라기(Bragi)** | ① 문학과 시의 신으로, 이둔 여신의 남편으로 여겨진다. 발할에 죽은 전사들이 들어오면 헤르모트르와 함께 그들을 환영한다. 또한 음유시인들을 수호하는 신으로서, 북유럽과 도이치 시인들은 그를 찬양하는 송가들을 남겼다. ② 노르웨이의 가장 오래된 시인(스칼데). 9세기에 살았을 것으로 생각된다. 스노리는 그의 시편들을 전해준다.

◆ **브륀힐트(Brynhild, Hild)** | 힐트. 아틀리의 누이. 발퀴레. 매우 강력하고 싸움을 좋아한다. 너무 많은 전사를 죽여서 그 벌로 오딘이 긴 잠에 빠뜨린다. 그녀가 잠든 장소를 둘러싸고 불길이 피어오른다. 말을 타고 이 불길을 뛰어넘을 수 있는 남자만이 그녀에게 구혼할 수 있다. 지구르트는

군나르를 위해 이 불길을 뛰어넘어 그녀에게 구혼한다. 결혼 후 그녀는 구혼할 때의 속임수를 알아내고 남편의 형제들을 부추겨 지구르트를 죽게 한 뒤 자결한다.

◆ **브리징가멘**(Brisingamen, 목의 장신구) | 프라야 여신의 목걸이. 네 명의 난쟁이인 알프리크, 드발린, 그레르, 베를링거가 만들었다.

◆ **비다르**(Widar, 멀리서 다스리는 자) | 오딘과 서리거인 그리트르의 아들. 조용하고 평화로운 비디라는 곳에서 홀로 살았다. 신들과 거인들의 최후의 전쟁인 라그나뢰크에서 펜리스 늑대가 아버지 오딘을 삼키자 늑대를 둘로 찢어 죽인다.

◆ **비프뢰스트**(Bifröst, Bifrost, 흔들리는 하늘길) | 비프로스트. 무지개 또는 하늘로 통하는 다리. 중간계에서 신들의 세계인 아스가르트로 들어가는 길이며, 신들만 말을 타고 이 길을 통과한다.

◆ **빌리**(Wili, Vili) | 뵈르와 베스틀라의 아들. 회니라는 이름으로 더 자주 등장한다. 오딘, 베와 더불어 최초의 인간을 만들고, 그들에게 이성과 움직임을 준다.

| ㅅ |

◆ **쇠를리**(Sörli) | 함디르의 형제.

◆ **슈반힐트**(Schwanhild, Swanhild) | 스반힐트. 구드룬과 지구르트의 딸. 요나쿠어 왕의 궁전에서 양육되었다. 요르문레크 왕과 결혼했다가 왕의 손에 죽는다.

◆ **스빕다크르**(Swipdagr, 갑자기 밝아오는 낮) | 베르제르커 용사이자, 멘글라다의 운

명적인 애인. 《옛 에다》 14번 〈폴스비트의 노래〉에 나오는 나그네 빈트칼트의 진짜 이름이다.

◆ **스카디(Skadi)** | 거인 트야치의 딸. 산악 여신이며 사냥꾼과 스키어 들을 수호하는 여신. 바다의 신 뇨르트의 둘째 아내가 된다. 그래서 이따금 프라이와 프라야의 어머니로도 여겨진다. 뒤에는 울의 아내가 된다. '스칸디나비아'는 이 여신의 이름에서 유래한 것으로 여겨진다.

◆ **스퀼(Sköll, 비웃음)** | 라그나뢰크가 되면 태양을 잡아 삼키는 늑대.

◆ **스크리미르(Skrymir, 떠드는 놈)** | 거인이며 토르 신의 적. 토르는 우트가르트로 가는 길에 그를 만나 세 번이나 망치로 때려죽이려고 했지만 속아서 실패하고는 그의 장갑 속에서 밤을 보낸다. 그러나 스크리미르는 나중에 토르가 자기보다 훨씬 더 강하다는 것을 인정한다.

◆ **스키르니르(Skirnir)** | 프라이의 친구이자 하인. 프라이를 위해 게르트에게 구혼한다.

◆ **스키트블라트니르(Skidbladnir, 배)** | 프라이 신의 배. 난쟁이 이발디의 아들들이 만들었다. 죽은 자들의 배인 나글파리보다는 작지만 아제 신들이 모두 탈 수 있을 만큼 크다. 항해가 끝나면 손수건처럼 접어서 호주머니에 집어넣을 수 있다.

◆ **슬라이프니르(Sleipnir, 미끄러지듯 가는 자)** | 다리가 여덟 개인 잿빛 말. 오딘의 말이며, 세계에서 가장 빠르다. 로키가 암말이 되어 스바딜파리와의 사이에서 낳았다.

| ㅇ |

- **아스가르트(Asgard)** | 아제 신들이 사는 곳으로 하늘의 영역. 가운데에는 신들의 모임을 위한 거대한 홀이 있고, 신들의 자리 열두 개가 있다. 미트가르트와 요툰하임보다 위에 있다.

- **아스크르(Askr, 물푸레나무)와 엠블라(Embla, 느릅나무)** | 오딘과 빌리와 베가 태초에 두 그루 나무로 만든 최초의 인간 남자와 여자.

- **아우둠라(Audhumla, 우유의 나라) 또는 아우둠블라** | 태초암소.

- **아인헤리(Einheri, Einherier, 홀로 싸우는 자)** | 전쟁터에서 용감하게 싸우다 전사하여, 발퀴레의 안내를 받아 발할로 들어가는 영웅들. 실은 그들의 혼령이다.

- **아제 신들(Asen, Aisir, 기둥)** | 에시르. 대부분 전투적인 신들의 일족. 바네 신들에 비해 숫자도 많고 더 나중에 나타난다. 중요한 신으로는 오딘, 토르, 발더, 프리크, 난나 등이 있다. 이들은 이둔 여신의 사과를 먹고 젊음을 유지한다. 바네 신들과 싸운 다음 평화를 약속하고 회니와 미미르를 볼모로 내준다.

- **아틀리(Atli, Attila, 두려운 자)** | 아틸라. 남부 지역에서는 에첼(Etzel)이라 불렸다. 부들리의 아들이고 브륀힐트의 오빠. 보물이 탐나서 구드룬과 혼인하고 그 오빠들을 자신의 궁전에 초대하여 모조리 죽인다. 보물을 차지하지는 못한다.

- **안드바리(Andwari, Andvari, 조심스런 자)** | 로키에게 잡혀서 몸값으로 황금을 내놓고 풀려난 난쟁이. 그가 내준 보물 중 절대반지가 있는데, 이 반지에 저주를 건다. 이 반지는 니플룽겐 이야기에서 중요한 역할을 한다.

- **알비스(Alwis, 모든 것을 아는 자)** | 토르 앞에서 박식함을 자랑하다 햇빛을 받고

돌로 변한 난쟁이.

◆ **알프**(Alb, Alfr, Elf) | 알프르, 엘프. 절반은 신이고 절반은 데몬인 종족. 안개 종족 또는 꿈의 종족으로, 이따금 잠자는 사람의 가슴 위에 올라앉아 가위눌리게 하거나 나쁜 꿈을 꾸게 한다. 빛의 알프는 알프하임에 살고, 어둠의 알프 또는 검은 알프는 땅 밑에 산다.

◆ **야른작사**(Jarnsaxa, 얼음 칼) | 바다거인 에기르와 란 사이에서 태어난 딸들인 '아홉 파도' 중 하나. 아홉 파도는 오딘과의 사이에서 하임달 신을 낳는다. 야른작사는 다시 토르의 애인이 되어 힘이 장사인 마그니와 모디를 낳는다.

◆ **야를**(Jarl) | 귀족. 리크르가 사랑한 아들.

◆ **에기르**(Ägir) | 바다거인. 형제로는 바람과 불이 있으며, 아홉 명의 딸 모두가 파도이다. 에기르는 아스가르트 신들을 위해 일 년에 한 번씩 성대한 잔치를 베푼다.

◆ **에르프**(Erp) | ① 구드룬이 아틀리와 재혼해서 생겨난 아들. 구드룬은 니플룽겐 종족이 몰락한 것에 복수하기 위해 에르프와 또 다른 아들 아이틸을 죽인 후 그들의 두개골로 만든 술잔에 술을 부어 아틀리에게 마시게 하고, 또 그들의 심장을 요리하여 아틀리에게 먹게 한다. ② 구드룬이 세 번째로 요나쿠어 왕과 결혼해서 얻은 아들. 요르문레크에게 복수하러 가는 길에 형들인 쇠를리와 함디르 손에 죽고 만다.

◆ **엘리바가르**(Eliwagar, 번개비) | 세계를 둘러싼 태초바다. 엘리바가르의 열한 개 물줄기가 무스펠하임의 열기와 합쳐져서 태초거인 이미르가 생겨난다.

◆ **엘**(Äl) 술 | 일종의 맥주.

◆ **오딘**(Odin, Wodan, Wuotan, Wotan, 분노한 자) | 보단, 보탄. 원래는 바람의 신. 북

유럽에서 최고의 신으로 숭배되던 티르를 혁명적으로 밀어내고 최고신의 자리를 차지한다. 지혜의 신이며, 전쟁터에서의 명예로운 죽음을 결정하고, 마법에 능하다.

◆ **오타르(Ottar)** | 프라야 여신의 애인. 프라야 여신에게 신전을 지어주고 넉넉한 제물을 바쳐서 총애를 얻는다. 프라야 여신은 그를 수퇘지로 만들어서 아스가르트에 살게 하고 그를 타고 다니기도 한다.

◆ **요나쿠어(Jonakur)** | 구드룬과 혼인한 왕. 구드룬의 세 번째 남편. 그녀와의 사이에 세 아들 쇠를리, 함디르, 에르프가 있다.

◆ **요르문레크(Jörmunrek)** | 부자 왕. 지구르트와 구드룬 사이에서 태어난 딸 슈반힐트와 혼인한다. 그러나 구혼사절로 보낸 아들 란트버와 슈반힐트 사이에 애정이 싹튼 것을 보고 그들을 죽인다. 이 사실을 안 구드룬이 복수를 위해 세 아들을 보낸다.

◆ **요툰하임(Jotunheim, Jötunheim)** | 거인들이 사는 곳.

◆ **우르트의 샘** | 운명의 샘. 이그드라실의 첫 번째 뿌리가 닿은 샘으로 아스가르트에 있다. 신들은 이 샘가에서 중요한 회의를 한다. 이 샘에는 세 명의 노르네 여신이 살면서 신과 인간의 운명의 실을 잣는다.

◆ **우트가르트(Utgard)** | 요툰하임에 있는 거인들의 성채.

◆ **울(Ull, Uller)** | 울러. 지프 여신의 아들. 스케이트와 스키 타는 사람을 보호하는 신.

◆ **이그드라실(Yggdrasil, 이그(오딘)의 말(馬), 또는 두려움을 만들어내는 산)** | 세계나무. 아홉 세계 모두와 연결되어 있는 거대한 나무로, 미트가르트 한가운데서 자란다. 세 개의 샘, 곧 아스가르트에 있는 우르트의 샘(운명의 샘), 요툰하임에 있는 미미르의 샘(지혜의 샘), 북쪽 니플하임에 있는 호베르겔미르

의 샘(질투의 샘)에서 힘을 얻는다. 운명의 나무이기도 하다. 이들 세계가 존재하는 한 언제나 녹색으로 생생하게 살아 있지만, 나무가 떨리면 라그나뢰크가 시작된다.

- **이둔(Idun, 새로워진, 또는 젊음을 되찾은 여인)** | 풍요의 여신. 아제 신들은 이둔의 황금 사과를 먹고 라그나뢰크가 시작될 때까지 영원한 젊음을 누린다.
- **이미르(Ymir)** | 태초의 생명체. 아직 분화되기 이전의 거대한 자연력. 기눙가가프에서 추위와 더위가 만나 얼음이 녹으며 생겨난 태초거인이다. 태초암소의 젖을 먹고 산다.

| ㅈ |

- **주르트르(Surtr, 암흑의 존재)** | 불의 거인이며 신들의 적. 모든 것을 삼키는 불을 의인화한 것으로, 불의 나라 무스펠하임의 파수꾼이다.
- **주퉁(Suttung, 음료를 가득 채워 무거운)** | 난쟁이들에게서 시인의 꿀술을 빼앗은 거인. 그의 딸 군뢰트가 꿀술을 지켰지만 오딘 신이 그녀를 홀리고 꿀술을 되찾아간다.
- **지구르트(Sigurd)** | 뵐중 가문 출신 지그문트와 히요르디스 사이의 아들. '젊은 뵐중'이라 불리기도 한다. 난쟁이 대장장이 레긴이 양육을 하고 명검 그람을 만들어준다. 레긴의 부추김으로 용 파프니르를 죽이고 안드바리의 보물을 차지한다. 원래 브륀힐트가 그에게 정해진 짝이었는데, 그림힐트의 마법 음료로 인해 군나르의 모습을 하고는 브륀힐트에게 구혼한다. 그리고 자신은 군나르의 누이 구드룬과 결혼한다. 뒷날 속임수를 알아챈 브륀힐트의 부추김을 받고 군나르의 의붓동생 구토름이 지구르트

를 죽인다.
- **지그문트**(Sigmund) | ① 뵐중의 아들. 두 번째 아내 히요르디스와의 사이에서 아들 지구르트를 얻고, 그는 곧 전사한다. ② 지구르트와 구드룬의 아들.
- **지간**(Sigyn, 승리, 여자 친구) | 로키의 아내. 발더를 죽인 로키가 바위에 묶여 얼굴에 독뱀의 독이 떨어지는 형벌을 받을 때, 지간이 사발에 독을 받아서 버린다.
- **지프**(Sif, Siv, 아무개의 아내, 인척 여인) | 식물의 신이고 울의 어머니. 뒷날 토르의 아내가 되어 딸 트루트를 낳는다. 토르가 집을 비웠을 때 그녀를 범한 로키가 이를 자랑하고 다닌다.

| ㅋ |

- **카를**(Karl) | 인간. 농부. 리크르 신이 만든 계급.
- **크바지르**(Kwasir, Kvasir) | 지혜로운 난쟁이이며 동시에 의인화된 발효 음료. 신들의 침을 모아 만든 존재로, 모든 질문에 답할 줄 아는 지혜로운 입을 가진 현인이다. 난쟁이들은 그를 죽인 다음 그 피와 술을 섞어 시인의 꿀술을 빚는다.

| ㅌ |

- **토르**(Thor) **또는 도나르**(Donar, 천둥) | 천둥과 폭풍과 풍요의 신. 농업의 신. 인간의 삶을 힘들게 하는 사나운 거인에 맞서 인간을 보호하는 수호신이다. 토르는 강력하고 파괴적인 자연의 힘을 상징하는 거인들을 제압하

지만, 그 역시 자연의 힘이다. 그러나 거인들과 달리 인간의 삶에 도움이 되는 질서를 따른다.

◆ **투르 거인들**(Thurs, 거인) | 인간, 그 중 여자들의 몸과 정신을 해치고 그들에게 병을 가져오는 악마적 거인들. 트림이 지배자이고, 우트가르트-로키와 무스펠도 여기에 속한다. 이들은 이미르의 피에 빠져 죽지 않고 살아남은 베르겔미르의 후손이다.

◆ **트림**(Thrym, Thrymr, 시끄러운 소리) | 투르 거인들의 왕. 토르 신의 망치 묠니르를 훔쳤다가 그에게 맞아 죽는다.

◆ **트야치**(Thjazi, Thiassi) | 트야시. 트림하임에 사는 산악거인. 아발디(Awaldi)의 아들이며 스카디 여신의 아버지이다. 독수리의 모습을 하고 나타난다. 이둔 여신을 납치한 탓으로 토르 신의 망치에 맞아 죽는다. 그의 두 눈은 작은곰자리의 별이 된다.

◆ **트얄피**(Thjalfi) | 가장 빨리 달리는 사내. 오로지 후기(Hugi, 생각)만 그보다 더 빨리 달릴 수 있다. 토르를 따라다니는 트얄피는 원래 고틀란드 섬에서 불과 빛을 가져다준 신으로 숭배되었다.

◆ **티르**(Tyr, 빛나는 자) 또는 **티우츠**(Tiuz), **티바츠**(Tiwaz), **치우**(Ziu) | 하늘의 신이며 전쟁의 신. 민회에서 옳은 편을 수호하는 법의 신. 원래 게르만족의 최고신이었다가 오딘에게 그 자리를 내준다. 그의 창은 무기이면서 정의의 상징이다. 원래 거인 히미르의 아들이었으며, 늑대 펜리스에게 오른손을 뜯겨 외팔이가 된다. 화요일(Tirsdag, 티르의 날)은 그의 이름에서 따온 것이다. '도이치(deutsch, 옛날 도이치어로는 diutisc)'라는 말도 티우츠와 비슷하다.

| ㅍ |

◆ **파프니르**(Fafnir, 끌어안는 자) | 파프너. 흐라이트마르의 아들이며 레긴의 형. 아버지를 죽이고 안드바리의 보물을 혼자서 차지한다. 용으로 변신하여 보물을 지키다가 지구르트의 손에 죽는다.

◆ **페냐**(Fenja)**와 메냐**(Menja) | 마법 맷돌 그로티를 돌리며 '그로티 노래'를 부르는 거인 여인. 프로디 왕의 하녀로 일한다. 맷돌을 돌려 그의 왕국을 위해 행운을 만들어내다 뒷날 그의 몰락을 불러들인다.

◆ **펜리스**(Fenris) 늑대 또는 **펜리르**(Fenrir) | 로키의 아들로 거대한 늑대의 모습을 한 악마. 미트가르트 뱀과 헬의 형제. 라그나뢰크의 시기에 끈을 풀고 나타나 오딘과 격투 끝에 그를 잡아먹는다. 오딘의 아들 비다르 신에 의해 둘로 찢겨 죽는다.

◆ **폴크방**(Folkwang, Sessrumnir, 민중의 들판) | 세스룸니르. 아스가르트에 있는 프라야의 궁전. 죽은 용사들인 아인헤리 중 프라야 여신에게 할당된 이들이 여기에 머문다.

◆ **프라야**(Freyja, 여자, 여주인) | 풍요와 봄의 여신. 행운과 사랑의 여신이기도 하다. 뇨르트와 네르투스의 딸이며 프라이의 쌍둥이 누이이다. 아제 신들에게 마법을 가르치고, 이따금 오딘의 아내 노릇도 한다. 그녀의 탈것은 돼지 힐디스빈(Hildiswin)이고, 상징물은 목걸이 브리징가멘과 매로 변신시켜 주는 옷이다. 스웨덴과 노르웨이에는 그녀의 이름을 딴 장소가 많다. 이따금 프리크와 섞이거나, 젊음의 사과를 간직하는 이둔 여신과 섞인다. 금요일은 그녀의 이름을 따른 것이다.

◆ **프라이**(Frey, Freyr, 주인) | 풍요와 식물의 신이며, 추수와 안락의 신. 바네 신들의 최고신이며, 스웨덴 왕가의 조상신이다. 뇨르트와 네르투스의 아

들이며, 프라야의 오빠이다. 뒷날 거인 여인 게르트와 결혼한다. 접었다 폈다 할 수 있는 배 스키트블라트니르, 타고 다닐 수 있는 황금 돼지 굴보르스테의 주인이다. 역시 금요일의 신이다.

◆ **프레키**(Freki, 탐식하는 자)**와 게리**(Geri, 욕심 많은 자) | 언제나 오딘을 따라다니는 늑대. 결코 포기하지 않고, 무엇이든 알고, 모든 것을 차지하려고 하는 오딘의 특성을 나타낸다.

◆ **프로디**(Frodi) | 전설적인 덴마크의 왕. 프로디의 평화로 유명하다. 그것은 페냐와 메냐가 마법 맷돌 그로티를 돌려서 얻은 것이라고 한다. 나중에 페냐와 메냐가 맷돌에서 불러낸 바이킹 왕 뮈징르의 손에 죽고 모든 것을 뺏긴다.

◆ **프리크**(Frigg, 여자, 아내, 애인) **또는 프리가**(Frigga) | 다산(多産)의 여신이며 아제 신들의 어머니 여신. 결혼의 수호신. 오딘과 함께 지상을 돌아다니며 사람들의 가정에 행운을 가져다준다. 발더와 회두르의 어머니이고, 이따금 프라야와 동일시된다. 그녀의 상징물은 매로 변신시켜 주는 옷이다. 금요일(Friday, Freitag)은 그녀의 이름을 따른 것이다

◆ **핌불**(Fimbul, 거대한 겨울) | 여름이 없이 삼 년간 계속된 겨울. 서리와 차가운 폭풍을 동반하는 엄청난 자연재해로, 라그나뢰크가 시작되었음을 알리는 표지 중 하나이다.

| ㅎ |

◆ **하이드룬**(Heidrun) | 발할의 지붕에서 이그드라실을 뜯어먹고 사는 염소. 아인헤리들에게 계속해서 꿀술을 주어 그들이 죽지 않게 해준다.

◆ **하임달**(Heimdall, Heimdallr, 밝게 빛나는 자) | 수호신이며 거인 자매인 아홉 파도의 아들. '신들의 파수꾼'이며 경고자로 비프뢰스트의 아스가르트 쪽을 지킨다. 뿔나팔 기얄라르를 불어서 라그나뢰크의 시작을 알린다. 마지막 싸움에서 로키와 맞붙는다.

◆ **하티**(Hati) | 세계가 멸망할 때에 달을 삼키는 늑대.

◆ **함디르**(Hamdir) | 구드룬과 요나쿠어의 아들. 쇠를리와 함께 의붓누이 슈반힐트의 죽음에 복수하기 위해 요르문레크 왕에게 갔다가 돌에 맞아 죽는다.

◆ **헤르모트르**(Hermodhr) | 신들의 심부름꾼. 오딘과 프리크의 아들이며 발더와 회두르의 형제. 브라기와 함께 발할에 도착하는 아인헤리들을 맞아들이는 신이다. 프리크의 심부름꾼이 되어 오딘의 말 슬라이프니르를 타고 명부로 가, 여신 헬을 설득하여 죽은 발더를 다시 찾아오려고 한다.

◆ **헬**(Hel, 저승) | ① 질병으로, 또는 늙어서 죽은 자들이 머무는 곳. 죽은 신들도 헬의 영역으로 간다. 헬은 지하세계인 니플하임에 속한다. 그욜 강 위에 놓인 그얄라르 다리의 마지막 격자 울타리를 지난 존재는 다시 돌아오지 못한다. 기독교가 들어온 이후 헬은 죄인들이 형벌을 받아 머무는 곳, 즉 지옥으로 바뀌었다. ② 죽은 자들의 여신. 헬을 지배하는 여신. 로키와 거인 여인 앙그르보다 사이에서 태어난 딸로, 펜리스 늑대와 미트가르트 뱀의 누이이다.

◆ **회그니**(Högni) | 군나르, 구드룬, 구토름의 형제.

◆ **회니**(Höni, 물의 신), **회니르**(Hönir), **훈**(Huhn) | 오딘 및 베(또는 로두르)와 함께 최초의 인간 아스크르와 엠블라를 만들고 그들에게 명료한 이해력과 감정을 준 신이다. 아제 신들과 바네 신들의 평화협상 끝에 미미르와 함께

볼모가 되어 바네 신들에게로 간다.

◆ **회두르(Hödur, 전사)** | 눈먼 신. 인간을 겉모습이 아닌 내면의 가치에 따라 판단한다. 오딘과 프리크의 아들이며 발더의 동생이다. 로키의 사주를 받아 겨우살이 가지를 발더에게 쏘아 그를 죽인다. 라그나뢰크가 지난 다음 회두르와 발더는 다시 돌아와 화해하고 새로운 세계를 통치한다.

◆ **후긴(Huginn, 생각)과 무닌(Muninn, 기억)** | 오딘 신을 따라다니는 까마귀. 언제나 골똘히 생각하고, 모든 것을 기억하는 오딘의 특성을 반영한다. 그 밖에 한 쌍의 늑대인 프레키와 게리도 오딘 신을 따라다닌다.

◆ **흐라이트마르(Hreidmar)** | 수달의 아버지. 마법에 능한 농부. 아들을 죽인 대가로 황금보화를 신들에게서 얻지만 곧바로 다른 아들의 손에 죽는다.

◆ **흐롤프 크라키(Hrolf Kraki)** | 곰 가죽을 덮어쓰고 싸우는 베르제르커 용사들을 거느린 덴마크 왕.

◆ **흐룽니르(Hrungnir, 허풍쟁이)** | 뇌우 거인. 천둥 신 토르와 결투를 벌인다. 토르는 간계를 써 흐룽니르를 죽이지만 그 자신도 머리에 돌 조각이 박힌다.

◆ **흐베르겔미르(Hwergelmir, 펄펄 끓는 솥)** | 헬의 왕국에서 강물이 기원하는 샘. 이그드라실의 뿌리 하나가 이곳으로 뻗어 있다. 죽은 자들의 용인 니트회크르가 사는 곳이다.

◆ **흘리츠키얄프(Hlidskialf, 망루)** | 아스가르트에 있는 오딘의 옥좌. 아홉 세계를 굽어볼 수 있다.

◆ **히미르(Hymir)** | 얼음바다의 거인. 티르의 아버지로 하늘의 가장자리에 산다. 아제 신들의 술을 빚기 위해 큰 솥을 구하는 과정에서 토르가 그를 때려죽인다.

◆ **히요르디스(Hiördis)** | 아일리미(Eilimi) 왕의 딸. 지그문트의 아내이자 지구르

트의 어머니.

◆ **힌들라**(Hyndla, 강아지) | 동굴에 사는 거인 여인. 늑대를 타고 다니며, 모든 혈통에 대한 지식을 갖고 있다. 일종의 발라.

출전에 대하여

북유럽 신화의 여러 이야기는 그 대부분이 《에다(*Edda*)》라고 불리는 출전문서에서 나온 것이다. 《에다》는 크게 두 종류가 있다. 첫째, 《옛 에다》는 800년에서 1200년 사이에 이름이 알려지지 않은 시인들이 쓴 시 40편을 모아놓은 것이다. 그 중 앞의 16편은 신들의 운명을, 뒤의 24편은 영웅들의 운명을 노래한다. 둘째, 《새 에다》 또는 《스노리 에다》는 스노리 스투를루손(Snorri Sturluson)이 1220년 무렵에 쓴 작품이다.

출전이 되는 문서가 이렇게 뚜렷하게 존재하는데도 북유럽 신화에는 접근하기 어려운 몇 가지 문제가 있다. 맨 먼저 언어의 문제이다. 두 가지 《에다》는 모두 아이슬란드에서 쓰인 것이다. 당연히 옛 아이슬란드 말로 쓰였다. 더욱 구체적으로는 875년에서 930년 사이에 아이슬란드 섬을 점령했던 바이킹족의 말이다. 이것은 크게 보아 북부 게르만어의 일종인 스칸디나비아 계열 언어의 한 분파이다. 오늘날에는 아무도 쓰는 사람이 없는 말로, 옛 아이슬란드, 노르웨이, 스웨덴, 덴마크 말 등이 섞여서 만들어진 것이다.

둘째로, 중세의 아이슬란드는 얼마 안 되는 인구에 비해 엄청나게 많은 문학작품을 남겼다. 《에다》가 바로 대표적인 아이슬란드 문학작품이다. 그러니까 그곳에는 시인들이 상대적으로 많았고, 또 사회적으로도 중요한 계층이었음을 알 수 있다.

특히 아이슬란드의 시인(스칼데)들은 아주 독특한 시 형식을 발전시켰다. 이들이 남긴 《옛 에다》는 스칼데 특유의 독특한 형식에 따라 구성된 시문학이다. 그리고 《스노리 에다》는 젊은 스칼데들에게 옛 스칼데의 문학 전통을 올바르게 가르치기 위해서 스노리가 쓴 작품이다. 그는 《옛 에다》의 이야기들을 산문으로 풀어 설명하고, 이곳저곳에서 옛 시인들이 사용한 운율과 표현법을 설명한다. 그러다 보니 우리가 재미있는 신들의 이야기를 읽으려는 자리에서 스노리는 우리의 관심과는 거리가 먼 설명을 하곤 한다.

이런 사정이 《에다》 연구를 극단적으로 어렵게 하였다. 먼저 작품에 쓰인 원어를 읽을 수 있는 사람이 많지 않은 데다, 비록 언어를 익혔다 해도 매우 특이한 형식의 문학작품을 다루어야 하기 때문이다. 중세 아이슬란드의 스칼데들은 세상 모든 것의 이름을 직접 부르는 것보다, 여러 가지 간접적인 표현법을 사용하거나 운율을 맞추는 것을 중요하게 여겼다. 우리말로 된 시도 쉽게 읽히지 않는 것들이 많은데, 낯선 언어에 낯선 이야기에 낯선 시 형식을 이용하여 수많은 간접 표현법을 사용했다는 사실을 생각한다면, 그 어려움이 어느 정도일지 짐작이 갈 것이다.

우리 책은 카를 짐로크(Karl Simrock, 1802~1876년)의 도이치 번역판 《에다(*Die Edda*)》를 기본 출전문서로 삼고, 그 중 특히 신들의 이야기를 다룬

부분을 주요 출전문서로 이용하였다. 그러니까 운문으로 된《옛 에다》1번부터 16번까지와, 〈스노리 에다〉 1부와 2부를 주요 출전으로 삼는다. 그 각각의 제목은 뒤에 따로 실었다.

짐로크의 도이치 번역판에서《옛 에다》부분은 완역은 아니지만 우리말로 번역이 되어 있다. 하지만《스노리 에다》부분은 번역판이 없다. 그리고《에다》에 기반을 두고 쓰인 라이너 테츠너의《게르만 신화와 전설》도 번역되어 있다. 역시 우리말로 번역된 케빈 크로슬리-홀런드의《북유럽 신화》는 주로 신들의 이야기 부분에만 한정한 것이다. 이 책들은 각기 나름대로 상세한 해설을 싣고 있다.

하지만 북유럽 신화에 관심을 가진 독자가 이 번역서들을 집어들고 읽기 시작하면 곧바로 너무 많은 낯선 이름들에 부딪히게 된다. 게다가 앞뒤가 제대로 정리되지 않은 수많은 이야기들이 나열되어 있어, 책을 읽고 있을 때는 내용을 알 것 같다가도 읽고 나면 기억에 제대로 남지 않는 것을 거듭 경험한다. 여러 번에 걸쳐서 주의 깊게 읽고, 또 뒤에 붙어 있는 용어를 자세히 살펴본다면 어느 정도 정확한 정보를 얻을 수 있겠지만, 재미있는 신화를 본다기보다 공부하는 것 같은 느낌이 든다.

그래서 이 책에서는 이야기는 그대로 두고 전체 틀을 완전히 새로 만들었다. 그 밖에 이름의 문제가 남는다. 같은 말이라도 언어권에 따라 발음이 달라지기 때문이다. 우리 책에서는 '일러두기'에 정한 대로 도이치 발음을 기준으로 삼아 고유명사를 표기하였다. '용어 설명'에 원어를 실었으니 각자 참고할 수 있을 것이다.

우리 책이 주요 출전으로 삼은《에다》의 부분들은 다음과 같다.

《옛 에다》

1. 여자예언자(Wala)의 예언(Völuspa)

2. 그림니르의 노래(Grimnismal)

3. 바프투르드니르의 노래(Vafthrudnismal)

4. 오딘의 까마귀 마법(Hrafnagaldr)

5. 벡탐의 노래 또는 발더의 꿈(Vegtamskvida, Baldrsdraumar)

6. 하바말, 오딘의 말씀(Havamal)

7. 하르바르트(잿빛 수염)의 노래(Harbardsliod)

8. 히미르의 노래(Hymiskvida)

9. 에기르의 잔치(Oegisdrecka)

10. 트림의 노래 또는 망치 찾아오기(Thrymskvida, Hamarsheimt)

11. 알비스의 노래(Alvissmal)

12. 스키르니르의 여행(Skirnisför)

13. 그로아가 무덤에서 깨어나다(Grogaldr)

14. 푈스빈트의 노래(Fiölsvinnsmal)

15. 리크르의 노래(Rigsmal)

16. 힌들라의 노래(Hyndluliod)

《스노리 에다》

제1부 │ 길피 왕이 헛것을 보다

제2부 │ 시예술의 언어

　　　　—브라기와 에기르의 대화

　　　　—토르와 흐룽니르의 싸움

―토르가 가이뢰트의 나라로 가다

―로키와 난쟁이들의 내기

―니플룽겐과 기우쿵겐

―메냐와 페냐(《옛 에다》 38번 〈그로티의 노래〉 포함)

―흐롤프 크라키

―회그니와 힐데

참고문헌

| 1차 문헌 |

- *Die Edda. Götterlieder, Heldenlieder und Spruchweisheiten der Germanen*, übersetzt von Karl Simrock, hrsg. von Dr. Manfred Stange, Wiesbaden: MarixVerlag, 2004.
- *Die Edda des Snorri Sturluson*, Ausgewählt, übersetzt und kommentiert von Arnulf Krause, Stuttgart: Philipp Reclam Jun., 1997.
- *The Poetic Edda: The Mythological Poems*(Selections), translated with an introduction by Henry Adams Bellows, London: New York and Oxford University Press, 1923.
- Snorri Sturluson, *The Prose Edda*, translated with an introduction and notes by Jesse L. Byock, London: Penguin Books, 2005.

| 2차 문헌 |

- Bellinger, Gerhard J., *Knaurs Lexikon der Mythologie*, München: Area, 2005.

- Bringsvaerd, Tor Age, *Die wilden Götter. Sagenhaftes aus dem hohen Norden*, übersetzt aus dem norwegischen von Tanaquil und Hans Magnus Enzensberger, München: Piper Verlag, 2005.
- Cotterell, Arthur, *Die Enzyklopädie der Mythologie*, aus englisch, Reichelsheim: EDITION XXL, 2004.
- Herrmann, Paul, *Nordische Mythologie*, Berlin: Aufbau Taschenbuch Verlag, 2004(5. Auflage). Gekürzte Fassung der Erstausgabe, erschienen im Verlag von Wilhelm Engelmann, Leipzig, 1903.
- Tetzner, Reiner, *Germanische Götter- und Heldensagen*, Stuttgart: Philipp Reclam Jun., 1997.
- Wagner, Richard, Der Ring des Nibelungen, Text mit Notentafeln der Leitmotive, Mainz: Atlantis Musikbuch-Verlag, 1997.

| 국내 문헌 |

- 라이너 테츠너, 성금숙 옮김, 《게르만 신화와 전설》, 범우사, 2002.
- 안인희, 《게르만 신화 바그너 히틀러》, 민음사, 2003.
- 임한순 · 최윤영 · 김길웅 옮김, 《에다-게르만 민족의 신화, 영웅전설, 생활의 지혜》, 서울대학교 출판부, 2006.
- 케빈 크로슬리-홀런드, 서미석 옮김, 《북유럽 신화》, 현대지성사, 2005.
- 강은교, 《풀잎》, 민음사, 1976.
- 《김춘수 시 전집》, 현대문학, 2004.
- 《미당 서정주 시 전집》, 민음사, 1983.

색인

|ㄱ|

가름 125, 156, 201, 206
가이로트 130, 131, 133~137
게르트 38, 77, 79~84, 206
게프욘 162
구드니 180, 182
구드룬 175, 176, 180~188, 190~193, 195, 196, 201
구토름 180, 187
구트루네 235~241
군나르 180~191
군뢰트 106
군터 234~241
궁니르 205
그라니 178, 182, 183
그람 178, 183, 187
그로아 33~35, 61, 117
그림니르 53, 133, 134
그림힐트 180, 181, 183, 187, 188, 235
글라이프니르 40, 42, 43
기미르 77, 80, 165
기우키 180~184, 190, 195

|ㄴ|

나글파리 203
난나 145, 152, 153, 155, 160, 207
노르네 21, 26~29, 55, 56, 93, 94, 117, 219, 234
노통 223, 226, 231~233, 237, 234, 238
뇨르트 76, 78, 97, 98, 164
《니벨룽겐의 노래》 176, 182
〈니벨룽의 반지〉 31, 57, 86, 129, 138, 139, 152, 182, 187
니트회크르 21, 22
니플룽겐 24, 175, 176, 190, 191, 195, 196
니플하임 18, 21, 45, 152, 156

|ㄷ|

돈너 215
드라우프니르 80, 82, 139, 152, 155
디제 여신들 28, 29, 35, 55, 56, 113, 117

| ㄹ |

라그나뢰크 23, 30, 31, 35, 36, 43, 46, 47, 119, 125, 141, 146, 150, 160, 165, 170, 173, 187, 197, 198, 201~203, 206
〈라인의 황금〉 31, 215
란 45, 119
레긴 176~178, 185, 216
로게 214~218, 227
로키 38, 39, 43, 45, 46, 50, 84, 88, 90, 92, 93, 95, 97, 102, 113, 114, 120, 127, 146~149, 156, 157, 160~167, 169~171, 177, 184, 198, 202, 203, 206, 212
리크르 120~122
린트 157~159

| ㅁ |

멩글라다 29, 35, 111, 114~118
묠니르 46, 152, 166, 207
무넌 51
무스펠하임 18, 203
미메 216, 217, 229~233
미미르 21, 43, 58, 198, 205, 216
미미르의 샘 21, 58, 93, 198, 205
미트가르트→중간계
미트가르트 뱀 43, 44, 46, 202, 203, 205, 206

| ㅂ |

바그너 31, 57, 58, 86, 129, 138, 140, 141, 152, 182, 187, 215, 224, 228
바나하임 16, 18
바네 신 16, 31, 35, 75~77, 82~85, 120, 125, 164
발더 31, 32, 60, 93, 97, 120, 129, 137, 145~147, 149, 150~153, 155~157, 159, 160, 164, 166, 167, 171, 198, 207
발라 29~33, 35~37, 50, 93, 94, 99, 117, 157, 158, 198, 224, 225
발리 159, 207
발퀴레 29, 31, 45, 50, 55~57, 59, 80, 117, 180, 184, 185, 187, 224, 226, 227, 234, 236
〈발퀴레〉 31, 57
발할 45, 48, 50~52, 55, 56, 58, 59, 66, 131, 145~147, 149, 150, 201, 214, 219, 226, 242
베 23, 24, 127, 163
베르단디 21, 26
베르제르커 34, 60~64, 66, 117, 151
벡탐 157
벨중 221, 223, 224, 231
보탄 31, 54, 129, 187, 214~219, 224 ~227, 230~233, 236, 241
뵈크르 60, 61
부리 15
브라기 51, 56, 86, 93, 150, 162
브륀힐데 31, 57, 152, 224~227, 233~241
브륀힐트 29, 80, 117, 118, 180~188, 201
비다르 93, 162, 206, 207
비프뢰스트 17, 119, 203
빈트칼트 110, 115
빌리 23, 127, 163

| ㅅ |

세계나무→이그드라실
쇠틀리 191, 193~195

슈반힐트 185, 187, 188, 191~194
스노리 스투를루손 26, 55, 60, 146, 174, 175, 181, 182
《스노리 에다》 33, 60, 174, 175
스바르트알프하임 17, 18, 40
스빕다크르 29, 33~35, 61, 114~117
스카디 95, 97, 98, 165, 170
스쿨트 21, 26, 55
스키르니르 40, 78~84, 110, 165, 206
스키트블라트니르 76
슬라이프니르 102, 150, 155, 156
〈신들의 황혼〉 152

| ㅇ |

아그나르 130, 131, 134, 135, 137
아딜스 61~64
아스가르트 16~18, 21, 26~28, 30, 38, 39, 45, 51, 58, 59, 80, 83, 84, 90, 92, 93, 95, 98, 100, 106, 119, 125, 134, 136, 149, 150, 155, 157, 159, 161, 166, 171, 201, 203, 205, 207
아인헤리 45, 50, 51, 56, 58, 59, 66, 150, 201, 205, 207
아제 신 16, 26, 31, 42, 45, 49, 58, 76, 77, 79, 82, 84~86, 92, 93, 95, 97, 98, 114~147, 150, 155, 160~162, 164, 167, 207
아틀리 176, 182, 188~191, 194
아홉 파도 119, 165
안드바리 139, 176, 177, 183, 185, 187, 212
알베리히 212~219, 225, 226, 229, 231, 232, 235, 237
알프 16, 17, 28, 82, 93
알프하임 16, 18

앙그르보다 38, 39, 45, 46, 102
에기르 45, 119, 125, 161, 166, 167
《에다》 19, 30, 31, 36, 37, 68~71, 100, 120, 146, 159, 174, 182
에르다 31, 219, 224, 225, 233~235
에르프 191, 193~195
《옛 에다》 31, 35~37, 53, 71, 93, 99, 109, 135, 160, 174~176
오딘 15, 17, 19, 23, 30~34, 36, 40, 43~55, 58, 59, 62, 66, 75~77, 80, 82, 84, 85, 88, 92, 93, 98, 104~106, 108, 119, 123~125, 127, 129~131, 133~137, 139, 145, 146, 149~152, 155~159, 162, 163, 167, 171, 172, 180, 187, 198, 205~207, 215
오타르 35, 100~103
요나쿠어 188, 191~193
요르문간트르→미트가르트 뱀
요르문레크 191~195
요툰하임 17, 18, 21, 43, 58, 77, 79, 80, 151, 201
우르트 21, 26, 33, 115, 117
우르트의 샘 21, 26, 27
우트가르트 17, 201
운명의 샘→우르트의 샘
울 98
이그드라실 21~24, 27, 31, 34, 49, 51, 54, 58, 70, 93, 106, 134, 135, 205, 215
이둔 86, 90, 92, 93, 162
이미르 15, 17, 46, 134

| ㅈ |

주르트르 203, 205~207
중간계 15, 18, 101, 119, 120, 130, 172, 202, 207

지구르트 24, 29, 102, 152, 175~178, 180~188, 191, 193, 195, 196, 201
지그문트 185, 187, 195, 223~227
지글린데 221~226, 229
지긴 38, 170
지크프리트 152, 187, 227, 229~241
〈지크프리트〉 31
지프 98, 166
지혜의 샘→미미르의 샘
질투의 샘→흐베르겔미르의 샘

폴스비트 110~114
프라야 30, 35, 36, 49, 51, 53, 58, 59, 75~77, 86, 92, 99~103, 120, 129, 164, 205, 214~216, 219
프라이 38, 40, 75~85, 103, 125, 164, 165, 205, 206
프리카 129, 214, 224~226
프리크 51, 124, 127, 129~131, 133, 135, 137, 145~150, 155, 156, 163, 164, 171

| ㅋ |

크림힐트 182

| ㅌ |

토르 33, 35, 44, 46, 75, 76, 85, 111, 125, 151, 152, 161, 165~167, 169, 198, 205~207, 215
퇴크 156, 157
트림하임 92, 98
트야치 92, 95, 98, 162, 165
티르 40, 42, 43, 47, 123~125, 127, 129, 164, 165, 206

| ㅍ |

파졸트 215, 219, 231
파프너 215, 219, 225, 228~231
파프니르 177, 185, 188, 216
펜리스 늑대 39, 43, 44, 46, 124, 125, 165, 202, 205, 206
폴크방 51, 59

| ㅎ |

하겐 225, 235, 237~241
하임달 119, 120, 122, 165, 205, 206
함디르 191, 193~195
헤딘 172~174
헤르만, 파울 127, 129
헤르모트르 129, 150, 152, 153, 155, 157
헬 17, 18, 31, 39, 45, 46, 150, 153, 155~157, 201, 203
회그니 172~174, 180~183, 186~191
회니 88
회두르 32, 129, 149, 157, 159, 160, 166, 207
후긴 51, 93
훈딩 221~227
흐라이트마르 176, 201
흐롤프 크라키 34, 60~64, 117
흐룽니르 111
흐림르 203
흐베르겔미르의 샘 21, 23
히미르 44, 125, 161, 165
힌들라 35, 36, 99~103
힐데 172~174
힐디스빈 100, 103

275

안인희의
북유럽 신화 2

초판 1쇄 발행 2011년 5월 18일
초판 28쇄 발행 2022년 12월 26일

지은이 안인희

발행인 이재진 단행본사업본부장 신동해
편집장 김경림 표지디자인 민진기 본문디자인 명희경
마케팅 최혜진 홍보 반여진 최새롬 정지연
제작 정석훈

브랜드 웅진지식하우스
주소 경기도 파주시 회동길 20
문의전화 031-956-7350(편집) 031-956-7567(마케팅)
홈페이지 www.wjbooks.co.kr
페이스북 www.facebook.com/wjbook
포스트 post.naver.com/wj_booking

발행처 ㈜웅진씽크빅
출판신고 1980년 3월 29일 제406-2007-000046호

ⓒ 안인희, 2011
ISBN 978-89-01-06306-5 (04210)
     978-89-01-06304-1 (세트)

웅진지식하우스는 ㈜웅진씽크빅 단행본사업본부의 브랜드입니다.
저작권법에 의해 한국 내에서 보호를 받는 저작물이므로 무단전재와 무단복제를 금합니다.
이 책 내용의 전부 또는 일부를 이용하려면 반드시 저작권자와 ㈜웅진씽크빅의 서면 동의를 받아야 합니다.

※ 책값은 뒤표지에 있습니다.
※ 잘못된 책은 구입하신 곳에서 바꾸어 드립니다.

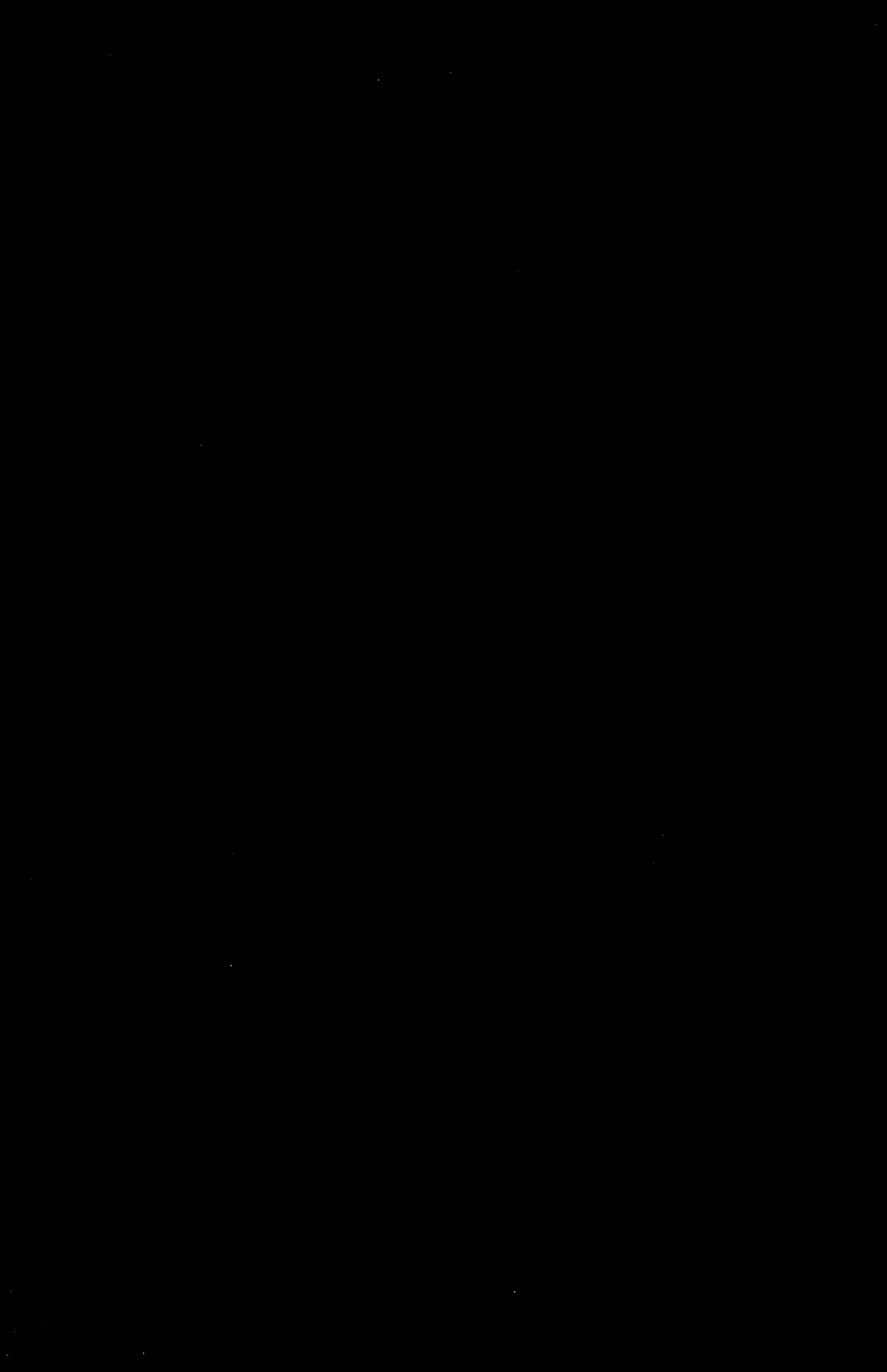